《石叟文库》中的
中央苏区思想政治教育史料爬梳与研究

黄宏伟◎编著

当代中国出版社
Contemporary China Publishing House

图书在版编目(CIP)数据

《石叟文库》中的中央苏区思想政治教育史料爬梳与研究 / 黄宏伟编著 . -- 北京 : 当代中国出版社 , 2024. 9. -- ISBN 978-7-5154-1443-0

Ⅰ . D261.1

中国国家版本馆 CIP 数据核字第 20241ZL964 号

出 版 人　王　茵
责任编辑　周显亮　柯琳娟
责任校对　贾云华　康　莹
印刷监制　刘艳平
封面设计　鲁　娟
出版发行　当代中国出版社
地　　址　北京市地安门西大街旌勇里 8 号
网　　址　http://www.ddzg.net
邮政编码　100009
编 辑 部　（010）66572180
市 场 部　（010）66572281　66572157
印　　刷　中国电影出版社印刷厂
开　　本　710 毫米 × 1000 毫米　1/16
印　　张　22.5 印张　1 插页　330 千字
版　　次　2024 年 9 月第 1 版
印　　次　2024 年 9 月第 1 次印刷
定　　价　98.00 元

前言

《石叟文库》又称《石叟资料》《陈诚文库》或《陈诚档案》，是研究中国近现代史的重要史料文献。陈诚（号石叟）在江西指挥国民党军队“围剿”中央革命根据地期间，搜掠了大批中央苏区各级党政军群领导机关发布的文件、文告、刊物、传单、书籍，以及红军和苏区干部的私人信件、工作笔记等。国民党败退台湾后，这批资料被转移台湾并编入陈诚的个人全宗档案，作为“石叟资料室”特藏的“江西苏维埃政府档案”，并由芮玛丽于1960年在台湾拍摄成缩微胶卷，即为我们现在广泛使用的21卷《石叟资料》。2005年3月5日，在陈诚逝世40周年之际，陈氏家属捐赠了其一生治军从政几十年间所搜集的资料，包括1100余件文物、5600余件档案、1700张照片，其中就包含这部分“中华苏维埃共和国”文件资料，即《石叟文库》全部文献。陈诚长子陈履安表示：“过去史料所涉人物多在世，自有顾虑，如今我和手足姐妹年纪都大了，是让史料交给国史馆并让大家公开研究的时候了。我们公开家父史料档案毫无条件，唯一的要求，就是这批史料须无条件对外公开。”[①]

这套资料内容庞大繁杂，本书仅辑录其中关涉中国共产党思想政治教育的内容。书稿通过对这部分内容的整理研究，将中国共产党的思想政治工作置于区域社会变迁和近代中国社会转型的时空背景下进行解读，探究马克思主义意识形态传播、发展与变迁的时代特点、历史地位、历史经验

---

① 转引自冯杰:《关于陈诚史料收集的几个问题》,《团结报》2014年7月17日。

及现实影响，进而揭示中国共产党自我革命的发展规律，以及人民群众在革命洪流中皈依马克思主义的历史必然性和合理性。

书稿史料使我们充分认识到，思想政治教育是一种全员、全方面、全过程的教育。书稿史料从不同教育主体和教育对象来反映党的思想政治教育包含了所有人员，即党员、干部、团员、红军、青年、妇女、儿童，甚至刀匪①、白军②等群众、组织；尤其思想政治教育是通过党对群众组织的领导，贯穿群众全部的实际活动中，以此来进行所有人的自我的阶级教育。这样就把党性教育全面、深入地贯彻到社会生活的方方面面。通过这些史料，我们再一次深切感受到，党与人民积极勇敢、无畏追求美好生活和共产主义理想的信念、信仰。我们充分认识到，思想政治教育从一开始就是一种全员、全方面、全过程的教育。

书稿史料展现了党从不畏惧错误，一直在实事求是中实现自我革命，取得新民主主义革命胜利的历程。书稿史料中有很多批评与自我批评的内容，而且史料的所有内容基本表现出先谈现实、形势、问题，再讨论弘扬、改善、创新，强调必须联系实际来进行马克思主义教育工作。这样使得我们能够认识到党领导广大人民群众通过思想政治教育工作而不断成长、成熟的完善进步过程。这充分证明党在以苏联为模板，最后却能够独立自主，进行马克思主义中国化的历史缘由。这也铸就了党领导人民的优良传统和革命奋斗精神，阐释了历史主动精神。这引导我们坚持共产主义信念，弘扬社会主义核心价值观。

书稿史料展示了党的思想政治教育方法是通过人们自身掌握的方式方

---

① 刀匪，即江西地方“大刀会”。1931年11月初，广昌县驿前大土豪白伦华、白照林、赖月华等搜罗了一批反动地主、富农分子，而且还以金钱收买流氓、地痞、烟鬼、赌棍、骗子、惯匪等，同时采取强迫、诱骗、恐吓手段拉拢群众，公开设坛练武，为匪徒画符念咒，宣扬“刀枪不入，打不进杀不死”的骗术，组织了反革命组织“大刀会”。至1932年底，已经网罗到900多匪徒。他们以广昌东南几个偏僻的山区——中寺、驿前、大株、尖峰等地为据点和活动中心，日散夜聚，到处袭击苏维埃政府，杀害革命干部和革命群众，抢劫民财，为祸不浅。1932年2月至5月，被刀匪残杀的就有革命干部5名、游击队员38名、革命群众1名，被抢走的群众财物不计其数。1932年初开始，红军和各区地方武装开展了清剿“大刀会”的战斗。1934年1月，宁广石指挥部调集苏区地方武装，在红军配合下，开始全面围歼“大刀会”，同时开展政治攻势，提出“欢迎大刀会士兵回来耕田”等口号，当月就有100多人自动脱离“大刀会”。至此，“大刀会”土崩瓦解。

② 白军即1927—1937年第二次国内革命战争时期与工农红军为敌的国民政府军队。

法，逐渐自觉地对自我进行全方位的阶级觉悟教育的。书稿史料充分展现出党的思想政治教育主要是通过人民群众自身所掌握的方法、载体和艺术形式来实现的自我教育，如山歌、民谣、识字、游戏、体育、话剧、游艺、故事等。其中的红歌几乎反映出了人们日常生活的全部内容，这就能够让所有人在从事耕种、军事、文化、经济等全部活动中都可以通过唱红歌来自我教育。正是在党的领导下，思想政治教育贯穿人们的生活之中，使得民众逐渐自觉地对自我进行全方位的阶级觉悟教育。

书稿史料在统战工作方面有积极价值。史料中整理出大量的对白军官兵以及白色区域群众的宣传鼓动工作的文献，这些文献是目前较为缺乏的史料。如史料中展现的边区新区的民众、白军思想政治工作，使当地民众更能明悟国民政府的欺骗，而加入苏区阵营，推进了中央苏区的扩大和影响。通过《石叟文库》这一国民党方面留存的重要史料，不仅可以进一步充实现有的历史文献，也可佐证现有历史文献的可靠性。基于史料自身性质，通过对这一史料的普遍性研究，能够更进一步影响包括台湾同胞在内的广大人民群众的阶级意识和正确的历史观。

书稿史料展现出了思想政治工作对社会主义意识形态勃兴及对中央苏区社会形态变迁的深刻影响。

目前我们对《石叟文库》利用不多，也不普及，需要思想界、学术界更充分地从党的建设、军队建设、群众团体发展等各个方面充分进行挖掘、校注其中的史料，形成社会各界对史料的普遍使用，以便引起包括台湾同胞在内更多的人对客观历史的注意和积极认识，从而信服并正确认识党的主张，积极为社会主义发展贡献自己的力量。

编者说明

为适应党史特别是中央苏区史的研究，以及马克思主义理论学科特别是思想政治教育学科师生对于中国共产党思想政治教育历史资料的教研需要，主持编写了这本参考资料，供党史研究、思想政治教育教学等部门研究参考。

本书以《石叟文库》为史料来源，以时间为顺序，收录了中央苏区中国共产党思想政治教育历史上的部分重要会议文件、中央指示（或批示、决定、意见、通知等）、领导讲话、报刊文章、课本读本、标语歌曲等，其中许多文献罕见于当前的史料库，也极少被学术界研究和引用，具有较重要的史料价值。因系历史资料，有些观点不一定确切，仅供研究参考。

为保持革命历史文献原貌，本辑资料原则上全文照录，未作删改，仅对个别明显错漏的字句作了校注。原资料无标题或者有误的，由编者增加或者修改了标题，并作相关标明。本书注释均采用脚注形式。其中，在辑录整理过程中，原则上遵循：第一，基于《现代汉语词典》把繁体字改为简体字；第二，人名、地名，尽量保持原貌，但也尽可能采用简体字。

本书选编的资料，已尽可能与原件或复制件核校过。个别文献资料在整理时，对其中的注释进行了删减，书中存在的个别错别字、漏字、重字作了相应的处理。书中对部分疑似错别字，在其后订正并用“[ ]”表示；对部分疑似漏字，在遗漏之处用“〈 〉”表示；原资料中因缺损、脱落、字迹不清无法辨认的字词，用同等数量的“□”标明之，而无法辨认字数的则以“……”标明。在尽量保持原貌的同时，对序号、倒字、多字和标点等明显错误的各种问题，也予以订正，但未用校正符号一一标示。本书编者所加的部分说明、修正、注释等，一律用编者注页下注方式标明。

本书史料汇编按主题和成文时间加以整理，包括：（一）学校思想政治教育工作；（二）白区思想政治教育工作。时间明确的文献按时间顺序编排，时间不明确的文献，原则上统一往后编排。另外，附录《石叟文库》整套文献的目录，以方便读者对这套文献史料的利用。

在校编过程中，曾得到相关单位、党史专家的支持和帮助，在此一并表示感谢。由于编辑水平和掌握的资料所限，加之时间仓促，纰漏在所难免，敬请各位专家及广大读者批评和指正。

目录

第一部分 《石叟文库》与中央苏区时期中国共产党思想政治教育

第二部分 《石叟文库》关于中国共产党思想政治教育史料汇编

第一部分

《石叟文库》与中央苏区时期中国共产党思想政治教育

一、《石叟文库》之于中国共产党思想政治教育史料的概述

（一）《石叟文库》概述

国民政府高级将领陈诚自1931年夏至1934年10月，在三次（第三次、第四次、第五次）“围剿”中央革命根据地（中央苏区）时，搜集了中央苏区各级党政军群领导机关的文件、报刊、档案、材料、传单、宣传品、书籍等，包括苏区小学等各种学校使用的各类课本。当然文献本身就其出版、发布时间来看，并不仅是20世纪30年代早期的文件，还包括党成立以来在中央苏区活动所拥有的相关文件、刊物等史料，以及少量长征后到新中国成立初的文件。

陈诚号石叟，所以这批文献被称为《石叟文库》，又称《石叟资料》《陈诚资料》《陈诚文库》。这些资料后被运往台湾，并于20世纪60年代被美国哈佛图书馆拍成共21卷的微型胶卷，其后被制作为印刷品和复制品得到广泛使用。改革开放以后，为国内史学界发现并购买使用。目前这套资料得到学界越来越广泛的使用。本书使用的也是这套资料的复制品，共21卷册。基于印刷装订需要，现每卷又分为若干册。

《石叟文库》的编撰整理文本结构、体例大致如下：首先是编者整理的文件标题、目录；其次是石叟资料室书签，包括分类号、著者号、登录号；最后是油印文件原件，其中少数文件原件前面还带有资料编辑者的“汇编大意”等与文献相匹配的介绍、评论文字。

据介绍，这套资料共收集1500件文件资料[①]，基本都是当时中央苏区各级机关的原始文件。另外，极少数资料是当时收集者抄录的，比如一些民歌、纪念碑题词。陈诚曾命令部下仔细搜缴各类文献资料，包括苏区的只字片言都要求收集上缴，以供国民政府研究制定反共政策时参考。如毛泽东、朱德等镌刻在红军烈士纪念塔的石碑上的题词，也在收集范围，但因难以拓印而进行了抄录整理。[②]

这套资料所收文件的发布时间、出版时间大多是 1930—1934 年，少数是1922—1929 年，还有少部分是 1937年以后，甚至有部分是新中国成立以后的文献。尽管这套文献存在字迹模糊、缺页少文等现象，但是整体史料是可靠的。尤其是其中一些文献孤本，以及在学界还没有挖掘出来的史料，或者只闻其名而不见其内容的史料，都说明这套资料对于中国共产党的早期发展和活动、对中央革命根据地历史研究具有较大的价值，需要加以更充分地利用。

（二）《石叟文库》关于中国共产党思想政治教育史料的价值

正是因为《石叟文库》的史料主要反映中央苏区各级党政军机关的各种活动，所以《石叟文库》关于中国共产党思想政治教育历史记录，主要就是中央苏区时期中国共产党的思想政治教育历史。

1.《石叟文库》思想政治教育史料展现了重视学习、勤于学习和善于学习的优良传统

此时的中国共产党，无论在思想理论上还是政治组织上，准备尚不充分。马列主义在中国传播的广度和深度还不深刻，党成立之后又主要从事

---

①《石叟文库》收集的文件数量有两种说法。第一种说法“有（约）1500件”，见孙翠玲、屈凯：《陈诚收集的江西苏区红色文献概述》，《图书馆建设》2012年10月。第二种说法“全套资料共1399件”，见李敏、孔令华主编：《中央革命根据地词典》，中国档案出版社1993年版，第750页。另斯坦福大学东亚图书馆原馆长、哈佛燕京图书馆原馆长吴文津曾表示《石叟文库》“整套微卷有一千五百件文件”。

② 参见江西省文化厅革命文化史料征集工作委员会编：《江西苏区文化研究》，江西省文化厅革命文化史料征集工作委员会办公室2001年版，第320页。

革命的实践活动。这样一来，广大党员缺乏充分的理论学习，整个党的理论素养不够高，还无法把中国具体实际和马克思主义理论辩证结合起来。刘少奇就曾深刻指出这一点："中国党有一个极大的弱点，这个弱点，就是党在思想上的准备、理论上的修养是不够的，是比较幼稚的。"[①]这说明，广大党员干部非常需要进行马克思主义理论的学习。

同时，此时的中国共产党在建立苏维埃政府，进行土地革命的实践，需要广大人民群众的拥护和支持。党凝聚民众信仰和力量，一方面，需要通过革命的手段打破国民政府的"围剿"，通过宣传教育打破国民政府各种针对中国共产党的歪曲、恶意的宣传、报道；另一方面，需要唤醒广大农民、手工业者等群众的革命意识和对马克思主义的价值认同，使得广大人民群众能够自觉支持和拥护苏维埃建设以及党的社会革命活动。这些任务的完成，尤其是在文化教育水平落后的农村，要得到群众的真诚拥护，就必须既在土地分配上满足群众利益，又在文化价值上凝聚群众精神共识。这些都需要通过中国共产党领导下的宣传教育和政治工作，即思想政治教育工作[②]的方式来完成。

革命活动迫切需要科学理论的指导。《石叟文库》中包含了大量的刊物及苏区出版的各种识字课本、教材、马克思主义理论书籍等图书，表现了从中共中央到各种团体、组织，都积极通过报刊等方式进行马列主义理论的学习和宣传教育。《石叟文库》里收集的《工农报》《列宁青年》《红校斗争》《苏区工人》《时刻准备着》《赤色儿童》《战士副刊》《斗争》《党的工作》《红色中华》《青年实话》等各种刊物，是党领导和组织各种团体、各级组织进行马克思主义理论学习的阵地，也是马克思主义事业的具体展现。中国共产党还开办各种学校，如夜校、扫盲班、红军学校等，进行革命理论的学习。这些都反映出党和广大人民群众积极、自觉学习先进理论的热情和意志。正是这种不断汲取先进革命理论的普遍性、长期性和组织性、规范性的教育和学习活动，使得中国共产党在领导人民群众进行革命活动

①《刘少奇选集》上卷，人民出版社1981年版，第220页。

② 本书把思想政治教育和思想政治教育工作以等同意义来看。

时，形成了“在斗争中训练”“在工作中训练”的不断革命、不断学习的优良传统，为把马克思主义理论和中国具体实际的结合奠定了基础。

2.《石叟文库》思想政治教育史料体现了党的思想政治教育的主体和客体

《石叟文库》关于中国共产党思想政治教育史料，生动说明了党一直以来非常重视思想政治教育工作，尤其是独立领导革命战争以后。党积极领导组织宣传和教育工作，形成了从中央到地方各级党委党支部，从红军到群众团体的有组织、有体系的思想政治教育工作机构、组织体系和思想政治教育工作队伍。

中国共产党是思想理论教育的主体，领导、组织和实施党关于马克思主义理论的学习和教育活动。中国共产党积极建立各种组织和队伍开展思想政治教育工作。党委、党的执行委员会、文化（教育）部、宣传部，红军的宣传部（科），共青团、工会等群团组织的宣传部（科）是党组织和开展马克思主义理论教育的主要部门。党通过专门教育，如列宁师范学校培养，或经过马克思主义理论学习，在党、政、军、群团等各级机关中组织和开展思想政治教育活动。尤其通过中央苏区教育组织机构的建立，中国共产党积极培养党的思想政治工作的人才。在《省县区市教育部及各级教育委员会的暂行组织纲要》中，苏维埃政府积极规定了省县区市教育部及乡教育委员会的组织建设，并细致规定了职能部门的具体职务内容。这些都充分体现了党逐渐建立和形成开展思想政治教育的组织机构和人才来源的培养机制，保证和促进了党的思想政治教育不断发展。

中国共产党的思想政治教育不仅面向所有党员干部，而且面向所有红军官兵和广大工农群众，还面向白军官兵等。这些都是党的思想政治教育的主要对象，即思想政治教育客体。党员干部思想政治教育是教育工作的主导，只有保证广大党员干部具备先进的思想理论，才能保证革命活动的正确方向。党员干部的先锋模范作用，能够激发广大红军战士和群众的革命信念和价值认同。党员干部教育是党思想政治教育最重要的内容，党通过多种方式，紧抓党员教育，尤其是在职干部的思想政治教育。红军官兵思想政治教育是保证这一时期一切革命活动得以胜利的重点工作，决定了广大红军官兵能否保持战斗力和革命信念，能否在坚持党的绝对领导下完成历史赋予的革命任务。广大工农群众是党进行思想政治教育工作的基础，只有加强对具有革命要求的工农群众的思想政治教育，才能加强苏维埃建设共识，凝聚人民整体力量。革命活动中，必须瓦解白军力量，尤其是对俘虏的白军官兵，需要加以思想政治教育，使他们从思想和认识上彻底转变到红色阵营中。《石叟文库》中的各种史料，深刻反映了党领导下的思想政治教育工作是主要面向这些教育对象的。事实上，史料所反映的教育客体应该说是所有中国人，包括青少年、妇女儿童、各类中间派人士、敌人营垒中的有关人员等。中国共产党就是要通过各种方式对全体中国人进行思想政治教育，试图唤醒或深化国人对于马克思主义理论的认识，使敌对力量、中间力量至少能够不反对中国共产党的主张和行动，甚至转变到革命的阵营中来，也使得广大革命群众进一步坚定革命的信念和实践活动。

3.《石叟文库》思想政治教育史料反映出党的思想政治教育体系逐渐成熟

党领导的思想政治教育工作是围绕党的中心任务开展的，既服务于苏维埃政权的建设，又服务于当时反“围剿”的革命活动。思想政治教育与根据地建设、武装斗争、文化教育是密切结合起来的，形成了党的思想政治教育的基本组织结构、制度规范和教育方式方法。

《石叟文库》的史料反映出，党全面、系统开展的思想政治教育工作在组织和管理机构体系方面是趋于完善的。从中共中央到红军连队，再到群团组织的党委，党都要求建立进行宣传和政治工作的部门。如红军连一级也要求建立列宁室，置于连政治委员指导之下进行工作，即在党政治委员下设列宁干事会，并且非常详细地规定了列宁室内暂设墙报委员会、识字组、体育组、游艺组、讲演会各部门，同时指出可以“为着工作进行的便利，各组会下面可增设班或股，如墙报委员会下可设立读报班，体育组下可设立球术股、田径竞赛股、武术股等”。[①]事实上，党从成立之初就深切意识到在

① 参见《列宁室组织法及工作条例》（《石叟资料》卷8–2）。这里引用《石叟文库》资料均为简体整理版。此后凡引用《石叟文库》资料，不再标明其繁体版《石叟资料》原始文件出处，也不在引用文件名称之后赘加“（《石叟资料》卷8–2）”字样。

文化和经济落后的中国加强马克思主义理论宣传教育的重要性，并成立了党的宣传局。1921年11月，《中国共产党中央局通告》明确要求“中央局宣传部在明年七月以前，必须出书（关于纯粹的共产主义者）二十种以上”[①]。党的第一个秘密出版和宣传机构——人民出版社也在这种情况下诞生，并出版了如《共产党宣言》《国家与革命》《工钱劳动与资本》（即《雇佣劳动与资本》）等众多宣传马克思主义的书籍。《石叟文库》中也有大量的此类书籍，如《共产主义运动中的“左派”幼稚病》《国际路线与中国党》《社会民主派在民主革命中的两个策略》等。大革命失败以后，1929年6月，党的六届二中全会针对敌人对党的诬蔑及对党的宣传组织的破坏，提出各级党的组织应建立和健全宣传组织，规定在中央宣传部下设五个科和两个委员会，即审查科、翻译科、材料科、统计科、出版科和编辑委员会、文化工作委员会。此后从中共中央到各省委，都成立了宣传机构，并且各省委辖下的市县区乡也都有了比较完备的宣传机构和宣传干事，进行党的方针政策、中心任务的宣传教育。党还建立了宣传督导工作，不断调整完善宣传组织体系。《全军团以上宣传会议决议案》指出：“工作部门不健全没有很好的执行工作。各政治部的宣传科以及军的宣传科虽然都有了形式上的建立，然而因为工作人的太少，不能很好的分工，一般的都表示着不健全的状态，以致它没有得到实施，整个宣传工作的全部仅仅只做到了一些日常应付的事情，如草拟宣言、传单、应付纪念节，以及旁的一些编辑上的等事务上的事情，而对于整个的教育计划以及群众宣传等都被放弃一大部分了。”并由此提出：“首先应该尽可能的健全各级宣传工作的部门，要从实际工作去创造和培养这样的干部人才，要注意初提起的干部应按他的能力而分给其工作，不要过重的给他的工作负担。反对那种认为工农干部没有工作能力，而不去自己创造，或一提拔起来就给他能担任很重要的工作的幻想的两个不正确的倾向。如果不是这样始终只能有少数人的干部，而决不能建立起整个工作的全部，在工作上是一定没有出路的，此外宣传工作部门应该有科学的分工，和检阅

---

①《“一大”前后——中国共产党第一次代表大会前后资料选编》（一），人民出版社1985年版，第24页。

工作计划工作的会议，部和科务会议的经常□□。”[①]可见党的思想政治教育组织和领导机构在日益完善，形成了系统的、严密的领导机制。

党还在思想政治教育的主阵地——学校教育方面提出了许多制度规范，为党的思想政治教育工作培养了更多的人才，还要求以此加强党对群众的马克思主义教育，使得广大人民群众产生无产阶级的觉悟。1933年9月15日，中华苏维埃共和国中央人民委员会发布《关于教育工作》的训令，指出：“在适应着目前革命战争的需要这一条件之下确立普及义务教育制度，在共产主义的精神上来，创造革命的新后代，广泛地进行宣传马克思列宁主义的革命理论，立刻开始有组织地、有计划地进行扫除文盲运动，要尽量的在最短时期内把从前豪绅、地主、资产阶级的统治所留下来的最恶毒的遗产文盲完全消灭。设立列宁师范与各种教育干部训练学校，来造就一定发展、普及教育与扫除文盲的战线上必须的、强大的教育者军队。对于发展工农剧社、蓝衫团、俱乐部、图书馆、阅书室等等社会教育工作，应给予充分的注意与组织。这更是目前教育方针与中心的任务。”[②]1933年4月15日，中华苏维埃共和国人民委员会批准《省县区市教育部及各级教育委员会的暂行组织纲要》，规定了从中央到地方教育行政管理体系，有力地推动了苏区教育事业的发展和党的思想政治教育的深化。

党的思想政治教育内容和方法丰富多样，形成了思想政治教育的基本模式。首先，党规定了思想政治教育的基本原则。1933年10月，凯丰在苏区教育大会上的报告中指明了苏维埃的教育政策，明确要求“苏维埃教育政策的基本原则，应当是共产主义的教育”，指出：“在工农苏维埃共和国内，一切教育事业的提出，无论是在政治教育的范围内，或者是在技术职业教育范围内，特别是在文艺的范围内，应当是充满着阶级斗争精神，即是为实现工农民主的专政，并转到社会主义的道路上去，为推翻地主资产阶级的统治，为消灭阶级，为消灭人剥削人，为共产主义的社会而斗争。”[③]其次，党设置了丰富的思想政治教育课程内容。《石叟文库》思想政治教育

①《全军团以上宣传会议决议案》。

②《关于教育工作——中华苏维埃共和国中央人民委员会训令第十七号》。

③《苏维埃的教育政策——凯丰在一九三三年十月苏区教育大会上的报告》。

史料显示，党的思想政治教育内容非常丰富，包括对马列主义理论的学习，也包括对中国共产党的历史和共产国际历史的学习，还有对中国的社会基本形势以及世界局势的学习，以及针对群众和干部的业务技能教育、文化教育和政治教育等。再次，党创建了各种形式的思想政治教育模式。党创办了马克思共产主义大学、党校、红军大学等加强党员干部政治信念教育的学校，还建立了列宁师范、列宁小学等培养具有坚定马克思主义理想的工农群众人才。党还积极针对各界人士和群众创办经常性、日常化的思想政治教育模式，如党员干部训练班、识字班、随军学校、夜校等。这样党的思想政治教育表现出从上到下、从规范性到日常性的全面覆盖和系统教育的特征。最后，党的思想政治教育方法、手段丰富多样。为使党的思想政治教育对党政军和社会各界人士具有广泛而深刻的影响力，党积极通过各种措施来开展思想政治教育。除了课堂学习，党通过出版书籍、报刊加强广大党员干部和革命群众自觉主动地自我教育，积极开展集会、报告、俱乐部、讲演活动，及时进行革命活动的宣讲和马克思主义价值观的教育。党还积极组织唱歌、戏剧、游艺、文艺、讨论交流等吸引广大群众参与到党的革命理论的自我学习和宣传工作中来，同时借助传单、墙报、广播等方法，把党的思想政治教育贯穿人们的日常生活中。《关于党的教育工作》中就指出：“党的教育方法，不是单一的和呆板的，要多多采取各种的办法与活的方式，比如除各种训练班来训练同志以外，还可以利用各种会议，特别是支部与小组会议中来施行党的教育，另一方面由支部党员教育干□员□□□支部上工作积极的活泼分子个别谈话，□想他们的实际情形来给以鼓动和教育，先进的党员应教育落后的党员。”①

4.《石叟文库》思想政治教育史料展现出党的思想政治教育的丰富内容、生动过程及其重要地位

就《石叟文库》中思想政治教育史料的整理工作而言，我们只是对其中集中反映和体现党的思想政治教育的内容、过程和方法的史料加以整理。但纵览全部史料，事实上每一篇文献都是党进行思想政治教育工作的内容，

①《关于党的教育工作》。

因为每一篇文献，不管是在经济建设、政治生活中，还是在军事行动、文化教育等活动中，所表达的政策方针、措施手段都是党领导红军和人民群众进行共产主义革命的探索，都是党的理想信念和价值追求的实践证明，都是广大党员干部和人民群众实践马克思主义理念的外在行动，也就成为党进行思想政治教育的事实证明资料，事实上也都是思想政治教育活动的重要学习材料。如在理论教育方面，中国共产党“高级及中级干部文化水准较高者，除业务学习之外，规定有理论之学习。其范围分为政治科学、思想科学、历史科学及经济科学。学习方法以理论与实践联系为原则。并规定政治科学，以马列主义的思想方法论为理论材料，以近百年中国的思想发展史为实际材料。经济科学，以马克思主义的政治经济学为理论材料，以近百年的中国经济的发展史为实际材料。历史科学，规定研究外国革命史与中国革命史”[①]。这就指明一切教育工作本身就是围绕马克思主义、围绕共产主义革命理想来开展的。

这样一来，这些史料反映出思想政治教育在中国共产党领导和组织下，面向所有人，并贯穿人民群众的一切生活过程中。这就深刻说明中国共产党的思想政治教育工作是全员、全方面、全过程展开的。广大人民群众凝聚的共产主义革命价值共识，就是党把思想政治教育贯彻在革命、经济和苏维埃政权建设的全部过程之中所凝聚的信念。

由此，党的思想政治教育工作，不仅使得中国共产党能够在革命的实践中不断学习、不断反思，在理论和思想上愈益成熟，为党领导人民群众走向马克思主义中国化的道路奠定了思想基础和组织基础，而且也使得广大人民群众通过对马克思主义思想的学习和践行，愈益成为坚定的马克思主义者，团结在先进的中国共产党周围，为实现美好的生活和社会制度而奋斗。思想政治教育的优良传统，说明其是党的一切工作的“生命线”。

5.《石叟文库》思想政治教育史料之于中国共产党的思想政治教育工作的局限

《石叟文库》关于党的思想政治教育工作的史料丰富翔实，反映的思想

①《中国共产党的在职干部教育》。

政治教育工作内容、方法，组织、督导等都很全面，以油印或铅印方式基本保持了原件原貌，内容更改可能性较小，具有较高的可信度。但是国民政府方面在对史料进行分类整理过程中，对所有目录都加上了“伪”“匪党”“匪军”等字眼，而且在文件原件标题和正文前有时候也加上“汇编大意”“利用说明”“编辑说明”等文字，诬蔑和攻击党和红军。所以使用《石叟文库》的史料，还需要加以必要的考证，并与当前权威史料相印证。如《中国共产党的在职干部教育》，就是《石叟文库》收录的一份国民政府方面的资料。①

另外，《石叟文库》关于思想政治教育的史料，与现有已经公开出版的相关史料相比，并非全面充分。目前《石叟文库》中关于中国共产党思想政治教育的史料已经基本被整理出来，共计近94万字，查重之后（知网检测时间：2023-07-12）有11.5%的重复率。也就是说，有少部分史料能够在知网等电子平台和公开出版的书籍中发现，还有很多史料没有公开问世，也说明大量现有公开的思想政治教育史料没有被纳入《石叟文库》。这从另一个意义上说明，《石叟文库》包含的思想政治教育内容并不充分。

国内已经公开出版了丰富的思想政治教育史料文献，如《中国共产党宣传工作文献选编》《中国共产党思想政治教育史料选辑》《中国人民解放军政治工作历史资料选编》《党的宣传工作文件选编》《思想政治工作文献选编》《中央苏区宣传工作史料选编》等。将这些史料文献与整理的《石叟文库》思想政治教育史料相比可以发现，《石叟文库》只包含了部分的党的思想政治教育史料。这样一来，我们要考察中国共产党在中央苏区时期的思想政治教育历史就不能限于《石叟文库》的史料，还需要全面深刻运用其他相关史料，当然《石叟文库》中很多没有公开问世的文献史料能够作为这一时期党的思想政治教育工作的重要补充和历史佐证文献。不管《石叟文库》中思想政治教育史料是否全面，其在党的思想政治教育中，在红军、群众团体、学校和白军官兵的思想政治教育工作中都留下了丰富、翔实的史实，并展现出党以多样化的方法开展了丰富多彩、具有针对性的思

① 有学者明确指出：“《石叟资料》收录的一份国民党中央组织部战地处编印的《共产党的在职干部教育》内部资料”，参见耿艳鹏：《〈石叟资料〉中的红色教材》，《党性党风党纪研究》2016年第1期。

想政治教育活动。我们应当从中深刻发掘党在艰苦卓绝的环境下，是如何凝聚党员干部和广大人民群众的信念和力量的。

二、中央苏区时期中国共产党思想政治教育概览

中央苏区时期，中国共产党首要任务是领导红军开展反“围剿”的革命活动，以及进行苏维埃政权的建设。这些活动的进行需要凝聚广大党员干部和人民群众的信念，也就是在致力于中国旧社会改造的同时需要一直对人们的主观世界进行改造，即对广大党员、红军官兵和人民群众及白军官兵进行思想政治教育。这既是革命活动的必要，需要有觉悟的先进分子加入革命队伍中来，也是广大人民群众变革中国旧社会秩序构建新世界美好生活的价值自觉。正因如此，思想政治教育，包括革命宣传工作就成为中国共产党和红军的自觉而重要的工作内容。

中国共产党的思想政治教育工作是党保持先进性的理论自觉。中国共产党为推翻旧秩序下的阶级压迫，唤醒广大人民群众的阶级觉悟，必然进行各种形式的思想政治教育活动。“思想政治教育”这一概念是经过长期的历史演变才逐渐确立下来的。在长期的革命教育活动中，中国共产党曾经使用“宣传工作”“政治教育”“政治工作”“思想工作”“思想政治工作”等概念，实质上就是进行思想政治教育工作，以此来教育党员群众和红军官兵，推动革命力量的凝聚和发展。

习近平总书记长期以来高度重视党的思想政治教育工作的优良传统。2013年8月19日，习近平总书记专门就党和国家的意识形态的宣传教育工作作出总结和指示：“宣传思想工作就是要巩固马克思主义在意识形态领域的指导地位，巩固全党全国人民团结奋斗的共同思想基础。”[①]党的二十大报告

① 中共中央文献研究室编：《习近平关于社会主义文化建设论述摘编》，中央文献出版社2017年版，第22页。

中也鲜明指出，应加强社会主义意识形态凝聚力和引领力的建设，要求巩固壮大奋进新时代的主流思想舆论，塑造主流舆论新格局，并要求加强全媒体传播体系建设，推动形成良好网络生态。2023年10月7日，在全国宣传思想文化工作会议上，习近平总书记再次强调："宣传思想文化工作事关党的前途命运，事关国家长治久安，事关民族凝聚力和向心力，是一项极端重要的工作。"[①]这些关于党的宣传思想工作和意识形态工作地位和作用的肯定，就是对党的思想政治教育历史的肯定。我们应深刻理解和审视党的思想政治教育的历史过程，尤其应当从思想政治教育历史的源头来加以把握。因此，《石叟文库》中反映出的党的早期大规模、系统化、规范化的思想政治教育工作是非常值得我们研究和讨论的。

中国共产党是思想政治教育的主要对象，又是这一工作开展的核心和领导力量。红军是思想政治教育的主要对象和关键。各种形式的学校是思想政治教育的主阵地。中国共产党、红军、学校思想政治教育的原则、内容是什么，思想政治教育在开展过程中采取了哪些有效的、生动活泼的方法和载体，使得广大党员干部、红军官兵和人民群众，甚至白区群众官兵产生无产阶级觉悟，并越来越深刻、越来越紧密地团结在中国共产党的周围，坚持党的主张和纲领，践行党的政策和路线，这些都需要我们有一个整体的认识。

（一）党的思想政治教育

中国共产党是中华民族的先锋队。这就需要时刻加强党员干部的理论教育，尤其是马克思主义理论素养的教育。这样中国共产党才能成为领导无产阶级和革命群众进行坚定共产主义革命的先进政党。因此，党从成立之初，就用马克思主义思想武装全党。1921年中国共产党成立之时，就提

---

①《习近平对宣传思想文化工作作出重要指示强调 坚定文化自信秉持开放包容坚持守正创新为全面建设社会主义现代化国家 全面推进中华民族伟大复兴提供坚强思想保证强大精神力量有利文化条件》，《人民日报》2023年10月9日。

出要以共产主义精神教育全体党员以及入党积极分子。[①]此后，中国共产党在革命风云变幻的年代，采取各种措施积极进行马克思主义理论的研究、学习和运用，使党真正成为无产阶级革命的领导力量。

1.中国共产党肯定了党内思想政治教育的意义，明确了马克思主义作为指导思想的原则

中国共产党成立之初，就一再强调党的自我理论修养的重要性。1924年5月，中共扩大执行委员会指出："中央宣传部应当在党报上加重党内教育的工作。"[②]1925年1月，党的四大再次重申："没有革命的理论，即没有革命的运动。有了健全的革命理论，然后党的宣传工作方得依此范畴融通各部，使党员行动方有所准绳。"党的四大肯定了马克思主义是党内教育的原则，"以马克思列宁主义的见地传布无产阶级的文化是很重要的一件工作"，并指出了党内教育的方法途径，各地应设立马克思列宁主义研究会或其他临时的讲演讨论会，各级党组织也应"设立党校有系统地教育党员或各校临时讲演讨论会增进党员相互间对于主义的深切认识之必要"。[③]这些都说明党从成立之初就把马克思主义科学理论的学习和掌握作为党和党员干部的重要工作。这些在《石叟文库》关于党的思想政治教育史料中有着非常深刻的体现。

《党的建设讲授提纲》中，非常清楚地说明了党内宣传教育的重要意义，以及宣传教育所应遵循的基本原则。

第一，党内宣传教育的重要意义

（1）必须加紧党员的政治教育，必要用尽一切方法提高党内政治水平线，要在党员群众，革命青年中尽显特殊的教育工作（共产国际与中国共产党书）。

---

① 参见《中国共产党第一次代表大会》（1921年下半年），载中央档案馆编：《中共中央文件选集》第1册，中共中央党校出版社1989年版，第559页。

②《党内组织及宣传教育问题议决案》，载中央档案馆编：《中共中央文件选集》第1册，中共中央党校出版社1989年版，第245页。

③ 参见《对于宣传工作之议决案》，载中央档案馆编：《中共中央文件选集》第1册，中共中央党校出版社1989年版，第375—378页。

（2）为要使党能够真正有准备的去进行将到来的战斗，那就无论如何必须用最大限度的精力，去提高党员的政治水平，使党员自动懂得党的政治路线和党的现时的行动纲领（国际东方部队中共最近组织任务之决议案）。

第二，要加强在党理论上的发展，全党党员要加紧学习马克思列宁主义的理论。

（1）只有从理论上去认识革命的策略的方法，共产党才能变成群众真正觉悟的领袖，只有真正领会马克思列宁主义的方法，共产党才能把政治上策略上组织上的错误可能性减少到最少限度，没有革命的理论，便没有革命的行动，只有以先进理论为指导的政党，才能执行先进战士的作用。（列宁）

（2）若没有□□□马克思列宁主义的理论……群众便没了必不可少……形势转变政治问题……对于革命进程有严重……不能正确的应变合乎环境的策略。（□□来信）

（3）实行……是违反整个……工作的大危险“实际行动如不是以革命理论的指导，就变成盲动的实践”。（斯大林）

由此，我们可以明白学习马克思列宁主义的理论的重要。

我们有许多同志只注意于实际工作，不注意学习理论，这是错误的，现在全党同志一定要加紧来学习理论。[①]

这里以共产国际的文件和马克思主义经典作家的言论来深刻说明党内宣传教育，即思想政治教育的重要性。党内思想政治教育关乎党员理论素养和党员的政治水平，关乎党员干部在群众团体中的先进性和觉悟性，关乎党员干部对于现时党的政治路线和行动纲领的领悟和实施，关乎党领导革命的未来前途。由此，中国共产党明确要求每个党员同志都应该“加紧来学习理论”。党只有自身首先加紧加深马克思列宁主义的学习，才能相较于广大人民群众具有先进性和模范代表性，如此就更应该有“特殊的教育

①《党的建设讲授提纲》。

工作”，不断深化党员干部的理论素养和实践行动力。

至于理论学习的指导思想，当然应该以“马克思列宁主义的理论”为原则，使得党员干部把理论学习和实际工作联系起来。土地革命时期，战争的紧迫任务和苏维埃政权建设的日常工作都非常繁重，如何更好地落实党的纲领和主张，如何使得党员在充分理解党的政策方针基础上切实落实党的要求，就需要党员干部在实际工作之外加强革命理论的学习，从而以先进的理论指引党员干部的一切行动，以自觉的、积极的行动取代“盲动的实践”。马克思主义以人的解放和发展为目的，要求以群众利益和群众需要为中心，变革社会旧秩序的革命活动必须以马克思主义思想为指导。因此，中央苏区开展的思想政治教育活动，马克思主义理论教育是贯穿始终的。这不仅使得广大人民群众通过土地革命获得现实的利益，更重要的是，使广大人民群众充分理解了自身的经济地位、政治权利和人生价值，促进了广大人民群众的阶级觉悟。“马克思列宁主义是我们的指南针，苏维埃新中国的胜利即是马克思列宁主义的光荣的胜利”，“是中国革命完全胜利的一个有力的保障”。只有坚持马克思列宁主义这一科学的理论，在改造主观世界的同时，才能更好地指导我们去开展正确的革命行动，改造中国的旧秩序。“我们只有更加努力学习马克思列宁主义，利用所有的空闲，研究马克思列宁给我们的宝贵的教训与丰富的经验，把马克思列宁主义来武装我们的头脑，战胜敌人。”①

2.中国共产党的思想政治教育工作需要通过党的组织建设和宣传教育部门来领导和落实

先进的思想和社会意识并不会主动进入人的大脑，需要党的理论灌输才能让人掌握马克思主义的科学知识。列宁早已说明了灌输理论的必要性，哪怕是最具革命性的工人阶级，“工人本来也不可能有社会民主主义的意识”②，要使得工人觉悟自身阶级性质和力量，认识到自身所承担的崇高历史任务和使命，掌握科学社会主义理论，“这种意识只能从外面灌输进去”③。

①《“五五”节报告大纲》,《红色中华》第177期。

②《列宁选集》第1卷，人民出版社1995年版，第317页。

③《列宁选集》第1卷，人民出版社1995年版，第317页。

也就是，“只能从经济斗争外面，从工人同厂主的关系范围外面灌输给工人”[①]。这就说明无产阶级要形成自觉的、有目的的革命运动，能够自主、自觉地把工人运动和社会主义相结合，必须进行科学社会主义理论的学习，也就是必须接受最有觉悟的无产阶级政党——共产党的理论教育和灌输。中国共产党在成立之时就已经认识到，要领导和组织广大人民群众支持和参与到共产主义的革命活动中来，首先要有掌握科学理论的党员，也就是党内需要不断进行马克思列宁主义科学理论的学习和运用。

中国共产党通过组织建设、通过专门的宣传部门和教育部门，不断强化自身先进性的教育。在长期的革命活动中，中国共产党的思想政治教育活动，形成了有组织、系统化的，常规化和临时性相结合的自我教育模式，有力地促进了党的理论修养提高，为中国共产党把马克思主义理论和中国具体实际相结合的马克思主义中国化发展奠定了组织基础。

中国共产党把组织的不断完善过程当作自我教育的一个重要途径。1938年8月出版的《共产党党章》[②]中，就从中国共产党的基本组织即党的支部的任务上明确了思想政治教育的工作：

> 支部任务：支部为使与工农联系起来的组织。支部的任务：
>
> （甲）用有计划的共产主义的鼓动和宣传，在无党的工农群众中实行党的口号与决议，使工农站到党方面来。
>
> （乙）以党的组织的力量积极参加工农的一切的政治的经济的斗争，以革命的阶级斗争的观点讨论他们的要求，组织群众的革命行动，为取得工农的一切革命行动的领导而斗争，努力工作以吸收工农参加中国的与国际的无产阶级一般的革命斗争。
>
> （丙）征收和教育新党员，散布党的出版物，在党员及无产工农中进行文化和政治教育的工作。

①《列宁全集》第1卷，人民出版社1995年版，第363页。

② 1938年出版的《共产党党章》包括三部分：一是《中国共产党党章》；二是《苏联共产党（布尔什维克）党章》；三是《共产国际章程》。这里指的是第一部分《中国共产党党章》。

这里从党的最基础的组织——支部的三大任务可以看出，党非常重视马克思主义的宣传教育工作。“鼓动和宣传”“革命的阶级斗争的观点”“教育新党员”“散布党的出版物”等都说明党要求通过支部组织面向广大人民群众进行广泛的马克思主义理想的宣传教育工作。不过，党组织能够开展这一宣传教育工作有一个前提，即中国共产党自身掌握了先进的理论，也就是从党的基础支部起，支部的全部党员都掌握了马克思主义的科学理论。

建立支部，开展支部工作，完成支部任务，这些全面反映出党的组织建设从支部起始，就重视自身觉悟、自身科学理论的掌握。这就表明，中国共产党在开展组织建设的过程，也是进行马克思主义科学理论的学习、教育、领悟和践行的过程。《石叟文库》中大量的史料也证实了这一点。《内部训练材料摘要》第一章“入校须知”的第一节就直接指出“怎样做个CP党员（共产党员）”，首先需要学习党组织的基本知识；《动员党团员进行政治工作》中也指出，“过去政治工作不能达到应有的收获，最主要的原因是没能足够的认识党内的工作是政治工作的基础”，说明党内思想政治教育是党领导和开展针对其他对象的思想政治教育工作的基础；《新党员训练大纲》开篇“共产党是什么”中要求，应弄懂党组织的性质和主张；《党团员怎样起领导作用》中深刻指出，党在群众中缺乏模范和领导作用，其中一个原因就在于“党内缺乏教育和思想斗争以至有此恶果”，因此应该“加紧党内教育与思想斗争，使每个党团员都能非常了解和实行下面所指出的，去积极的发挥其在群众中的领导作用”，使得“党团员必须了解党的政治主张和策略”。这些史料非常鲜明地表明，中国共产党在其组织建设过程中已经自觉地进行了马克思主义理论修养的教育活动。

中国共产党正是通过党的组织建设来深化党的理论修养，以此形成党和群众的新型的密切关系：

党和群众组织的关系。

（一）党是领导群众斗争的先锋。

（二）党是工人阶级中或其他群众中最觉悟的分子，所以党是本阶级中最觉悟的一部分。

（三）党决不是站在工人阶级以上或命令帮助工人群众的一切势力或是对形[①]的组织。

（四）根据以上的原则，党对于群众的关系绝不是强迫命令，而是应该站在同一阶级的利益上去“说服”“训练”领导他们的斗争。[②]

中国共产党作为无产阶级政党组织，是站在人民群众利益的立场上进行革命活动的，所以在领导群众斗争的过程中，对群众不是采用对敌的革命方式，而是对人民群众采用说服教育的方式来领导群众自觉进行创造美好生活的斗争。坚持党与群众的密切关系，就必须在党的组织建设过程中保持“党是本阶级中最觉悟的一部分”，党必然要深化自身科学理论的学习和教育，也就是大力开展党员干部的思想政治教育工作。

为了更好、更集中进行党内思想政治教育，并把这种政治思想宣传和教育活动推向全社会，党在组织中专门设立了宣传部（局）等职能部门，负责面向党员干部和广大人民群众的宣传教育工作。中国共产党成立之时，就在组织内始终常设了一个宣传部门，负责党的思想政治教育工作。随着革命工作的开展和中央苏区时期苏维埃政权的建设，党为了更好地把宣传教育活动深入基层，也在红军、苏维埃政府、群团组织中建立自上而下系统的宣传机构，用于对广大党员干部和人民群众进行马克思主义理论教育、宣传活动。其中苏维埃政府中的文化（教育）部门，更是灌输党的思想政治教育工作的主阵地。《中国共产党章程》明确规定党部机关应设立宣传部。《党的建设讲授提纲》中也指出：“要成立各级的宣传鼓动部，要有专门负责宣传工作的同志，要有很好的分工，切实进行宣传鼓动工作”，其中“党的宣传部对党员的学习应多给以个别的指导，发挥他们各个积极性和创造性”。1932年1月的《红军中政治工作会议规则》中要求政治委员，政治部

① “对形”为原文献表述。

② 《内部训练材料摘要》。

主任、副主任及各政治部宣传部（科、股）长及宣传队长都应参加宣传工作会议。这事实上说明红军内部已经形成了完善的宣传教育机构。《红军各级部队政治部之组织》的宣传科职责中，规定要“加强政治教育”，并且要求宣传队“规定每日工作报告表，检阅每日工作；选定每日训练纲要和计划另天工作”。党在部队内宣传教育工作已经形成了常态化、规范化的工作机制。

中国共产党在其组织建设和宣传机构的工作中，就是要让每个党员干部在掌握马克思主义科学理论的基础上，成为思想政治教育工作的教育者、宣传员和模范，在各种工作中都能够领导和教育人民群众成为坚定的马克思主义者。《关于建立宣传鼓动工作的问题》中就指出：“要建立各区宣传委员会的组织，宣传部建立经常工作，支部必须有宣传干事的经常工作，同时要每个同志都成为宣传员之一，在各种会议中与个别谈话中进行，经常宣传鼓动。”正是从党内积极加强思想政治教育工作，才使得广大党员干部成为有理想、有才干，能凝聚群众力量的模范，才使得中国共产党领导革命群众能够在一次次反“围剿”中取得胜利，在艰苦卓绝的环境下毅然前进。

3.中国共产党明确了党内思想政治教育的内容和方法

中国共产党通过严密的思想政治教育组织体系，采取了形式多样的教育方法，开展了内容丰富的思想政治教育工作。

（1）党内思想政治教育内容

党内思想政治教育重在对党员政治信念教育和马克思主义科学思想的认识和运用。党员应该具备的思想素质，就是思想政治教育的重要内容。在《内部训练材料摘要》中，对党员思想素质有明确的说明：

> 党员的思想要特别注意的有几点——思想方面应特别注意的有以下各项：
>
> （一）确定无产阶级的革命的人生观。
>
> （二）很坚定的信仰党的一切。
>
> （三）只有我们的党才能完成中国革命和世界革命。

（四）消灭一切幻想国民党、AB团、第三党、改组派……的残余。

（五）一切思想，要站在整个的无产阶级及一切劳苦群众上，绝对防止个人的利益，而妨碍整个的革命。

这些对党员思想素质的要求，事实上也就是党内开展思想政治教育的主要内容，包括对党的基本常识的认识，批判党内各种社会思潮和非无产阶级思想，批判国民政府反动宣传，不断规范党内的纪律和作风。党员干部在进行具体教育工作时，又应该结合党的实际工作，把为无产阶级和人民群众服务的事实作为思想政治教育的支撑材料。只有党把正确认识和科学思想灌输给广大党员干部，才能够使党员干部确立无产阶级革命的人生观，并在革命的实际工作中始终贯彻党的宗旨。

首先，中国共产党的性质、纲领、基本任务和党员干部职责，以及党的组织系统的职责等是党内思想政治教育的核心内容。

党员干部的思想政治教育内容，首先要对党的组织和纲领等基础知识加以认识，使广大党员明白无产阶级政党的性质和基本任务。《石叟文库》中的史料反映出，党内的各种教育活动确实把这些基本知识作为党内思想政治教育的重要内容和基础知识。《新党员训练大纲》中系统介绍了作为一名新党员，应该懂得的党的基础知识和训练内容，主要包括五个方面的基本内容：一是共产党是什么；二是共产党的主张；三是共产党的组织；四是共产党的纪律；五是共产党员的任务。《内部训练材料摘要》中开宗明义地提出“怎样做一个CP党员”：

1. CP是什么——CP是共产党的简称，共产党是无产阶级的政党，它是共产主义的先锋队，也就是代表全世界无产阶级及弱小民族讲解放的总机关，它在西方资本主义发达的国家主张直接推翻资产阶级，在东方是领导弱小民族做反封建地主阶级及帝国主义斗争。

2.什么是党员的基本任务——党员的基本任务有以下三

点——（一）按期到会，（二）为党工作，（三）缴党费。

《关于党的教育工作》中还规定了党内思想政治教育的课目：“《新党员训练大纲》《党章》《党纲》《目前党的中心任务》《支部工作》《什么是进攻路线》等等”应成为负责上课教员的具体科目，同时思想政治教育的训练材料也应以《新党员训练大纲》《斗争》以及党的各种决议等为原则。总兵站政治部在《三四五三个月教育计划》中明确说明，支部教育工作应进行“研究党的建设”。

党内学习党的章程、党的主张和任务，事实上就是对马克思列宁主义的学习，是对无产阶级所坚持的革命理论的学习。《党的建设讲义》中明确指出：“党员一定要学习列宁马克思主义，把革命的理论运用到革命的实践。”这样一来，《党章》、《党纲》、党的各种决议文件，事实上就是马克思列宁主义的理论具体化、现实化，当然就必须成为党内思想政治教育的核心内容。

其次，中国共产党需要积极批判各种非无产阶级思想，与党内各种非无产阶级思想斗争。

中国共产党要成为无产阶级最有共产主义觉悟的政党，要能够凝聚革命共识和力量，就不能允许党内存在破坏党的组织和思想统一的派别和各种非无产阶级思想。尤其是在复杂的革命战争年代，更需要重视党内团结一致和思想统一。《党的建设讲义》中鲜明指出：“党是阶级的斗争的组织，党的意志，党的组织和党员的行动，一定要统一，党才能领导无产阶级的斗争，夺取和巩固无产阶级的政权。”因此，“党一定要保持思想上和组织上的统一，党内绝对不容许有任何思想不同，各种各样的小组织，这样党在斗争中，才能够有统一的行动”。党内派别与小组织的存在，破坏了党内的思想和组织统一，特别危害党的主张的真正实现。这些派别和小组织的存在往往又导致“左”和右的机会主义路线问题，也往往产生一些非无产阶级的思想。

中国的党也是和联共的党一样，是在征服党内各种矛盾的过程中发展和巩固起来的。中国党是在共产国际领导之下，学联共党的经验开展反机会主义的斗争，在斗争中得到巩固与发展，走上布尔什维克化的道路。①

中国共产党既根据苏俄革命斗争的经验，又基于党内组织中存在的现实，积极进行了与各种“左”和右的错误路线、各种非无产阶级思想的斗争。列宁曾积极批判了经济派、少数派、社会革命党人、召回派和托洛茨基派等各种派别，指出应该在马克思主义的立脚点上为党的统一而斗争，以最坚决的方法完全消灭一切小组织。中央苏区时期中国共产党面临复杂的战争环境，尤其是转入农村革命运动以后，大量的农民、手工业者、小资产阶级等加入党和红军，以及一些白军官兵转正到革命队伍中来，这就使得各种思想，尤其是一些非无产阶级的思想多出现于党和红军队伍之中，使得党内也产生了路线之争和思想争论。因此，中国共产党学习苏俄布尔什维克党的经验，积极与一切机会主义的派别斗争，批判各种非无产阶级思想，积极进行党内思想政治教育。

党内思想政治教育首先积极认识和分析党内机会主义的问题，探究其来源：

为什么党内会有机会主义呢?

第一，因为在阶级斗争的环境中，资产阶级及资产阶级思想的影响，往往深入到无产阶级和无产阶级的政党（经过无产阶级内面一部分不坚定阶层的传达和散布）。

第二，无产阶级内面存在着各种不同的阶层，除了无产阶级的基本阶层之外，还有两种不坚定的阶层，一种是不大从非无产阶级中出身的农民、小资产阶级与知识分子出身的，他们把自己的意识习惯和动摇的精神，带到无产阶级内面来，另一种是工人阶级的上层分子，他们与阶级接近，受着资产阶级的影响，存在

①《党的建设讲义》。

着与资产阶级妥协的精神。

在阶级斗争的开展中，无产阶级内面不坚定阶层的动摇与妥协的意识和情绪，必然反应［映］到党内，而成“左”或右的机会主义的表现，特别是受到资产阶级和资产阶级思想的影响而更加发展。①

中国共产党正确分析了党内存在的机会主义问题，由此指出党应该从“执行自己的政治路线中间”展开与机会主义的斗争。这就从思想上指明了机会主义的根源、危害，站在马克思列宁主义立场来认识党的主张的正确性和真理性，积极通过思想政治教育，“教育同志巩固党的一致”。

很明显的在革命发展的过程中，党内时常会发生与党的路线原则上不同的意见，右的和“左”的机会主义和左右机会主义的倾向，阻碍党的正确的路线的执行，我们不能用别的方法来掩盖党内和党的路线原则不同的意见，我们要开展党内思想斗争，揭发党内左右倾机会主义的错误，站在党的正确路线的立场，来克服党内一切与党的路线不同的意见，只有这样党才能得到巩固和发展，在革命斗争中，党才能顺利的执行党的路线，领导革命到彻底的胜利！

掩盖党内与党的路线不同的意见，害怕党内的思想斗争，都是严重的错误，这会使党受到非常大的危害，会破坏党和破坏党对革命的领导。②

党内存在什么样的思想斗争呢？中国共产党也加以积极的正视和揭发，认为存在陈独秀的机会主义、托陈取消派、立三路线及其调和主义、罗章龙派。对于这些党内思想认识的错误，中国共产党积极分析其存在的缘由、

①《党的建设讲义》。

②《党的建设讲义》。

表现和危害，并由此指出，中国共产党应该坚定不移地走布尔什维克化的道路，坚定共产主义革命的道路和信念，号召全党加以批判、驱逐这些派别和思想，巩固党的马克思主义信仰。

由此，中国共产党还要求应该通过实际工作，旗帜鲜明地开展与各种机会主义的思想和行动作斗争，要“肃清左的和右的机会主义与对他们的调和”，通过实际行动公开、及时申明党的统一意志，以此“反对口是心非的两面派”，要“在斗争中来洗刷机会主义的份子”。

> 中国党在反对机会主义的斗争中，从党内逐出了陈独秀派、托洛斯基①派、取消派、罗章龙派、肃清了机会主义的派别和动摇的机会主义的份子，这不会使党减弱，相反的，增强了党，使党巩固的走上布尔什维克的道路。②

同时，中国共产党还加强对社会各党派的性质和活动的认识、批判，从与中国共产党性质、纲领和行动的对比中，说明社会各党派，尤其是国民党的阶级性质。《三个礼拜宣传队训练大纲》中明确提出，在进行思想政治教育的时候要对照着共产党的党性对国民党、西山会议派、改组派、第三党、社会民主党、新月派、取消派、AB团、无政府主义各自的阶级性、主张和社会影响等加以讲解，要参考制定材料，中国社会各党派（中央局宣传部的），及“九一八事变”各反动派怎样维持反动派的统治（中央）。正是从这些党外的矛盾中，中国共产党进一步要求加强党内自身的思想政治教育，保持党内思想和意志的统一。

当然，中国共产党还需要积极反思党内存在的事务主义、农民意识及一切非无产阶级思想，发展党的思想斗争，加强党内思想政治教育，以此来消除破坏党的意志统一的现象。《石叟文库》中很多史料都反映了这一深刻的问题，《关于红军中党的工作训令报告大纲》就指出：“要加强无产阶

① 现一般译作托洛茨基。

②《党的建设讲义》。

级的教育，去克服党内的农民的与一切非无产阶级的意识。”

中国共产党在中央苏区时期的革命和建设活动，主要是基于农村的苏维埃政权的革命活动，又时刻面临着敌人的进攻，因此党必须正视现实环境所带来的党内“左”倾和右倾机会主义的思想，即各种非无产阶级的思想。尽管应该以具有彻底革命意志的工人阶级来强化党的建设，但在阶级斗争激烈、多变的复杂环境中，随着农民、小资产阶级等成分大量进入党内而使得无产阶级革命思想发生事实的变化和影响，即无产阶级的党内，不可避免地、实际地产生了各种非无产阶级的思想。因此，党内的思想政治教育工作，必须把各种非无产阶级思想纳入教学内容，科学分析其性质、影响和危害，从而深化党员干部对中国共产党自身性质、宗旨、纲领和政策、措施的认识，促使广大党员干部成为坚定的马克思主义者。

再次，中国共产党需要加强作风和纪律的教育。

中国共产党把党的纪律和作风当作思想政治教育的重要内容。《中国共产党章程》明确规定了党的铁的纪律要求，要求一切党的组织和党员干部都要绝对服从党的决议，并且要迅速正确地执行。党用铁的纪律维护党的团结统一。只有党员服从党，下级服从上级，少数服从多数，才有党的统一。党的铁的纪律就是要在这个基本条件上保障党的统一。因此，党内思想政治教育一直把党的纪律和作风问题当作重要内容，在任何时候都毫不放松地进行纪律和作风建设。

> 铁的纪律不是不允许党内有意见不同的争论，相反的，铁的纪律不仅允许，而且提倡党内的批评和意见的斗争，但到了意见斗争已经终止，批评已经过去，决议已经是通过之后，一切党员就要有统一的意志和统一的行动。
>
> 党一定要有铁的纪律，纪律是党的生存与斗争胜利的根本条件之一。
>
> 列宁说：“无条件的集中化与无产阶级严格的纪律，乃是战胜资产阶级主要条件之一。”
>
> 在夺权和保持政权时，党的集中统一和铁的纪律更加重要。

列宁说："在目前剧烈的国内战争时代，党要履行使命，必须以最集中的形式组织起来，必须施行一种适于军事纪律的铁的纪律。"

"谁之观念削弱党的铁的纪律，谁就事实上帮助资产阶级反对无产阶级。"

所以，我们党章规定"严格遵守纪律是党员及各级党部的最高责任。"破坏党的纪律的行动，应采取各种的惩罚一直到开除为止。①

中国共产党在学习苏俄联共党的经验的时候，始终注意到巩固党的纪律以保障党的统一。尤其是在中央苏区国内革命战争开展与两个政权对立更加尖锐的时期，中国共产党只有不断提高党的纪律，才能在红军中实行军事纪律，从而保证党和红军的革命活动及苏维埃政权建设的胜利。因此，党内始终重视和开展铁的纪律和良好作风的教育活动。

最后，中国共产党以各种革命实际工作为思想政治教育的事实材料。

中国共产党进行党内思想政治教育的时候，并不是纯粹的理论说教，而是以党的实际工作及其存在的优缺点来说明党的主张、纲领和宗旨。也就是说，中国共产党开展的各种革命实际工作都属于党内思想政治教育的重要内容。正是从这个意义上来讲，《石叟文库》的所有史料，事实上都可以看作中国共产党进行思想政治教育的实际反映。

《党的建设讲授提纲》中指出："党对党员的宣传教育，主要的在于工作实际斗争中来教育训练。"《粉碎敌人五次"围剿"的宣传动员工作》中也指出："党员小组会议须以中央局宣传部印发的《中共中央关于帝国主义国民党五次'围剿'党的中心任务讨论提纲》来教育党团员及发展他们的讨论。"《国际青年节拥护国际反帝非战代表大会宣传工作》非常生动地说明，党内的宣传教育工作，尤其是党内思想政治教育工作，事实上与党的实际工作密切相关，与党扩大红军、健强地方武装、经济动员、查田查阶级等

① 《党的建设讲义》。

活动不可分割。

各级党的宣传部必须在加紧国际青年节及拥护国际反帝非战大会与反对法西斯白色恐怖运动周的宣传鼓动来进行募捐，慰劳东北义勇军的运动，加强苏区反帝拥苏与反白色恐怖的工作，实际的来完成□□人五次“围剿”面前江西党在八九两〈月〉的中心的战斗任务，如扩大红军五万扩大健强地方武装发动游击战争，保护苏维埃，加紧白区白军工作。

各级党的宣传部必须加强对团的领导，经过团的动员与号召在国际青年节应深入在青年群众中扩大红军，查田查阶级，经济动员，扩大五十万少先队号召入团等宣传鼓动工作，来发动青年群众的积极性，吸收先进的青年工农加入共产青年团，完成团超过党的计划。[①]

《关于十月革命节宣传工作》也明确指出党内的宣传教育工作和红军战争、群众的日常斗争是联系在一起的。

各级宣传部必须抓住省党大会扩大红军的突击精神，根据省委制定的《党大会政治决议报告大纲》在全党深入起来，使每个党员都能□□了解党大会决定在十月革命节前完成扩大红军三万五千的任务与意义，以及加强地方武装发展游击战争的重要。紧急动员起来后组织与领导支部运用群众的日常斗争来说服群众深入宣传鼓动工作，开展比红五月扩大红军更大的潮流来完成这一任务。[②]

正是因为党的主张、纲领和政策贯穿党领导红军和人民群众开展的一

①《国际青年节拥护国际反帝非战代表大会宣传工作》。
②《关于十月革命节宣传工作》。

切革命活动和苏维埃政权的建设中，广大党员干部和人民群众、红军官兵是紧密团结在一起的，所以，党内的思想政治教育内容必须包含党的一切工作事实。《党的建设讲授提纲》中指出，思想政治教育的“训练材料是以党的某个决议、宣言或某个理论上与实际上的问题”。《中国工农红军政治工作暂行条例》指出，应该“有系统的收集其所属部队一般政治和党务工作材料，随时报告上级政治机关”。《政治工作决议》指出，应“由总政治部收集各军已有的政治训练材料，加以系统整理”，从而成为思想政治教育的重要内容。

（2）党内思想政治教育方法

首先，中国共产党建立马克思主义研究会、党校和随军学校等各种常规化、规范化的学习机构，或者成立各种短期、流动的学习班等，开展马克思主义理论的经常性、长期性，或临时流动性的强化学习。

流动训练班

（1）流动训练班的目的是党内每个支部的同志受到党的训练，使每个支部的同志对于党的决议，目前党的每一具体任务，有更进一步的了解。

（2）流动训练班由区委市委支部委员会负责开办，支部所有同志都要受到训练，支部太大时可分班上课。

（3）训练材料是以党的某个决议、宣言或某个理论上与实际上的问题。

（4）时间不要多，最好是一课二课顶多□课，每课□□□□□，可以开二期三期。

短期训练班

（1）短期训练班目的是训练各区各支部的干部。

（2）短期训练班，由省委县委中心区开办，有时训练支部书记的人才，有时训练宣传组织工会工作等，各方面的干部看工作的需要来决定。

（3）训练的时间，两星期一个月至两〈个〉月功课，要选三五门功课来训练（如政治常识、党的建设、苏维埃建设、工会工作、军事工作），如果时间只有两星期，训练科目只要一两门，顶多三门。

（4）训练方法要注意理论上与实际上联系。

高级党校

（1）高级党校的目的是在培养党工会苏维埃少共领导机关的干部，如现在我们中央局所办的马克思共产主义学校……

（2）党校学习时间分二个月四个月至六个月。

（3）功课是政治常识、党的建设、苏维埃建设、工会工作、军事工作、群众工作……

马克思主义研究会

党内比较熟练的理论人才应该有一种联系，实行分工来研究和交换经验。

现在中央局发起成立一个马克思主义研究会，就是集合干部用集体和分工的方法来研究马克思列宁主义的理论。[1]

中央苏区时期，中国共产党长期处于革命战争的环境，需要完成大量的工作，大量党员干部无法完全脱产学习。这样一来，中国共产党结合革命的实际情况，形成了稳定的和流动性相结合的党员干部教育和训练的模式和方法。其中，因为大量党员干部无法完全脱产，为了有计划地训练党员，中央苏区广泛开办了“支部流动训练班”，它“是训练一般党员的学校，是利用党员空闲时间不脱离生产地给党员各种必要的教育”。[2]《关于党的教育工作》明确指出：“流动训练班是教育同志最好的办法，各级党部必须根据中央局宣传部《怎样办流动训练班》的这个文件，配合当地的实际情形，有计划的去执行，除将新党员组织流动训练班外，老党员政治水平较低的也可参加，同时上级领导等机关必须派人到支部去指导和帮助这一工作。”党还要求开展思想政治教育工作的宣传鼓动员，也要办训练班学习。

①《党的建设讲授提纲》。

②《怎样办支部流动训练班》，《红色中华》第177期。

《十月革命节宣传工作初步检阅》中就指出，瑞金、兴国、永丰、博生、公略、胜利、石城、广昌、长胜等地都已开办了宣传鼓动员训练班。

其次，中国共产党强调党内会议和讨论的学习方式，对党所面临的实际任务和工作进行讨论研究，以此作为马克思主义理论学习和探讨的重要途径。

中国共产党通过党内会议的方式，能够经常性地讨论实际工作问题，并以此探讨党的主张、纲领和宗旨的落实情况——事实上就是在进行马克思主义理论的自我教育。这个经验是苏俄社会主义革命和建设中党内自我教育的有效方法。

> 在动员共产党员的问题周围，必须进行大的政治工作。各级党部，对于进行动员工作，不是都能够同样积极的。在偏僻的农民区域，动员或可引起某种迟疑。必须使每个党员，预先得有准备自己动员的可能，在政治□□与地方党部间工作的协商正确，实是动员共产党员之顺利及迅速的先决条件。动员共产党员的命令，必须与地方党部协商之，而地方党部，则应尽力协助此项工作。在这个准备期间，最重要的，是一切党的组织，须及时在自己中间，进行讨论国际情况，因此必须利用党的小组党员大会、支部会议、代表大会等。

> 关于政治组织方面的工作，其主要任务，乃是政治机关和党机关对于可能发生之事件的准备工作。此种准备工作，一面应是书信的指示，而另一面，则是诸负责政治工作人员的会议；例如，军区内在各师政治部主任会议，各师内之政治委员会议，各团内之指挥人员和政治人员会议。这些会议上所应讨论的基本问题如下：（一）关于国际和国内状况的领导报告，（二）党和政治工作目前的任务。（三）动员时的政治工作。[①]

①《红军的政治工作》。

苏俄在革命活动中很早就注意到党的会议对于党组织的建设意义，提出党的各级组织，包括党的支部和党的小组所进行的会议，都能对党员干部进行政治动员和教育。中国共产党继承了这一有效方法，也一直要求党的各级组织应该通过各种会议去进行工作问题的反思和马克思列宁主义的自我教育。

中国共产党把民主集中制作为自身的活动原则，一切工作都是通过集体领导来实现的，因此党的会议是最基本、最主要的工作方式。这样一来，党内思想政治教育当然经常性地以党内各种会议的方式开展。

> 党的会议是要分析政治、讨论工作、领道［导］斗争、纠正错误、教育同志、培养干部，所以各级党的组织都要按期开会。党员不到会，即是放弃了党员本身的任务，忽视了阶级利益，不愿为阶级利益而斗争。因此按期到会是共产党员重要条件之一。①

中国共产党明确要求党的各级组织都应该有定期会议，把党的定期会议当作培养党员干部、教育同志的重要途径。哪怕是党的最基本组织——支部，其工作的开展尽管是支部书记负责领导，但是也规定支部书记须按期召集党员开会，并通过会议落实党的政策措施。尤其是上级党部有指示和决议的，支部书记要快速提请支部会讨论和执行。

> Ⅵ.怎样去讨论和执行上级的决议与指示？
>
> 上级决议与指示是分析目前政治问题，指出党当前的政治任务和布置各种工作错误与缺点的方针，是要大家百分之百来做的，不是写一下就算了的。上级决议和指示，好像一个发动机，决议和指示一下来，大家工作就要开始。各级党部只有详细计划和执行上级的决议与指示，才能取得革命的胜利，到底怎样去讨论与执行呢？大略的写明如下。

①《支部工作摘要》。

①接着上级决议与指示后，首先支部书记必须仔细读一读，看其他的内容，并立即将这些文件散给其他同志看，马上布置召集会议来讨论。

②在会议当中，支部书记必须要把上级决议与指示内容的意义，很细心的、有系统的做一个详细的报告，并要着重中心问题，说得清清楚楚是好事。先能提出一个执行的计划来，在这一个报告之后各同志。[①]

党内各种会议可以让党员干部积极发表各种意见，分析政治和时事，纠正错误，能够及时解决广大党员干部在思想和认识上的困惑，因而党内思想政治教育活动经常通过各种会议实现。《三四五三个月教育计划》中针对政治委员、政治工作员进行政治工作的教育方法与方式提出：“建立干部讨论会，政委、站长、支书、协理员、收发管理员、列宁室主任、会计、排长到会，在政治讨论以政委〈为〉主席，军事讨论以站长〈为〉主席，没有政委都以站长〈为〉主席”。[②]

再次，中国共产党以实际工作为思想政治教育载体和教育过程，深化党员干部对马克思主义的思想领悟和实践反思。

中央苏区时期，中国共产党尽管面临严峻的国民政府“围剿”形势，但毅然坚持把马克思主义理论用于实践，力图在革命战争和苏维埃政权建设中，切实建立起满足广大人民群众期待的新生活、新社会、新制度。党内思想政治教育往往不是停留于理论教育，而是经常性、长期性地把思想政治教育要素贯穿党的各种活动之中。中央苏区时期，中国共产党在经济建设、苏维埃政权建设、军事活动、教育工作、文化活动、社会活动、调查活动等各种事务中，都有意识、有目的地落实共产主义的要求，力图实现苏俄社会主义的新制度、新生活。在此过程中，基于广大农村群众普遍文盲，缺乏科学理论认识的现象，必然伴随着面向人民群众的思想政治教

①《支部工作摘要》。

②《三四五三个月教育计划》。

育。同时，广大党员干部也是在中国当时的实际国情下探索着开展思想政治教育工作的，因而广大党员干部自身的马克思列宁主义的理论素养也需要提升。因此，党内思想政治教育工作总是以各种具体活动为载体进行党员的自我思想政治教育。

为着准备省代表会议来召集县区代表会议和支部大会，其目的并不是为着形式的选举几个出席代表，而是为着要把这次选举造成全省党的下层的实际情形和大多数党员的意见反映到省代表会议上面来，使省代表会议有更大的成功；能够……真正在具体的工作上和个别的问题上深入的开展起来；能够提高党员讨论党所提出的各种当前任务的积极性，把党的一般的政治任务联系到当地的实际环境，经过清楚的讨论和解决，能够切实检查工作，发展自上而下和自下而上的自我批评，彻底的转变各级党部的工作方式，最后引进最积极的坚决的新的干部，特别是工人干部到各级指导机关，以巩固党的各级领导。①

党内各级组织的会议以党的基层组织——支部提供的实际材料为依据，而各级党组织的决议、政策和措施，又总是贯彻于“具体的工作上”“个别的问题上”“当地的实际环境”。这些都说明党在积极进行革命活动的过程中，致力于把苏俄社会主义的生活方式、工作方式，及其规范、制度变为中央苏区广大人民群众的现实。这就包括把马克思列宁主义的精神信念和价值追求灌输给广大党员干部和人民群众。在中国的苏维埃政权建设是一种积极探索，是基于中国实际国情而开展的，不可能全部生搬硬套苏俄经验，这也在事实上使得中国的苏维埃建设不可避免地出现各种错误。党员干部总是通过各种“切实检查工作”进行督促和反思，通过把党的各级组织的工作方式切实转变到密切联系群众的实际中来，因此培养出“积极的

①《中央局组织部为召集省代表会议、县区代表会议、支部大会的问题给江西/闽粤赣/闽赣三省党部的信》。

坚决的新干部"，并最终从根本上提升广大党员干部的理论素养和工作能力，从而"巩固党的各级领导"，强化中国共产党的先进性。这就要求党在思想政治教育的过程中，需要从经济、军事、文化等各种活动中促进党的主张和政策的落实以及改进。

> 要教育每一个党团员在学习政治军事上，在遵守纪律上、在政治自觉上、在参加群众工作上，尤其在作战杀敌上，处处都要以身作则，表现着正确、积极、坚定、勇敢，能成为一切红色战士的模范，要知道党团员事事以身作则在群众中树立核心的模范作用，这是领导群众与对群众进行政治工作的先决条件。①

党内思想政治教育通过各种活动载体来进行，不仅是革命工作的必要，也是党员干部在人民群众中成为模范和榜样，发挥领导作用的重要内容。通过广大党员干部的各种实际工作来开展党内的思想政治教育，充分展现了马克思列宁主义理论的内在魅力，说明其作为科学性和革命性相统一的真理，使得党员干部敢于以科学的理论武器开展实际斗争，善于在斗争中总结经验教训并获得发展。《红军对第五次"围剿"的政治工作通令》中明确要求党的工作方式的实际化："全体政治工作人员及红军中整个的党，必须奋进起来，以布尔什维克党的速度紧张的工作之风，深入群众的工作方式来完成这些任务，反对一切迟缓松懈的及倦怠的情绪和官僚主义的工作方式。"正是中国共产党以活动载体积极推进党内思想政治教育，把政治思想、价值观念贯彻人民群众的现实生活之中，使得广大党员干部不断在实际工作中提高理论修养，广大农民的阶级觉悟被唤醒，走出"农村包围城市"的革命新道路，为马克思主义中国化的发展提供了重要理论基础和实践支撑。

又次，中国共产党出版各种报刊书籍等来进行广泛的思想政治教育工作。

---

①《动员党团员进行政治工作》。

中国共产党非常重视书籍、报刊在党内思想政治教育中的重要作用。党的各级组织和各部门都积极进行党的报刊的出版和发行。中国共产党苏区中央局机关报《斗争》、中国共产青年团苏区中央局机关报《青年实话》、党内刊物《党的建设》、中华苏维埃共和国临时中央政府机关报《红色中华》、中国共产党中央理论机关报《布尔塞（什）维克》、中共中央机关报《红旗周报》、中共瑞金县委《瑞金红旗》、中共公略县委《艰苦斗争》，等等，许多的报刊都被收集于《石叟文库》。可以看出，中共中央不仅重视党中央各个部门的报刊出版，而且也积极鼓励各级党组织大力出版各种报刊。《布尔塞（什）维克》在创刊之际就要求："当为建立中国无产阶级的革命的思想之机关，当为反对资产阶级思想及一切反动妥协思想之战斗机关。"

党报党刊对于中国共产党的性质、革命形势和前途，对于革命的领导权和群众力量，对于党的主张、纲领和政策、措施，对于白区群众的困难生活、国民政府的黑暗和压迫、国际工人运动和帝国主义的罪恶等都进行了阐释，并通过各种具体的事件来深刻证实。这样，党报党刊既成为党的主要舆论工具，向广大党员干部和人民群众进行了党的主张和马克思列宁主义的宣传教育，对于党的路线方针、政策措施，以及各种军事活动、经济活动和政治活动等方面都积极发挥了宣传舆论上的旗帜作用、引领作用和导向作用，也加强和深化了党内党员干部的思想政治教育工作。广大党员干部通过党报党刊了解和认知党的主张和具体实践，积极在党报党刊上发表意见、评论、述评和工作事实等，这些内容引起广大党员干部积极检查党的主张的实践落实情况，从而引导党员干部积极探索中国革命的实践问题。这样一来，党报党刊是党内思想政治教育的有力武器，是广大党员干部进行思想政治教育的学习课堂，实现了对党员干部的政治宣传、政策指引，满足了党员干部的表达诉求、实践反思，积极构筑了马克思列宁主义理论的教育阵地，坚定了党的信仰。

中国共产党还出版了许多马克思列宁主义经典作家的理论书籍及共产国际的决议等文件，进行党内理论教育工作。《共产党宣言》《什么是共产主义》《共产主义ABC》《马克思主义浅说》《革命军队与革命政府》《无产阶级革命和叛徒考茨基》《共产主义运动中的“左派”幼稚病》《联邦共产党第十六次代表大会中央委员会政治报告》《社会进化简史》《少共国际小史》《阶级与阶级斗争》等各种书籍在中央苏区出版发行，包括党内各级部门翻印出版的一些阐释马克思列宁主义理论的教材。此外，《国际路线·共产国际执委第十一次全会决议案：各国经济危机的加深，革命危机条件的长成，与共产国际所属各国分部的任务》《青年运动中的国际路线》《目前少共国际之情形及任务——莫达夫同志报告》《一九二八年共产国际第六次世界大会决议——殖民地与半殖民地革命运动大纲》等共产国际的文件，尤其是关于中国革命的有关决议，也被中国共产党出版发行，并作为党员干部学习的重要内容。中国共产党在开展党内思想政治教育的时候，经常把这些书籍和文件作为学习书目和参考资料。正是通过这些反映马克思列宁主义原理的书籍和文件，广大党员干部以党内教育和自主学习的方式，结合革命实践，逐渐积累了深厚的马克思列宁主义思想，并积极指导和应用于中国革命实践活动。

最后，中国共产党坚持批评与自我批评的方式，推动广大党员干部对马克思主义理论的实践反思和认识深化。

中央苏区时期，中国共产党领导的革命活动，尽管学习了苏俄的经验，但是“幼年”的中国共产党在理论上还不成熟，部分党员把苏联经验神圣化，把马克思列宁主义教条化，再加上当时中国的实际国情，中国共产党内党员成分复杂，这样就不可避免地造成革命的实践活动并不能总是达成理想结果。尤其是面对国民政府强大的军事、经济实力，党领导的红军难免遭遇挫折。这些不可回避的现实挫折要求中国共产党必须正确面对自身工作中、思想上的错误问题。在大大小小的困难中，中国共产党逐渐确立党内批评与自我批评的优良作风，并且把批评与自我批评作为党内组织原则，以此教育广大党员干部在思想上、理论上真正掌握马克思列宁主义，并且在实际工作中根据实际情况积极调整工作方法。

《共产党共产青年团儿童团讲授大纲》中就党的组织原则指出：在“少数服从多数，下级服从上级，中央领导的原则，有最高限度的集中和无产阶级铁的纪律”下，“同时要充分的发展自我批评和思想斗争，不是盲目服从纪律，而是忠实的自觉的坚决的服从纪律”，并指出对于党的实际工作要“随时检查工作。并不是不要定期的检查，要有随时检查才能在工作过程中随时发现缺点和错误，即刻改正，检查的结果，要提出工作的实质和具体的办法及怎样具体转变，不可只说一般的优点和劣点”。批评与自我批评成为中国共产党的铁的纪律，《共党组织系统和工作检讨纲要》中明确说明：党的铁的纪律包括“按时到小组会严格的执行自我批评”。

《石叟文库》中所有文件都深刻地显示，党在各种活动、文件指示等，都有一个范例，即对过去工作的经验教训的总结。这表现出中国共产党对领导开展的所有工作进行了督促和检查。可见，中国共产党从成立和成长的初期，就毫不讳言思想和工作中的错误，而且是光明正大地点明，积极正视这些出现在实际的思想和工作中的问题。

> 各级会议的讨论应当发展自下而上，自上而下的自我批评，给各种实际工作和工作方式以切实的检查，对于工作的错误和缺点应充分的揭发出来，但不只是消极的批评，还要能讨论出改正的方法，对于官僚主义的作风，应打他一个粉碎，同样应具体指出新的工作方法。因此就需要收工作中模范的例子（个别工作或个别党部的）具体的表扬出来，使大家学样去做。①

《党的建设讲义》中就“怎样进行党内的思想斗争”作出非常明确的阐释，其中就指出应该在党内开展自我批评：

> 自我批评与公开的斗争。
>
> 我们党要〈以〉自我批评的精神来进行党内的思想斗争，揭发自己队伍中的右倾和“左”倾的机会主义的错误，同时要用自我批评的精神在群众面前公开来进行党内反机会主义的斗争。

①《中央局组织部为召集省代表会议、县区代表会议、支部大会的问题给江西/闽粤赣/闽赣三省党部的信》。

在反对立三路线的时候，有些人怕立三同志和其他在党的领导机关工作的同志在党内外群众中失了他们的“威信”，所以怕在党内外群众中公开进行反立三路线的斗争，这不是布尔什维克党所应有的态度。

“自我批评”是无产阶级政党的思想武器之一，布尔什维克党不怕承认自己党错误，要在自己党错误中来学习来教育全党，党的工作才能得到进步。

有些人以为党在群众面前公开批评自己错误，会引起敌人的攻击，会使党在群众中失了“威信”，这也是严重的错误的见解。

党只有照列宁党指示：“公开承认自己党错误，寻求错误的原因，分析其所发生错误的环境，细心找出纠正错误的方法。”

这样来教育自己和教育群众。这样不但不会减弱党的威信，相反的，是在群众中提高党的威信。党自己主动地揭发立三路线……错误，这就是表示党忠实于无产阶级，能够与党内非无产阶级的思想斗争，来保障无产阶级和农民劳苦群众的利益，正是这样，所以党在反立三路线……斗争中提高了党在群众中党威信，使群众更加了解与拥护党的正确的路线。

中国共产党从来就非常重视检查工作，发展自我批评，把批评与自我批评作为党内思想政治教育的有力思想武器，指出党的工作的进步就在于党敢于从实践的错误中汲取前进的力量，展现出实践的马克思主义者和无产阶级政党的优良作风，“布尔什维克党不怕承认自己党错误，要在自己党错误中来学习来教育全党”。

《石叟文库》中相关思想政治教育史料更是非常直接地指出了党内进行批评与自我批评的常态化和经常性的工作要求和重要内容。《澈［彻］底转变党的工作》中指出：“如果不□计到这些成绩，就会到悲观失望机会主义的观点上去，同时我们绝对不能丝毫放松，现在五军团的党的弱点和错误，必须用布尔什维克自我批评的精神，严格的揭发出来。澈［彻］底转变过去工作的旧方式，加强党对目前革命战争的领导。”《怎样来转变团的工作》

也指出，共青团的工作一样需要贯彻党的批评与自我批评的教育方式，“我们要真正的彻底转变，必须努力团内的自我批评，坚决反对‘和平’‘感情’，实行两条战线斗争，坚决的与‘过分估计团的优点，否认目前团内的严重状况’的‘左’倾和‘过份估量团的严重状况，和认为目前团还是危机，以及消极悲观等等’的右倾机会主义，作无情的斗争，并给以打击”。为更好落实批评与自我批评工作，党内还专门成立了工作组织和队伍。如《怎样组织轻骑队？》中指出：“现在党内、团内、政府机关内及各种革命机关内，贪污、官僚、腐化、浪漫、怠工、纪律废弛等等坏现象，日益表现得严重。轻骑队工作的建立，亦日成迫切。中央局已决定在地方上，立即就把轻骑队普遍组织起来，去领导青年群众，秉其青年特有的忠诚和积极性，为克服这一切坏现象而奋斗。”

中国共产党这种自觉开展的批评与自我批评，不仅教育了党内广大党员干部，使得党员干部在经常性的革命战争和实际工作中不断取得理论和思想的进步，工作方法也得以不断改善，而且形成社会风气，成为群众工作的有力武器，使得广大人民群众能够切实感受到党的工作是有血有肉的，是与群众实际要求紧密联系在一起的。

中国共产党把批评与自我批评当作党内思想政治教育的有力武器。“自我批评的发展，对于党的工作的转变，的确正像空气对于人身一样重要。”[①]因此党积极坚持和推行布尔什维克原则的自我批评，指出：“布尔什维克的自我批评，不是为了没有事做来大家‘批评批评’，而是为了要行动，为了要能够执行党的任务到实际工作中去！”[②]正是党内思想政治教育这种民主化、公开化的批评与自我批评，使得广大党员干部积极思考中国革命实际与苏俄社会主义革命和建设经验之间的矛盾，这就为中国共产党积极推进马克思主义中国化提供了思想保证和组织基础。

中国共产党还形成了许多临时性或经常性的思想政治教育方法。比如去国外，主要是去苏俄学习马克思主义理论。“中国党都经常派好多干部到

①《关于自我批评》，见《党的工作》第四期。

②《关于自我批评》，见《党的工作》第四期。

莫斯科去学习，在共产国际领导苏联党帮助之下，经过比较长的时间，专门研究马克思列宁主义的理论与实际。”[①]

比如，从党组织本身建设来加强党内无产阶级思想基础。健强党的无产阶级基础也是新的组织路线的重要工作。基于“现在党的成分农民占了百分之九十六以上，党的农民意识发展，小资产阶级意识的继续，是党的最大危机”，党积极通过“提拔工人干部，每级指导机关要有工人参加”，“建立工厂支部”，“注意农村无产阶级分子参加指导机关”，“肃清党内小资产阶级的意识，即所谓‘闹无味原则非政治的个人意气的滚蛋’”等组织建设来肃清党内非无产阶级意识的基础，从而巩固党内阶级基础与推进党的教育工作的进行，以提高布尔什维克的警觉性，开展布尔什维克的斗争火线。[②]中国共产党还积极通过共青团的建设来加强党内无产阶级思想的学习和教育。“青年团是共产主义的组织，党的预备学校”，通过对青年团员的思想和行为的教育和引导，使得他们成长为一名具有马克思列宁主义思想的合格共产党员。

（二）红军中的思想政治教育

红军中的思想政治教育是中国共产党思想政治教育中的重要一环，是党的主张和纲领贯穿红军的重要保证，是红军成为人民军队的重要方法。《政治工作与政治部》对在红军中开展思想政治教育工作的重要意义进行了非常详细的说明，指出：

> 1. 因为红军所担负的革命任务非常伟大，红军不仅是参加各种残酷的革命战争，消灭各种的反动武力，推翻帝国主义在华的统治，巩固苏维埃政权完成中国土地革命，同时红军又是一种世界性的革命武装，还要担负保卫社会主义完成世界革命的任务。

---

①《党的建设讲授提纲》。

②《内部训练材料摘要》。

所以要加紧红色战士的政治教育，发扬红色战士革命的彻底性、坚决性，巩固无产阶级先锋队——共产党在红军中的领导，使广大红色战士都能明确的认识共产党的政治主张，坚决的拥护与执行共产党的政治路线。然后红军才能够担当与完成其历史的任务。

2. 必定使红军的战斗力巩固起来，红军才能顺利的执行和完成其革命任务，但红军战斗力的强弱与否不仅靠军事技术来决定，最主要的是要有阶级政治觉悟。必定每个战斗员指挥员都能明确他的阶级政治任务，明确与敌人作战的阶级意义，以及正确的分别清楚对地方居民的阶级友爱与阶级仇恨。总之，红军战斗力的巩固，除了要有最进步的军事技术和顽强的作战精神外，必须要有彻底的明确的政治认识。

3. 红军是工农联合的一种形式，一定要巩固这个联合，才能使革命力量更雄厚更巩固。政治工作的任务，就在巩固红军中工农的联合，施行无产阶级的教育，加强无产阶级对农民的领导。

4. 用以政治工作的目的是巩固无产阶级的先锋队——共产党在红军中的领导，发扬红色战斗的阶级政治觉悟，提高并巩固红军战斗力，巩固红军中的工农的联合，养成国际主义者的红色战士。

中国共产党非常重视红军中的思想政治教育工作。红军中的思想政治教育使得红军形成坚定的无产阶级立场，强化对红军中农民力量的教育和引导，让红军成为贯彻无产阶级历史使命的革命力量，并以此巩固中国共产党对红军的领导。正因为如此，中国共产党积极领导、组织和开展了红军中的思想政治教育工作，使得长期处于反“围剿”的战争状态的红军能够一次次取得反“围剿”的胜利。

1.在红军中形成了严密的思想政治教育组织体系和管理制度

为更有效完成红军中的思想政治教育工作，中国共产党在红军内制定了非常严密的组织机制和职责规范。中国共产党首先确立了红军中的政治委员制度，指出：“政治委员一方面是苏维埃政权在红军中的代表，同时又是中国共产党在红军中的全权代表，执行党在红军中的政治路线及纪律的完全负责者”，政治委员既能帮助训练红色战士，更能指导并执行红军中党的工作，对红军官兵进行共产主义教育等，因此要以无产阶级先锋队——共产党党员来做政治委员，并把政治委员作为“红军中苏维埃政权和中国共产党的最高领导者”。[①]政治委员的设立从军一级一直到连一级，这样能够从上到下全面贯彻党的主张。

此外还设立了相应的政治机关。首先，中国共产党设立全国红军最高的政治机关，即中国工农红军总政治部，以领导全国红军中的政治工作，从军一级到团一级设立政治部（处），其下还管理红军中的宣传科、宣传队等文化、宣传部门。政治部既是苏维埃机关推行政治教育的部门，也执行党的纪律的监督检查工作。政治工作部门能够广泛而积极地对红军进行政治教育，成为巩固红军官兵政治基础和战斗力的政治机关。事实上，政治机关除了开展红军的思想政治教育，还需要对外，对广大人民群众进行宣传教育，对敌军官兵进行宣传教育。《政治工作与政治部》中就非常细致地说明了政治部思想政治教育工作的具体内容：

> 1. 监督党的政治路线、计划党的工作的进度，扩大党的宣传及政治影响，巩固党在红军的领导，监督下级党的工作，供给下级党部训练材料，并指示工作方法。
>
> 2. 计划并指导列宁青年组的工作，发动红军中全体青年积极的参加各种工作及运动。
>
> 3. 准备各种政治教材，计划并督促政治教育的实施，提高红色战士的政治水平，养成军事政治俱优良的铁的红军。
>
> 4. 计划并领导红军中文化教育娱乐工作，提高红军战士的文化水平，养成红色战士的活泼精神与健康身体。
>
> 5. 发动全体红色战士反对游击主义、军阀习惯残余及一切不良现状，养成红色战士的优良习惯，巩固铁的红军的革命规律。
>
> 6. 发动并领导全体红色战士参加地方工作，巩固红军与地方

---

①《政治工作与政治部》。

工农群众的密切的阶级关系。

7. 有计划的进行敌军中的兵士工作，宣传敌军，瓦解敌军及宣传训练俘虏。

8. 利用各种环境与时机向红色战士作宣传鼓动工作，提高红色战士的革命情绪，巩固红军的战斗力。

9. 在宣传工作中特别要搜集军阀国民党帝国主义对中国以及对殖民地的残酷压迫剥削和摧残，以发扬红色战士的阶级仇恨，要收集世界革命运动发展的事实及苏联社会主义建设的成绩，在群众中广大宣布，养成红色战士的国际精神。

为了更为密切地联系红军士兵，对广大士兵进行思想政治教育，党还设立了连政治委员指导之下的列宁室与团领导下的俱乐部组织，以此对广大基层士兵进行思想政治教育工作。《列宁室组织法及工作条例》规定了列宁室的组织方法和机构设置，即列宁室内应暂设墙报委员会、识字组、体育组、游艺组、讲演会各部门，各组会下面还可增设班或股，并规定了各自相应的工作内容。《条例》指出可以通过墙报、识字、游艺、体育、讲演等方式进行列宁室的思想政治教育活动，列宁室需要积极收集并陈列列宁遗像，各种革命书报、图书、报纸、宣传品、战利品以及娱乐器具等来纪念和宣扬革命精神。这样一来，列宁室就可以充分发挥对广大基层官兵的思想政治教育作用，能够“发展列宁同志工作里的作风及革命精神，加紧红色战斗员对列宁主义的学习与实行，以列宁主义来克服一切政治上生活上不正确的倾向，养成和巩固红色战斗员的革命精神，与统治阶级坚决的斗争，更重要的要使每个红色战斗员不仅成为中国革命很好的战士，而且要养成每个红色战斗员，成为世界革命运动中的列宁主义者”，也能够“培养红色战斗员活泼的生活兴趣，提高其文化水平以辅助政治教育所不及，在列宁室内进行娱乐、体育、文化各项工作”。

中国共产党除了通过政治委员和政治部（处）这一严密的组织体系来实现对党的思想政治教育的领导和管理，还制定了落实红军内思想政治教育工作的细致的职责规范和实施措施。

《中国工农红军政治工作暂行条例》中非常详细地制定了在军队中进行思想政治教育工作的具体规定。第一部分的总则，细致、明晰、全面地说明了在红军中开展思想政治教育工作的原因、目的、意义、内容和任务，指出生长于农民土地革命和游击战争的中国工农红军的内部，无产阶级基础还非常薄弱，需要“在政治上巩固无产阶级领导，加强其战斗力”，因此要开展无产阶级的思想政治教育工作；“政治工作的主要内容，为实施无产阶级的教育，使红军战斗员与指挥员，明了红军之阶级的政治责任，与敌人作战的阶级意义，及对于地方居民之阶级的友爱与仇恨”。第二部分以具体的十个工作条例来规范和说明思想政治教育的教育者和教育内容。这十个工作条例为政治指导员、政治委员、政治处、军及师政治部、军区及集团军政治部、红军总政治部、连支部及团委、党务委员会、青年团、红军政治机关与地方党的关系。这十个工作条例明确了各相关机构、人员的职责和工作内容、教育方法，以此来强化和保证红军中思想政治教育工作的开展和完成。

红军内的思想政治教育工作还包括开展教育活动后的反馈。中国共产党通过政治机关的层级体系，要求加强对党内思想政治教育工作的检阅和督促。从《石叟文库》中党对红军内的思想政治教育史料中可以发现，每隔一段时间，政治机关就会对红军内思想政治教育工作进行检阅，总结优缺点。这深刻反映出红军中进行思想政治教育之后的反馈环节，而且此环节成为定期和不定期的制度化的工作要求和内容。如《加紧政治教育工作》中指出：“为定期检阅部队中的政治教育成绩起见，各级政治委员遵照本部发下三周□□□工作报告表和报告大纲，□期忠实填报表为□要。”《战时政治工作》中要求弘扬思想政治教育的检阅方法：“最近在十二师建立了连的政治工作会议，由指导员每星期召集支书、地方工作委员、政治战士、卫生委员以及列宁室干事等开会检阅，并具体计划和分配五天或七天内的工作。”

红军内的思想政治教育是一个前后衔接又螺旋式上升发展的动态过程，不仅要求强化思想政治教育进行时的管理、结束后的检阅反馈，还要求在思想政治教育前做好充分的准备工作。《加紧政治教育工作》中就要求红军在开展思想政治教育工作前，积极收集红军斗争工作的具体事实，以此作为红军中思想政治教育的内容和材料，并要求红军内各级组织应根据自身具体实际，有计划地进行具体的政治教育。“军部最近发下了许多政治教育材料和□□□□□（□军团），政治委员应根据自己部队中的政治水平，应当采用并要规定自己具体实施的步骤，指示各连政治委员遵照执行。”红军内的思想政治教育都是有计划、有组织实施的，是在准备充分的基础上进行的。为了更有针对性地在红军内开展实效性的思想政治教育工作，红军政治机关还针对不同的教育对象制订了不同的教育计划。如《干部政治教育计划草案》中指出，为提高红军中军事政治干部的政治认识、政治水平，应有组织地对中上级干部进行系统的基本的政治教育，这就需要“各级政治机关应立即依照本计划中的规定，制出具体的实施计划，并监督和指导实施之”。《关于红五月动员的宣传教育工作计划》中指出，游击队的思想政治教育也需要有计划地开展，规范其党的教育工作，“在区县□的宣传部党应协同分区政治部来进行对游击队游击组动员参加模范营与训练，并经常检查游击队等的政治工作，加强游击队党的教育，巩固游击队，发展游击战争”。总兵站的思想政治教育计划《三四五三个月教育计划》中也指出：“检查兵站的政治工作确是最薄弱的一环。兵站人员政治水平确是低落，正因为政治了解不够和不了解，所以消极敷衍、责任心差，以及贪污腐化、官僚主义、军阀残余习气不断的发生。为要肃清兵战中这一切不良现像［象］，□□是政治认识清楚相信并忠实于党和苏维埃事业，只有加紧政治教育使每个红军战士从政治上了解他自己的责任，才不会走向错误与不正确的道路，在这方面兵站的负责者，尤其是政治委员、政治工作员应努力进行政治这一工作。”

2.红军的思想政治教育既面向所有红军官兵又面向所有地方群众

战争环境下，“红军在为苏维埃政权而斗争的过程中，同样担负着发动帮助地方工农群众建立政权，实行土地革命和推翻帝国主义的任务，因此红军中政治工作，除了在政治上巩固红军战斗力主要任务外，必须进行上述的工作”①。这就是说，红军应该通过自身的思想政治教育而成为模范和榜

①《中国工农红军政治工作暂行条例》。

样，把自己当作面向群众的宣传队。红军中的思想政治教育不仅是专门对红军官兵的教育工作，而且是对广大苏区人民群众，以及白区群众、白军官兵的宣传教育工作。

《中国工农红军政治工作暂行条例》中还指出，红军内“政治工作的目的是巩固红军的战斗力，红军的战斗力不仅是靠军事技术的条件来决定，最主要是要靠他的阶级政治觉悟、政治影响，发动广大工人农民，瓦解敌人军队，使广大工农群众环绕于红军的周围，在红军中，无论政治的、军事的和党的机关，都是向这唯一的目的来进行工作”。为了完成革命任务和达成革命目的，红军必须在内部充分开展一切人员参与的思想政治教育工作，也必须成为苏区广大人民群众的模范和榜样，还必须对与其直接接触的白区群众、白军官兵开展及时、广泛和深刻的思想政治教育工作。

《石叟文库》的思想政治教育史料中的很多内容都反映了红军既是接受思想政治教育的受教育者，又是实施思想政治教育的教育者。

党领导下的革命武装力量，包括正式的红军、游击队、赤少队等都要求开展全员参与的思想政治教育。从红军连一级的思想政治教育工作的参与者可以看到受教育人员的广泛性。《总政治部关于连队政治工作的指示》中明确要求，连队的思想政治教育工作，“指导员不仅依靠支部，依靠政治战士来进行连队的政治工作。而且应高度的发展连长、排长、班长参加政治工作的积极性，使连长、排长、班长尽量的帮助自己的工作，使他们在政治方面也能引导战士、做战士的模范。因此，在指导员领导之下，应举行连队政治工作会议，除支部书记、支部委员、小组组长、政治战士、十人团团长、地方工作组长、流动宣传队长、经济协理委员会主席到会外，连、排、班长均应参加，来讨论与检查连队中的政治工作”。

《扩大两个工人师及少共国际师的宣传鼓动工作》中也指出，需要强化在赤少队中的思想政治教育：“党要加强在赤少队的领导，同样要经过赤少队中党的代表——政治委员来加强赤少队中政治工作，区委应单独召集模范师、赤少队党团员会议，来进行动员赤少模〈范〉队整团整营整连加入工人师少共国际师。”

红军需要积极面向白军官兵进行思想政治教育工作。《宁都兵暴[①]周年纪念宣传大纲》中指出，宁都兵暴的产生是中国共产党思想政治教育的显著成果，使得此前的白军官兵有了明确和深刻的无产阶级觉悟和信念，从而转到红军阵营中来。由起义的国民党部队组建的红军第五军团也建立起了政治工作，形成了政治委员制度，在党的领导下，进一步提升了官兵的政治信念和政治水平。“一年以来，五军团的确经过壮大的转变——由阶级的清洗到阶级的坚定，由数量的不同到质量的增加，由观念的变更到行动的进步——成为实质上的工农红军，已经往创造铁的红军的道路上前进，更足〈以〉证明政治工作对于五军团在革命中的前途是决定意义的，目前五军团的军阀军队制度的残余尚未肃清，极端民主化的现象、雇佣观念、乡土观念、部落观念尚未完全消灭，党的领导力量还很薄弱，总起来说政治工作还须要深入，我们检查过去的一年的成绩和缺点，更坚信只有从政治工作上去努力深入，才能使五军团的巩固和壮大得到最大的保障。”

红军还需要面向群众做思想政治教育工作。《加紧政治教育工作》中就要求：“一切指挥员战斗员都要做群众工作，不仅要做宣传工作，而且要做组织工作。”

3.红军的思想政治教育是常规化和日常生活化密切结合的教育模式

（1）红军中思想政治教育工作是有计划、有准备地开展的

红军内开展思想政治教育工作，需要有计划地准备课程材料，制定实施方案，明确使用的具体方法。《两个月政治教育计划大纲》中指出，红军

---

① 1931年12月14日，国民党第二十六路军1.7万余人，在中央革命军事委员会的指导和该军地下党组织特别支部委员会的策动、组织下，由赵博生（共产党员）、董振堂、季振同、黄中岳率领，于江西宁都起义加入红军，成立中国工农红军第五军团，这便是宁都暴动。宁都暴动，即宁都起义，是土地革命战争中期，中国共产党组织领导的规模最大、最成功的一次起义，其成功的关键在于中国共产党的领导。宁都起义自始至终是在中国共产党的领导下开展的，从中央军委培训的第一批兵运人员派到国民党第二十六路军中开展兵运工作，到指示成立国民党第二十六路军地下特别支部委员会，直至组织起义前的各项决策部署等，整个过程都贯穿了中国共产党的领导。宁都暴动使当时的中央红军兵力由3万余人猛增到5万余人，极大地壮大了中央苏区的革命力量。中革军委当时就指出：“宁都暴动是中国苏维埃革命中一个最伟大的士兵暴动……同时，增加了一批强大的武装力量到革命方面来，成为红五军团，是革命历史上的一个伟大的光荣的一页。”毛泽东对宁都起义有很高的评价，1938年12月，在宁都起义爆发7周年时，毛泽东表示：“以宁都起义的精神用于反对日本帝国主义，我们是战无不胜的！”

内的政治课的材料需要准备八种材料，由政治机关陆续编纂或翻印分发：一是全苏大会决议问答（参考书：全苏大会决议及苏大会日刊）；二是雇农工会与贫农会问答；三是社会阶级分析和阶级策略问答；四是红军政治工作条例；五是红军优待条例；六是会昌工作教训；七是政治消息（总司令部印发的及本部印发的）；八是广州暴动①四周年纪念宣传大纲。

红军的思想政治教育内容和材料多来自红军斗争的实际。《加紧政治教育工作》中指出："在群众工作时更好实施部队的政治教育，因为工作与教育更易实际的联系起来。我们应该就工作范围之内采取教育的材料，怎样组织贫农会、雇工会，怎样建立赤卫队和苏维埃，怎样筹款肃反和分田废债等。所以这时候部队中的政治讨论会，就是地方工作的讨论会，地方群众工作，就是政治教育的实习，只有这样才是真正从实际斗争中提高指挥员、战斗员的阶级意识和政治水平，而且也只有这样才能推动大家做群众工作，使群众工作取得伟大的效果。"《石叟文库》中很多史料提及，要求各级政治机关，包括宣传队收集相关革命史料和纪念品等。各级政治机关按规定收集相关资料并当作思想政治教育工作的常规工作内容，事实上说明，红军内的思想政治教育，是一种贴近现实，以实践为依据的教育，是有针对性、实效性的理论教育和价值教育。中国共产党领导红军开展的一切实际工作，包括党的建设、苏维埃政府建设、红军战事、群众工作等，都是对红军有计划地开展思想政治教育的材料和内容。如此实事求是地进行红军的思想政治教育，不仅促进了各军官兵思想上和价值观念上的切实转变和阶级觉悟，也为中国共产党领导的革命道路和马克思主义中国化得

① 广州暴动，即广州起义，是指1927年12月11日中国共产党在广州领导工人、农民和革命士兵举行的反抗国民党反动派的武装起义，在中国国民党实行武力清党之后，是中国共产党和中国人民继南昌起义、湘赣边界秋收起义之后，对国民党反动派的又一次英勇反击。广州暴动，推翻了改组派的国民政府，缴了国民党军队与警察的军械，占领一切政府机关，建立了中国，也是东方的第一个工农兵苏维埃政府，是在城市建立苏维埃政权的大胆尝试，在国内外引起了很大的震动。广州暴动发生后，英日美等帝国主义，国民党军阀张发奎、李福林，黄色工会（机器工会）的官僚，广州市郊豪绅地主等，一致动员，用武装向暴动的广州工人与兵士进攻。特别是帝国主义军舰炮轰广州城市，掩护白军渡过珠江进攻广州。经三天浴血奋战，因敌我力量悬殊，起义失败，广州苏维埃政权仅存在三天。世界革命的领导者共产国际在1928年第六次代表大会上规定，以12月11日为广州暴动纪念节。

以实现提供了有力的思想基础和军事基础。

（2）红军的思想政治教育具有浓烈的日常生活气息

红军在进行思想政治教育的时候，理论密切联系实际，不回避思想政治教育工作中的问题和错误，而且及时分析原因，总结经验教训，探索解决办法。《俱乐部的政治工作》就指出："宣传苏维埃政策和党，必须成为整个是宣传列宁的学说、斗争与其遗训。把宣传列宁主义束缚在仅是理论的讨论，这是不对的。整个俱乐部工作必须充满着列宁主义的问题之宣传。"以问题意识来强化思想政治教育学习，就是要求在日常工作生活的实际中充分、有效地进行红军中的思想政治教育工作。

《红军政治工作会议的总结与新的两个月的工作计划》就开展反倾向的思想斗争，进行了具体的到人、到事的检阅工作，指出："开展反倾向的思想斗争，在部队中表现的进步是不平衡的，五团的成绩比较更能令人满意。根据最近我们巡视，五团的支部，对不听指挥，及屡反军阀残余习气的党团员（如三连的连、排长），以及对经济动员表示消极抵抗的非党群众，都能及时的由党团员发觉。在党的及群众的会议上发动斗争。不过，这里又表现着另一缺点，就是在斗争中教育同志的精神太不够了。如一连支部有个农民成分的党员，因为说了在家里做长工，每年有几十块钱，在红军中没有钱用的几句话，就受了最严重的警告的处罚。这全然是不对的。在其他各团思想斗争的开展，是比五团要落后些，如二团最近四五连连长与指导员的关系很坏，支部书记说要自杀，一连战斗员公开的说，指导员是土老。以及四团干部中最近的质问行为，六团干部中的失望情绪，都没有遭受着及时的打击，与在支部中发动斗争。"《加紧政治教育工作》中要求"每一个工作组，原则上每天晚上都要开一次工作会议，检阅本工作的优劣点，遇有困难问题，则提出质问政治委员，政治委员须予以圆满之答复"，就是以日常生活的"优劣点"来强化思想政治教育效果，并以此为思想政治教育进一步发展的基础，"各级政治工作人员会议，所检阅□的工作优劣点及其他工作经验教训，必须由□政治委员召集士兵会全体会报告□□"。

红军中的思想政治教育总是要求以日常生活中轻松的方式去开展。如歌谣、新戏、游戏、谈笑、国技、游艺，演讲会、口头宣传、讲演英勇故事、识字运动、墙报、标语或告示、宣言、传单、化妆表演、军民联欢大会、革命竞赛、早晚点名和集合讲话、读报活动等。这些方式都是在日常生活中有组织有计划开展的，广大红军官兵都能参与。这样就在日常生活中经常性地强化了红军官兵和人民群众的马克思列宁主义思想。

红军中的思想政治教育充满了日常生活的气息。《群众工作》中要求宣传教育工作应该贴近生活实际：一要按当地压迫情形宣传地主豪绅的罪恶；二要按当地统治阶级的剥削情形与群众的需要，宣传红军共产党的主张；三要以调查工作所得之材料决定宣传的方法（如资本家与共产党的分别及宗族迷信的坏处）；四要切实注意语言通俗、论调扼要。《红军各级部队政治部之组织》中也指出经常性的宣传教育工作的内容方向："必须与发动白党群众斗争的鼓动口号密切联系，忌以空洞言论，而必须针对群众实行生活以为宣传的根据，更需联系到政治上的基本口号"；哪怕是临时性宣传教育工作，也"应了解客观的形式和主观的力量去灵敏应付和转变自己的口号，并要正确、迅速，才能战胜敌人，推进群众斗争而获得斗争胜利的完满结果"。

红军中的思想政治教育内容和方法积极联系人民群众和官兵生活的实际，使得帝国主义军阀、国民党、地主豪绅、贪官污吏的现实罪恶及封建遗毒能够被积极发现和批判，使得红军革命运动所带来的人民群众生活的现实改变能够被积极认识，从而使得红军官兵能够理解和接受党的主张和马克思列宁主义，能够掌握革命理论、坚定革命信念、保持革命热情，拥护党的主张和政策。

（3）红军中日常生活化的思想政治教育工作是与常规化工作紧密结合的

红军中的常规化思想政治教育，是指在红军队伍中经常性的、有组织的、有计划的、规范化的、具有相对稳定流程的思想政治教育活动。这些常规化思想政治教育工作是红军队伍工作、生活、军事行动中的常态，是中国共产党领导红军，确立党对军队绝对领导的工作中最典型和意义最深刻的一种工作模式。常规化的思想政治教育使得广大红军官兵从思想上和信念上真正成为无产阶级革命队伍中不可或缺的部分。根据具体的教育工作方式，常规化思想政治教育可以分为各类红军学校的教育及政治委员和政治机关组织管理下的政治生活，后者又往往与日常生活化的思想政治教育联系密切，甚至重合。

首先，中国共产党在红军中积极创办各种学校，进行常规化、规范化的思想政治教育。这些红军学校除了教授军事技术技能、基本科学知识等，思想政治教育是贯穿始终的。《政治工作决议》中指出，应该在红军中创办大量学校，“至于大规模的军事、政治学校，一到可能条件之下即应举行”。《拥护第二次全苏大会》中指出，红军建立了大规模的红军学校，并造就了成千的新的工农干部。《关于红军中党的工作训令报告大纲》中指出，应积极推动红军学校发展，培育为党和红军工作的政治人才：“为着迅速的大批的造出干部”，师政治部必须办短期的“流动训练班”，军团或军政治部要办“政治训练队”，总政治部要办师一级干部的“研究班”，要无情打击轻视“训练班”“训练队”及“红军学校”的农民落后意识。

红军中的政治课在红军创建时就存在，随着中国革命的发展越来越专业化、正规化，为红军官兵政治水平的提高作出了突出贡献。《全军团以上宣传会议决议案》中积极检阅和总结了红军中的政治课存在的问题：

> 士兵政治课无统一计划，教授人不得法以及上课方式不好等，致损害了整个政治教育的收效。红军中的士兵一定要有很坚定的政治认识，这是创造红军保证红军，始终能站在工农阶级的利益上奋斗到底的主要条件之一。上政治课是在红军进行政治教育的主要方式。最近全军政治课的进行充分表现着没有统一的整个计划，而是一种各自为政的状态，材料更是零碎杂乱无系统无目标的东拉西扯，不是由浅而深由远而近的有步骤的办法。如像现在的各部的办法，今天的帝国主义明天的红军问题，后天又扯到旁的不相干的问题，全是一种应付现象，有时大家感觉到没有材料，有时却又感觉材料太多，倒不知采用哪种好……这些都说明了这一现象的的确，因此使全盘的政治教育，不能得着统一的进度，而士兵不能有系统的了解问题，及弄得他脑子里忙乱而不知所向了，这便使政治教育收效减少很多。还有目前因为下级政治干部

的能力较弱，上课时的不得法，以及因为单位的人太多，以致教育不能很周到的顾及全场……等，也是目前政治课中的缺憾。

基于这些问题，政治部还指出了今后士兵的政治课：

全军应统一计划，材料完全采取总政治部发下的，不得自由编印（关于我们实际情况要除外），由军的宣传科马上拟就三个月的教育计划交军政治部负责人批准后交下面实施。这种计划今后要经常做，各个教材应编成大纲和附设问题。教授方式，目前应尽可能以团分二个或三个单位举行，由团的政委先召集各连的政委规定个办法及教材内容，要逐渐办到以连为单位上课。不仅要逐渐使连政委能上课，而且要将来逐渐能使连上的连长甚至排长都能帮助上一部分□政治课。此外为了了解政治教育的进度，和推动士兵的学习精神，应定期的多举行测验。

红军学校对于思想政治教育的对象、方式、内容、途径和教学材料都有着非常细致的规定，以确保对不同层次的官兵实施具体有效的思想政治教育。《建立红军政治教育的经常工作，坚决执行“五一二”政治工作会议决议》指出，应该在积极总结过去政治教育的缺点和敌人情况的基础上，明确以后红军官兵政治教育的方针和实施路线，要求“以列宁主义、马克思主义教育红军”，“加强红军指挥员、战斗员的阶级，使明了红军之阶级的政治责任，确定自己的阶级立场”，并“应使实际与理论联系起来，应反对不讲实际的空谈理论，同时也要反对忽视理论的皮毛主义，我们应该从一切实际斗争生活中去了解马克斯［思］列宁主义，以马克斯［思］列宁主义指导实际斗争，整理斗争经验和教训”，要做到“废除形式教育注意教育实际化，要以实际斗争生活，作教育的材料，要以群众的实际程度要求，以定教育的标准，要以实际的精神，脚踏实地的去作教育工作，反对敷衍塞责的形式教育，以及工作不深入教育不求实际的恶倾向”。

红军官兵的政治课并不是纯粹、枯燥的理论课，而是配合运用各种日常活泼生动的方式达到政治上的需要。《政治工作决议》中指出：上课是重要的，但不是唯一的法则。应发动士兵的“讲演会”“识字运动”“墙报运动”，从这些活动中收得实效。因此政治课必须与上述演艺配合举行。如四天工作，“即应以一天政治工作的时间，开讲演会一天作识字运动，两天上政治课等。”“材料亦必须取得联系。”

其次，政治委员和政治机关组织管理下的思想政治教育贯穿红军官兵的日常生活中。红军官兵的军事生活，包括日常生活都是在政治委员和政治机关组织管理下的，因此政治委员和政治机关积极开展了各种常规性的思想政治教育活动。即使在连续不断的紧张的战争状态也不能取消红军内的思想政治教育工作，政治机关以合适的政治工作方式适应紧急的战争环境，并有组织地做好红军内思想政治教育。《紧急情况中的政治工作方式》中指出，在紧张的战争环境下，政治机关方面也要组织思想政治教育：一要极端避免机关主义的方式，“机关中的工作人员最好随时分到下层去，以便给下级以活的□□□□□战士群众中的现象”。二要估计到可能到来的困难情况与可能发生的不好现象，预先提出防止的鼓动口号与适当的工作方针。“要及时针对着某部白军，出版简短的动人的实际的宣传品与口号。”《战时政治工作》中根据以往经验指出，战时政治工作应该适合军队具体情况，应该坚持不间断原则，行军时、战斗中、战斗后都需要开展必需的思想政治教育工作。守备部队也需要及时开展思想政治教育工作，“通常是采用各种活泼的方式，如唱歌、读报、讲故事，指挥员的亲临指示，以及鼓动后方部队前往慰劳等以消灭一切沉闷疲劳现象”，“用政治上保证他们精神上的镇静”。同时，战时扩大与巩固红军，反逃跑斗争，白区扩大红军的工作，加紧卫生运动与消灭减员现象，都需要积极、广泛开展思想政治教育工作来保证，甚至还需要“用政治工作提高军事技术问题”。而且，战时应及时、积极开展瓦解敌军的政治工作。阵地上的宣传鼓动，输送宣传品到敌方士兵中，对俘虏进行政治工作等，都必须有计划、有组织地开展。因此，文中深刻指出：“战时政治工作的进步，更保证了广大红色战士在长途行军与连日连夜的继续血战中艰苦奋斗的决心”，要求必须在“在红军中开始建立经常而有计划的政治工作”。

《俱乐部的政治工作》事实上说明了红军官兵日常的经济生活、社会活动都应包含思想政治教育内容，并且成为密切联系群众的有组织的思想政治教育活动。在红军中开展思想政治教育，不是与现实生活分割开的，而“必须使红军战士从接近的、熟悉的问题，如工农联合、合作社、税收等等来了解党”，在对红军进行思想政治教育的常规课程之外，也应该积极“提高红军战士之政治文化水平，使他们了解只有工农联合在无产阶级及其政党——共产党领导下，拥有强有力的保护和平的红军，农民的经济及全国的经济才能兴旺”。这样，俱乐部的思想政治教育工作必须紧密联系群众的日常生活进行理论和信念的灌输，也就需要以人民群众能够接受的语言、方式和内容来说服教育。俱乐部本身是在政治机关的领导和组织下工作的。这样一来，红军的常规化教育就和日常生活化的思想政治教育活动紧密联系起来，对红军官兵产生马克思列宁主义理论和信念教育的合力。

（三）学校中的思想政治教育

中国共产党通过各种形式的学校开展广泛、深刻的思想政治教育，使党的主张、国民政府的诋毁、帝国主义的侵略和罪恶都反映在学校的教育过程中，从而唤醒了广大人民群众的阶级觉悟，凝聚了广大群众对中国共产党的认同，最大限度地团结和凝聚了革命群众的力量，为新民主主义革命的胜利奠定了有力基础。

中国共产党领导建设了各种类型的学校，如列宁小学、列宁师范、工农红军学校、马克思共产主义学校、军事政治学校等，或长期或短期针对儿童、青年、成人的学校。《石叟文库》中有创办各类学校的指示和要求。如《中国共产党中央决议案讨论纲要》要求：“中央区及鄂豫皖省至少成立红军军官学校及军事政治学校各一所，各军须办随营学校。”《营连政治委员工作纲领》中明确指出，要“开办青年士兵学校”。这些学校教育直接服务于中国共产党领导的革命活动和苏维埃建设活动，把马克思列宁主义直接贯彻各种科目的教学过程之中，使得党员干部和人民群众既获得了具体的技能，又掌握了马克思列宁主义的基本思想和价值观念。从这个意义上说，学校的全部教育活动，是党的思想、主张、纲领、路线的教育过程。

1.学校思想政治教育以马克思列宁主义为基本原则

中国共产党在学校教育过程中，明确要求应以马克思列宁主义为基本原则，指出党领导的学校教育应唤醒广大人民群众的阶级觉悟，服务于革命战争和苏维埃建设，甚至基本知识、技术知识中都应贯彻党的阶级主张和马克思列宁主义思想。1933年9月15日，《关于教育工作——中华苏维埃共和国中央人民委员会训令第十七号》中指出，文化教育服务于整个苏维埃运动，是粉碎敌人“围剿”战争动员中不可缺少的一种力量，苏区的文化教育是马克思列宁主义的教育，能够提高广大群众的政治文化水平，启发群众的阶级觉悟，并培养继承革命的下一代。文件要求，苏区应该加紧教育工作，认为这成为“目前我们最主要的战斗任务之一”。文件进一步指出，战争环境下苏区的教育工作明显地落在其他苏维埃工作的后面，而且在过去的教育工作中，在党的教育工作指导与文件中，都忽视了对于普及义务教育制度的建立。文件认为把苏区教育当作破除旧社会落后的、腐朽的封建迷信的新式教育，是把苏区教育限定为了反封建反迷信的资产阶级民主教育任务的范畴，而“没有把普及教育与社会教育很好地联系着，发展起来，没有把广大的实行共产主义教育的任务提到面前来”。这份文件深刻说明，党领导下的苏区文化教育不能只是对旧社会进行封建迷信的破除教育，而应该站在马克思列宁主义的立场上开展苏维埃的红色教育。

这就要求中国共产党领导的苏维埃教育应该遵循基本的原则，即以“马克思列宁主义的革命理论”为基本原则，在普及教育和各类教育中深刻灌输共产主义精神，既“真正为着战争的需要”，“启发群众阶级觉悟，提高群众文化政治水平，加强群众对革命工作的能力”，也培育继承革命的下一代，为党领导的革命活动的持续性打下坚实的基础。

1933年10月，在苏区教育大会上，凯丰明确了苏维埃的文化教育政策：“苏维埃政府教育的基本原则，是以共产主义的教育来教育群众。”只有遵循马克思列宁主义的基本原则，才能改变旧社会阶级统治秩序下学校文化教育只属于统治阶级的事实，革除“学校和一切文化机关是严格的阶级和等级的差异”，摒弃旧社会教育只是为“地主资产阶级则培养自己的子弟，为他们的剥削事业的继承者”现象。苏维埃的文化教育要培养工农民主专政下自己的人才队伍，“提高广大群众的文化水平，从自己的队伍中造就出许多熟知建设新的社会文化、科学、技术及艺术的人材”。只有坚持党领导下的苏维埃文化教育是坚持马克思主义阶级原则的，才能使广大人民群众具有共产主义的观点、习惯，在政治上、经济上，甚至文化教育上都获得新社会新生活的自觉、自主地位。马克思列宁主义原则，是苏区各类学校都应遵循的基本原则，是任何时候都不可动摇的。因此，苏区文化教育工作，实际上是党的思想政治教育工作的进一步展开，要求“各级学校成为培养新社会的建设者及镇压仇视我们的资产阶级及小资产阶级思想的武器”。文件明确指出，苏维埃教育的基本原则是共产主义的教育，“苏维埃政权虽然在目前的阶段上还是工农民主专政，他的发展前途，是要转到社会主义的道路上去，他的最终目的是要消灭阶级，消灭人剥削人的社会，实现共产主义的社会。所以苏维埃教育的基本原则，应当是共产主义的教育。”“离开这个原则，就没有苏维埃教育”，共产主义的教育就不能只是“把教育工作限制在反对封建迷信的范围”，也不能为了战争“把学校关起门来”，而是根据国内政治环境和苏维埃区域经济比较落后的实际，积极通过共产主义教育来“广泛地提高群众和干部的政治文化水平”，以及“提高工人和劳动群众的阶级觉悟”。[①]

为确保学校教育贯彻马克思列宁主义原则，学校要求建立党的支部。《内部训练材料摘要》中明确指出：“学校支部——是党在社会团体中以团体为单位的组织，如某一学校中有校长教员学生伙夫同志可以组织一支部。”在学校支部的领导下，学校教育各种课程都贯穿了马克思列宁主义的教育内容和价值观念。

2.学校各种课程内容全面贯彻了党的主张和革命价值

苏维埃各类学校教育课程中都充满了马克思列宁主义的原则和内容，无论是国语课还是数学课、体育课，都贯穿了马克思主义的基本原理。

识字课本不管是儿童的识字课本还是士兵的识字课本，内容都包含对国

---

①《苏维埃的教育政策——凯丰在一九三三年十月苏区教育大会上的报告》。

民政府丑陋嘴脸、旧社会愚昧落后、帝国主义列强罪恶狠毒的控诉，也包括了对中国共产党的主张、纲领、政策、纪律等内容的说明，表现出对广大人民群众的广泛而深刻的思想政治教育内容。如《识字课本》中的描述：

商人剥削重，工农痛苦深，若要免剥削，想个好办法，合作社，好办法，你一元，我二元，他三元。大家来集股。

工农兵，联合起，成立合作社，改善群众的生活，劳苦群众们，一致来努力，扩大合作社，冲破敌人的经济封锁。

合作社，合作社，群众呼声仔细听，说封锁话封锁，冲破封锁靠团结。

《识字课本》(暂用本)第一册
中央合作总社文化部编
中央教育人民委员部审定

第七课 红军

红军是工农的武装，他是为工农谋解放。劳苦的群众们，大家起来帮助和拥护他。

第八课 共产党

领导红军杀豪绅地主的，是共产党，没收土地分配给贫农雇农，是共产党的主张，共产党是无产阶级的政党，大家起来拥护共产党。

第十四课 肃清反革命派别

破坏我们红军苏维埃的是反革命的AB团、改组派、社会民主党，我们要肃清他。怎样才能肃清呢？就要我、你每个人负担把AB团、改组派、社会民主党罪恶宣传，及调查他们行动的工作。

第十七课 共产主义青年团

共产主义青年团又叫少共，他是青年工农的组织，他是为青年的利益而奋斗的。他是共产党的后备队，新社会的创造者。

《识字课本》第一册
公略县苏维埃教育部印

第二课 中国共产党

共产党是无产阶级的政党，中国共产党是领导中国革命的政党，所以觉悟的劳苦工农都应加入中国共产党，都应拥护中国共产党。

第四课 三条纪律

一切行动听指挥，不拿工农贫民一点东西，打土豪要归公，这是红军的三条纪律。红军官兵们都要遵守的。

第五课 八项注意

上门板，捆禾草，买卖公平，说话和气，借东西要还。坏东西要赔，不搜敌兵腰包，不乱屙屎尿，这就是大家要实行的八项注意。

《识字课本》第二册

闽西列宁书局出版

第二课 朋友

农人是工人的同盟者。

第三课 敌人

地主、富农、资本家是我们的敌人。

第四课 阶级

地主、富农、资本家是剥削阶级，工人、农民是被剥削阶级。

第六课 团结

工人、农人都是被压迫的人，都是被剥削的人。被剥削的人要团结起来，打倒剥削人的人。

第八课 红军一

红军就是工农的武力，工农要来当红军，工农要拥护红军。工农、红军要团结〈得〉像一个人。

第九课 红军二

工农的红军，要工农自己来当兵，当了兵要努力，努力打仗，努力学习，努力工作，尤其是群众工作，努力消灭阶级的大敌。

第十课 红军三

红军不掉队，打仗不怕死，还要遵守铁的纪律。养成吃苦耐劳的习惯，加紧肃清反革命的工作。

《识字课本》

瑞金三成泰监制

第二十五课 工人苦

工人苦，工人苦，什么也没有，只有两双手，终日不停留，难养人数口，上难养双亲，下难养儿女，有时失了业，卖力无雇主。

第三十二课 泗州调

军阀混战

军阀混战十九载，枉死弟兄几万千，全国哀叫苦连天。哎哟，哎哟，全国哀叫苦连天。

工农革命

工农革命势力凶，全国遍地起红军，奴隶们快做主人。哎哟，哎哟，奴隶们快做主人。

平田废债

打倒土豪与劣绅，平田废债最公平，工农们才得翻身。哎哟，哎哟，工农们才得翻身。

《识字课本》（成年人用）

中华苏维埃中央革命军事委员会出版

永丰县苏维埃政府文化部翻印，一九三一年三月出版

显然，这些《识字课本》中的内容能够使不同教育对象深刻认识到自身的阶级地位和组织的纪律要求，明白投身革命的意义和价值，充满了思想政治教育。

小学的国语课教学，应积极回应现实问题，并以此引起儿童对党和苏维埃政府的价值认同。教学中还举例说明反对军阀问题：

B.例如课文是“反对军阀混战”，教师教时同样是要分做几项：

1.准备——找几张军阀混战的画报或教师自画。

2.引起机动：从旁的方面引起到军阀混战的残酷。

3.观察：把准备的画图让儿童仔细观察。

4.质疑：一、那［哪］是被烧掉了的房子？二、那［哪］是被杀死的人们？三、那［哪］是军阀的军队？ 四、背着东西逃走的是什么？五、烧了一些什么人的屋子？六、被杀死的是那［哪］些人？

5.讨论：一、军阀为什么要打仗？二、怎样叫做军阀？三、军阀与工农有何关系？四、逃跑的人到哪里去？他们生活怎样？五、他们的房子烧了，一家人的生活怎样？六、怎样去消灭军阀混战？七、红军与白军的分别怎样？

6.考验：将军阀打仗的残酷情形详细向儿童说明，最好要把靖工团和白匪进攻苏区奸淫掳掠烧屋杀人抢谷抢东西的实际情形来讲，如有儿童看过或他家里遭受过的，可由他自己说出其被抢劫与烧杀的实际情形，那就可以使儿童深信打仗的残祸。[①]

小学在作文教学中，应该有明确的目的，其重要的方面就在于“养成儿童以文字正确发表自己革命思想的能力”。[②]

算术的学习也常与现实紧密结合。如算术题的表述，“甲战士每打三枪打死两个敌人，乙战士每五枪打死三个敌人，现甲、乙两战士共打了二枪，只知甲战士打了十二个子弹。问乙战士打多少子弹？又他们各打死敌人几个？两人打死敌人几个？”[③]

体育科的教学，也极力要求“体育教学的目的在使儿童身体各部平均发育，强健体质，活泼精神，兼养成有规律的习惯，有团结的精神”。这就是为革命后备队伍创造有纪律的后备军，因此“小学校的体育注重游戏，

①《湘赣省苏文化委员会小学教学法》。

②《湘赣省苏文化委员会小学教学法》。

③《算术游戏》。算术题中“二枪”与“十二个子弹”有数目上的出入，为文献原文数目。

如步操走操力操跳舞表情行进竞争拟战游泳等等，至于普通体操如徒手拿球类等等亦须并用，特别是要多采用团体的游戏”。[①]

音乐教学也鼓励学生进行革命歌曲表达和合作，如里西高小一期生刘远珍创作的歌曲《武装起来》：“武装起来，武装起来，上前线，上前线，消灭万恶敌人，保卫苏维埃政权，要坚决，要坚决。”

其他科目也都在不同程度体现着马克思列宁主义教育的理念，表现出学校全部课程的思想政治教育内核。

3.苏区社会劳动与学校思想政治教育连贯结合的教育途径

苏维埃的学校为造就革命的队伍，进行的是共产主义教育，尤其是在战争的迫切环境下，需要把学校的思想政治教育和日常的社会工作紧密联系起来。在《少共中央局/中央教育人民委员会联席会议——关于目前教育工作的任务与团对教育部工作协助的决议》中明确指出：“苏维埃教育的出发点是：必须把教育与劳动相联系，使校内的学习与校外的活动很好的配合。”

《苏维埃的教育政策——凯丰在一九三三年十月苏区教育大会上的报告》中也指出了教育对于苏维埃的发展和对战争的重要性，提出“一个重要的问题，是劳动与教育的联贯”，认为苏维埃的“学校制度是统一的劳动学校”。凯丰指出，在旧的阶级社会内不可避免地把劳心和劳力教育区分开，以达成统治阶级文化统治的目的，但是在苏维埃的教育中，共产主义的教育是为了人民群众能够“各尽所能，各取所需”，从而形成一种“健全的人类社会”生活，因此，我们苏维埃的教育“应当是达到劳动与教育的统一”。也就是说，要把共产主义的教育与人民群众的生活日常和各方面的工作联系起来。凯丰以列宁的话进一步说明苏维埃教育和劳动结合的意义：“没有工作，没有斗争，共产主义著作书本上所获得的共产主义知识，是一文不值的”，共产主义的教育，“将要建设社会主义的一代，需要学习、教育与训练。而他们的学习、教育与训练，决不是一种陈言套语。青年的学习、教育与训练应该从那些旧社会所给我们的材料出发，我们能够创造共

---

①《湘赣省苏文化委员会小学教学法》。“表情”为文献原文表述。

产主义社会，只有从旧社会所遗留给我们那些知识、组织与机关的总和中间，人类的人力与工具储藏实际出发，只有根本改造青年的学习、组织与教育的工作，我们才能够使青年一代的努力的成果达到不同于旧社会的共产主义社会的建设”。

这样一来，人民群众在学校的思想政治教育的内容和价值观念，通过苏维埃的各种工作得到了真正的践行。大家学习的共产主义知识和价值观念在工作、斗争中变为现实，以此使得广大人民群众能够真正信仰马克思列宁主义。“我们的学习应当是达到把共产主义成为我们日常实际工作的指导。”

4.全员全过程的马克思列宁主义教育方式

中国共产党推进的学校教育是一种红色教育，完全服务和服从苏维埃政权建设和反“围剿”革命活动。在此过程，中国共产党动员了中央苏区全部人员参与，并将红色教育反映于革命战争和苏维埃政权的一切过程之中。

中央苏区的学校教育是惠及苏区所有人员的。《苏维埃的教育政策——凯丰在一九三三年十月苏区教育大会上的报告》中明确指出，全体男女儿童都应该，也可以接受普及的义务教育，尽管受到战争的环境影响和苏区比较落后的经济影响。虽然“受普通的和政治技术教育的年限，应当缩短为五年”，但是所有青少年都是能够接受苏维埃教育的。针对成年人，中央苏区也同样开展了学校教育活动。凯丰的报告指出：“应当为成年人设立一种补习学校。为战争的需要应当开办各种的职业学校。为着补救在义务教育没有完全实现以前，应当开办一种普通的学校。”尤其是为了扫除文盲，各种识字班常规化开办。为让更多人员受教育，凯丰的报告还指出：“在服从苏维埃的法律，首先是苏维埃的教育政策的条件之下，允许私人所办的学校存在。”这样一来，苏区的群众不分男女老少都参与了教育活动，在知识水平提高的同时更加拥护党和红军，痛恨国民政府。凯丰的报告深切说明了苏维埃教育的重要意义：“我们应当发展苏维埃的教育，用教育的力量去帮助战争的动员与满足战争的需要，去帮助苏维埃工作与经济建设的发展，这是第一。第二，在国民党军阀摧残教育的情形之下，我们更应发展苏维埃的教育，在教育的事业上来指明苏维埃和国民党统治之对立。”

学校的思想政治教育并不仅停留于学校教员和学生之间，更是一种社会人员、组织广泛参与的教育活动。

知识分子的共产主义教育也被积极纳入学校教育过程中。《苏区教育大会结论》中指明，在对待知识分子问题上，应该明确两种错误，“一种是‘左’的反对知识分子，另一种是曲解我们的阶级路线。这种观点都是不相信我们自己的力量，不相信苏维埃政府有能力去团结那些愿意为苏维埃服务的知识分子和专门人才”，我们应该“相信苏维埃的力量能够团结这些知识分子来工作”，在有“苏维埃的监督，群众的监督”，我们应该“团结知识分子为苏维埃工作”，“可以而必要吸收他们参加地方的和中央负责工作”。知识分子通过共产主义教育改造，成为党和苏维埃政府的工作人员，成为承担学校实施思想政治教育的教育者。

培养教育工作的干部，也成为教育的重要内容。《苏维埃的教育政策——凯丰在一九三三年十月苏区教育大会上的报告》中指出，“教育工作干部一个最大的问题，是国民教育的教员的问题”，“我们还须尽可能地来培养从工农自己队伍出身的干部知识分子”，使得国民教育的教员成为“苏维埃的支柱”。为此，“我们应当有系统的不动摇的和经常的工作，造成他们工作的环境，尊重他们的劳动，在各方面给他们以准备，使他们达到真正很高的知识”。凯丰的报告中还以列宁的话来强调国民教育的教员培育工作：“必须有系统的加强对于组织国民教员的工作，为的是一直到今天为止，在一切资本主义的国家内，无例外的他们是资产阶级的支柱，变为苏维埃的支柱，为的是经过他们使农民从与资产阶级的联合吸收到与无产阶级联合。”

全员参与的学校思想政治教育还表现在苏区的社会教育方面。《苏维埃的教育政策——凯丰在一九三三年十月苏区教育大会上的报告》中明确指出，苏维埃教育应广泛和积极开展社会教育，并指出这种广义的社会教育不是狭义地只针对成年人的教育，它“不但是包括成年人的补习教育识字运动，而且包括俱乐部、列宁室、戏剧、游艺、唱歌、讲演、图书馆等”，这样得到“普通的工艺的教育的帮助”，把“社会教育提到应有的高度上去”。广泛地发展社会教育有着重要的意义，“因为能够包括广大的群众，吸收他们参加各种的文化教育事业”，这样才能够使苏区工人和农民经济生活得以改善，以及在政治上帮助苏维埃政府。苏维埃的教育工作应该正确了解社会教育发展与普通教育的关系，极大限度地发展社会教育。文件指出：“目前的社会教育中的中心任务，是消灭文盲运动。”“文盲的存在，对于我们苏维埃工作的发展是一个极大的障碍！”在《少共中央局/中央教育人民委员会联席会议——关于目前教育工作的任务与团对教育部工作协助的决议》中，也极大肯定了社会教育对于提高人民群众思想政治教育水平的重要意义。文件指出：“极大的发展社会教育，经过俱乐部、列宁室、识字班、工农剧社等等的群众组织来提高群众的文化政治水平，是非常的重要。”

中央苏区的学校思想政治教育延伸到学校以外，是一种随时随地进行的全过程式思想政治教育活动，突出表现为学校思想政治教育活动紧密联系各种社会活动。

共青团的活动与学校思想政治教育活动建立紧密联系。《关于团与教育部协助条约的决定》中指出：“共产青年团是苏区有力的一个群众组织，在文化战线上突击与帮助将是苏维埃文化教育发展的主要支柱”，共青团应积极提出教育协助。文件指明共青团在协助学校教育方面有着极其重要的作用，“担任着消灭团内和少队内的文盲，并实现每个团员消灭十个文盲的任务。帮助建立消灭文盲协会的组织，在每个生产中、城市中、乡村中，组织这种组织。动员年满入学的儿童全体加入学校，到一九三四年十月节[①]为止，实现每五百居民一个小学，每一百居民一个夜校”。

少先队也密切联系学校教育活动。《建立各级教育部与各级少先队总训练部（团员）的密切的关系——中央教育人民委员部与少先队总训练部联合通令》中明确指出：“经过少先队的组织，实施教育部对广大的青年工农劳苦群众的共产主义的教育计划，是教育部工作的重要方式之一。因为少年先锋队是包括着广大的工农青年群众，甚至在部分地方是包括一切有选举权的青年群众的组织。”文件更进一步要求，为加强各级教育部与少先队

① 即十月革命纪念节。

的紧密联系，二者应建立密切的组织和工作的关系，这样少先队可以充分发挥其促进共产主义教育的作用，如“少先队应领导、组织、发动广大队员积极参加文化教育工作（如日校、夜校、识字班、读报班、俱乐部），并且在教育部指导之下，将教育部……的决定切实在少先队内进行与实施”。

《政治工作决议》中明确指出，开展识字运动应该“随时随地教学：识字班并要在随时随地教学，不要时间长，□□□规定时间内不可专教一点钟，而且不是一次学得好，须多次练习，多次碰着□□□□，要用各种方法，把字或语句揭示出来，造成识字环境。利用各种文件的传单、标语、条令、通报、采买条等做教材”。

学校的思想政治教育活动还要求通过检查和督促进行强化和改善。《闽浙赣省苏关于各县文化部工作检阅——第一次县文化部长联席会议之一》中指出，苏维埃的共产主义教育工作，要“建立起很好的检查制度和报告制度。各县巡视员，要依照工作计划很深入的检查各区工作，不断检查出工作的数目字来，同时，要检查工作好与坏的原因和教训来。各区工作情形要经常向县文化部做口头的或书面的报告。各县文化部除了日常报告外，每月尾，要做一个工作总结报告到省文化部来”。

（四）党在中央苏区时期思想政治教育的方法和载体

中国共产党领导红军和人民群众在中央苏区进行非常广泛、全面而深刻的思想政治教育活动，并把有组织的、系统的、常规化的思想政治教育工作和随机的、片段的、临时的思想政治教育工作有效结合，表现出党领导的红军走到哪里，思想政治教育工作就开展到哪里。思想政治教育在开展过程中采取了有效的、生动活泼的方法和载体，广大党员干部、红军官兵和人民群众的无产阶级觉悟越来越深刻，越来越紧密地团结在中国共产党的周围，坚持党的主张和纲领，努力践行党的政策和路线。

1.中央苏区时期思想政治教育的方法

《石叟文库》中的思想政治教育史料反映出中国共产党非常重视思想政治教育工作中的方式方法，积极总结达成教育目的的有效方法，并根据受教育者实际思想水平和接受能力，结合革命形势发展，探索切实可行的教育方法和手段。我党比较典型的思想政治教育方法是理论灌输法、典型教育法、自我教育法和实践锻炼法。

（1）理论灌输法

阶级社会条件下，先进的马克思列宁主义思想必须通过灌输才能进入人的大脑，也就是说需要通过教育、宣传、学习等，来促进人们对马克思列宁主义的科学理论的认知。近代中国教育落后，文盲率非常高。《苏维埃的教育政策》中指出："在中国每百人中不识字的有八十到九十人之多，每千人中能够进学校读书的不过十五人到二十人，极大部分的工人和农民都是文盲，尤其是劳动妇女可以说整个的都是文盲。"1933年的《识字班工作》中也指出："在目前闽浙赣省文盲的数字，还占着全省人数百分之九十九以上。"因此，中国共产党积极创办各种学校，开展针对广大党员干部、红军官兵和人民群众的理论教育，灌输马克思列宁主义科学理论和思想。理论教育方法成为党的思想政治教育的最基本方法，在提高人们的理论素养和政治水平、价值认识方面具有不可替代、不可或缺的重要作用。《石叟文库》中存在大量"讲授提纲""讲义"等理论讲授纲要，反映出理论灌输方法是党的思想政治教育的一种非常基本和传统的方法。

《闽浙赣省苏七、八两月文化教育工作的突击计划——第二次县教育部长及直属区教育部长联会决议》中指出："在目前战争紧急当中，粉碎敌人的进攻，争取革命战争完全胜利的任务之下，文化教育工作，应该是用工农补校，识字班，列宁小学，教育，识字，读书的方法，扫除苏区内多数的文盲，启发群众阶级觉悟，提高群众文化政治水平，加强群众对革命工作的能力。"苏维埃学校教育必须坚持理论灌输。《湘赣省苏文化委员会小学教学法》中指出，列宁小学也"须灌输革命理论和马克思列宁主义，使儿童造成革命的健将，为强有力的革命基础"。《少共中央局/中央教育人民委员会联席会议 关于目前教育工作的任务与团对教育部工作协助的决议》中指出，在苏维埃政权之下才有的广泛的马克思主义的教育，"就是从灌输阶级斗争的思想讲到无产阶级专政，必然走到社会主义"。

对于青年，一样需要坚持理论灌输。《青年团员读本》中指出青年普遍不识字，不能自主学习，“估计到我们现在团内文盲的数量占这样大的数目的时候，我们主要的是要经过流动训练班，去贯〈灌〉输团员以一些基本知识的。所以当流动训练班的主持人或指导者，在进行训练团员时，必须带极为耐心的解析的态度”。《全军团以上宣传会议决议案》中指出，“青年队的训练无统一的计划，材料也同样的零碎乱杂，同时更忽视了政治问题的灌输”，因而给革命工作带来一定的妨碍。

红军内的思想政治教育一样需要注重灌输。《关于改善红军中政治教育问题的建议——献给全国政治工作会议》中指出：“补助教育也占了很重要的地位，除运用以上所讲的课外工作做有力的补助教育以外，还要注意各种常识的灌输，因为过去我们的红军战士各种常识之缺乏，影响到政治教育的收效。”

甚至于群众中的思想政治教育一样需要重视理论灌输，党的主张和政策的宣传都是一种面向群众的先进力量的灌输。《怎样在群众中做宣传鼓动工作》中就指出：“宣传是在于灌输革命的理论和思想，解释党的政纲和主张，使群众逐渐受党的影响，接受党的领导。”

（2）典型教育法

中国共产党积极推行典型教育方法，大力弘扬正面的榜样教育作用，也不放松反面典型的警示教育和正面引导作用。

党的思想政治教育特别重视党员干部榜样教育和革命官兵、群众的英雄、模范教育。《石叟文库》史料中显示在经济、文化、革命、组织等各个方面的活动中，党都要求培养和建立模范。《新党员训练大纲》中指出，共产党员本身就是党的模范和宣传者，“红军中的共产党员在上军事课政治课时要努力听讲，积极发言，在各种会议上也要积极发表意见，并将党的主张提出来，以扩大党的宣传”，“共产党员要了解党的主张，懂得各种革命理论，要积极勇敢坚决，不怕劳苦，努力工作，一切都成为群众的榜样”。

党在思想政治教育过程中，也经常以各种革命和建设活动中的模范事迹作为榜样引导、教育广大人民群众。《扩大两个工人师及少共国际师的宣传鼓动工作》中指出：“党必须抓住某乡某村赤少队或某人扩大红军光荣的例子予以奖历［励］及在群众中作普通的宣传，同样要领导群众团体及工农群众来予以热烈的鼓励和慰劳，并实际解决他的家属的困难，彻底执行优待条例。”《开展红军中党内的思想斗争》中非常具体地叙述了五军团第三师一个支部在思想斗争中的光辉榜样，指出应“作为我们的模范”。甚至对白军官兵也以榜样教育他们，如《告白军弟兄书》中这样说：“白军弟兄们，这团弟兄两个人把团长打死，全团弟兄便都参加了抗日的义勇军，这是你们最好的榜样和出路。”

正是因为榜样教育非常有效果，党的思想政治教育还对党团员如何成为模范进行了许多细致的讨论。《青年团员读本》中就怎样才能算作模范的团员，作出五点[①]说明：第一，最重要的，团员应该是为党的路线而斗争的战士。第二，做一个确实为团而工作的团员，作为团的一个分子。第三，青年团员应该经常向团报告自己的活动，应是作为在青年群众前头的积极分子和模范，领导青年工农劳苦群众，积极去做革命工作。第四，积极到支部会、小组会等会议，缴团费。第五，虚心学习马克思列宁主义。

反面典型也是党内思想政治教育的有效方法，以引起人们对于错误的深刻认识，并形成对马克思列宁主义理论的正确认识，以及实现对人们行为的约束和规范。《两个支部》中这样说：“会中严重指出这一支部的缺点，特别是脱离群众的现象，最后大家表决了，洗刷了两个无作用的党员开除了一个团员，散会了。”《团中央决定开除□□□同志团藉［籍］的决定》指出：“中央为巩固团的组织，执行布尔什维克青年团的铁的纪律，决定开除□□□的团藉［籍］，并公布全团。”这些都表现出运用反面典型对加强党的思想政治教育，尤其是对党员干部纪律教育有着非常重要的作用。

（3）自我教育法

中央苏区的战争年代，党员干部和红军官兵需要经常进行革命战争和发展生产，看似与提高政治素质和理论水平的教育活动产生了矛盾。中国共产党在长期革命实践中逐渐探索出自我教育的方法，通过不脱产、半脱产和完全脱产相结合的方式，积极推行广大党员干部和红军官兵的自主教

① 基于《石叟文库》的文献可知，实际上可能有八点，因文中提到“第八点”，但文献又缺乏五、六、七三点。

育，使他们不受时间、空间的限制，更灵活机动地自觉学习以提高自身理论素养。这样一来，党的思想政治教育工作就可以实现工作和学习兼顾、战斗和教育兼顾。中国共产党积极组织自我学习、批评与自我批评、读报、民主讨论会等来开展自我教育。

中国共产党积极鼓励自主、自觉的自我学习方法，要求广大党员干部和红军官兵利用一切机会主动学习政治理论和党的纲领，提高政治工作的自主、独立能力和主动、自觉意识。《共党组织系统和工作检讨纲要》中提出的共产党员三大任务中，其中第一个任务就是“努力学习阅读党报”。《建立红军政治教育的经常工作，坚决执行“五一二”政治工作会议决议》中明确指出，要“提倡自动学习，广泛的在群众中宣传，学习的意义，使大家知道，无产阶级精神武装的重要并且要注意提起群众学习的兴趣，发动群众，热烈的自动学习一切，过去以政治委员为主动的被动教育是不能收效，而急应纠正过来的”。在《中国共产党的在职干部教育》中，中共中央号召各级干部每日要有两个小时的学习。毛泽东号召下级干部从工作中“挤时间”去学习，甚至有人将学习时间列入工作时间以内。文件指出，其中自我学习，即个别学习的具体要求，“最主要的是阅读和发表。作笔记为主要方法之一”。

《政治工作会议决议》中指出：政治部必须经常注意政治委员的培养和教育，其方式如举办训练班、召集政委会议、指定看书、特别谈话等，同时要注意推动政治委员本身的自动学习，使其在政治上时常有进步。《只有面向支部才能转变支部工作》中指出：“组长支委支书做党的工作，要切实，要简明，要耐心，要细心帮助同志想方法督促他们，自己学习也要加紧。”这种自我学习，还要求行动上的自主自觉。《总政治部关于连队政治工作的指示》中指出：“政治机关应该百倍的加强对连队政治工作直接的活的领导，高度的提高连指导员支部与每个党团员的自主性、责任心与独立的工作能力，才能迅速的适合情况的变化，不间断的进行政治工作。”基层连队不能任何时候等待和依赖上级的指示和推动来进行政治工作，“现在的战斗加强了连队政治工作的作用，要求连指导员、支部与党团员，有自主的、独立的、自动的工作能力”。中国共产党要求自我学习形式不是做书斋的学问，而是要求大家结合实际工作进行自觉的学习。《青年团员读本》中指出："我们顶重要的是在斗争中去学习，把斗争与实际斗争连［联］系起来，在实际工作中去学习马克思列宁主义。"

中国共产党为加强自我学习方法，帮助人们自修、自学，积极编订出版各种马列书籍和刊物，制定详细的学习纲目和具体的学习材料，发行大批通俗易懂的书籍等。《识字班工作》中指出应将识字运动与读书运动联系起来，并提出具体方法：目前读书最要紧的，是准备好连环图画、故事、小调、最浅显的理论文字的书籍。"读书的方法，除了个人读书，和组织读书班以外，采用街头图书馆的方法是很好的。方法是把一些有许多插图的书，用箱子挑着，到了村子里放开在一块板上（这块板可以折起来因为便于携带），把板倚在墙上陈列起来。"《关于教育工作》中指出："对于发展工农剧社、蓝衫团、俱乐部、图书馆、阅书室等等社会教育工作，应给予充分的注意与组织。"

批评与自我批评是自我教育法的重要形式之一。党的刊物上、墙报中经常有表扬和批评的栏目。如《红校斗争》刊物上分出"红板与黑板栏"，在其上登载自我批评的文章。《中共中央对第五次反"围剿"与我们党的任务决议》中深刻指出："党必须用耐心的详细的解释工作，发展布尔什维克的自我批评，使全体党员同志了解目前五次'围剿'的形势，与我们党所负担的伟大的历史任务，提高他们最大限度的积极性，转变一切党内旧的官僚主义、命令主义的作风，把工作重心放到支部，深入群众中去学习领导群众的艺术。"批评与自我批评是将理论学习和实际工作相结合的有效途径，通过对实际工作中出现的思想和行为上的错误、缺点的自我审视、自我反思和自我批判，使自己的思想认识和政治水平得到提升，进而教育他人。《青年实话》中设有"轻骑队"栏目，内容经常是就工作中的错误开展的公开批评与自我批评。《白区的群众工作》中指出："加强由下而上对一切工作上的自我批评，来提高一般干部政治上的认识和阶级观念冲破过去那种和平的状态。"批评与自我批评需要以马克思列宁主义的政治性、科学化的态度来开展，而不是漫无目的的，更不是打击报复。中国共产党领导和组织了既具善意、诚恳、务实又严正、求真、不妥协的批评与自我批评工作，使思想政治教育水平得到极大提升。这一工作方法也成为中国共产党的优良传统。

（4）实践锻炼法

党的思想政治教育通过实践锻炼法，有效实现了马克思列宁主义理论与实际的统一。中国共产党通过调查研究、革命活动和生产劳动等，积极引导和推动广大党员干部和红军官兵、人民群众把理论知识运用到革命活动和苏维埃建设的实践中去。

《关于改善红军中政治教育问题的建议——献给全国政治工作会议》中指出，红军的政治教育应注意教育的中心和课外工作的联系："政治教育应根据各个时期的情况，定出各个时期的不同的中心来制定教育计划，抓紧教育的中心，使各方面都集中在这方面，如讲反法西斯蒂问题，那末，识字课、表演新剧、政治问答、猜谜子、做墙报等，均应集中在此一问题上面，这样同课外工作联系起来，教育集中在一个问题上面，这样就更加深入了。"

中国共产党在经常的、繁重的战争、建设任务中，特别重视把思想政治教育融入社会工作生活的实践中，以此做到理论联系实际，在斗争中、工作中学习、训练。《政治工作会议决议》中提出，政治教育应"注意在实际工作中进行政治教育，使理论实际溶［融］成一片"，"政治教育方针必须理论与实际并重，使红军不但成为好的苏维埃公民而且要成为国际主义的战士。所以，除了应使红军战士了解斗争中之一切实际问题外，还应具有共产主义的思想"。

调查研究是实践锻炼法的基本方法。《内部训练材料摘要》中指出，支部工作最基本的任务之一就是"调查群众的一切日常生活状况"。红军总政治部设立组织调查部，与宣传鼓动部、青年工作部、秘书处并列。《政治工作决议》中指出，宣传队强化宣传效果，"要调查该地群众的需要，提出适合当地群众的口号和标语"。中国共产党逐渐规范了党和红军的调查研究工作。《第三军团政治部第八次工作会议决议》中指出，要"切实整顿各级宣传队，规定各级宣传队人数、宣传员条件及日常生活和工作任务，事先并要发一宣传员调查表，嘱咐宣传队长填好表格"。《群众工作》中明确了调查工作的重要性，“调查工作所得之材料决定我们宣传的方法（如资本家与共产党的分别及宗族迷信的坏处）”。正是广大党员干部和红军官兵自觉进行调查研究工作，通过对社会实际的观察分析，深刻认识到近代中国“三座大山”的危害以及党、红军和苏维埃政府所带来的社会进步，从而不断改造自己的思想，深化自身的无产阶级意识，提高自己的思想政治觉悟。

投身革命活动和参与生产劳动是实践锻炼法的重要途径。《党的建设讲义》中深刻指出：“党员一定要学习列宁马克思主义，把革命的理论运用到革命的实践。”《中国共产党的在职干部教育》中指出中国共产党实施干部教育方针之四：“是理论和实践的一致，从学习马列主义的教条中去工作，从实践中证实马列主义的真理。使其成为标准的马列主义者。”《为转变工作方式而斗争！》中鲜明指出了政治机关实践教育工作的错误，“在过去，因为我们的工作方式未转变，将实践都用到开会、写文件的上面，工作的重心放在政治部的机关内，没有真正的深入到下层去，深入到支部中去，缺乏艰苦的群众工作”，要求党员干部和红军官兵教育从基层支部和群众工作的具体的实践活动中开展。

劳动教育和参与革命活动是把学习到的马克思列宁主义理论运用于现实的有效途径，也只有通过实践活动，才能把先进的理论变为现实的力量，使人们真正懂得马克思列宁主义的理论和信仰。《红军大学上级政治科政治工作讲授大纲》中指出，思想政治教育与劳动相结合的教育方式是与党和红军的性质密切相关的，“国民党军队是与生产劳动和社会的政治活动分开的，而红军是与生产劳动和社会的政治活动结合的”。《闽浙赣省苏大会文化工作决议案》中指出，“发展识字运动，扫除文盲，着重青年儿童的文化教育，发展新的社会力量，反对把文化与斗争割离，与工农群众实际生活割离，以及把劳动与知识割离开来；实行政治化的、社会化的、劳动化的文化教育。”《少共中央局/中央教育人民委员会联席会议 关于目前教育工作的任务与团对教育部工作协助的决议》中指出，为了适应目前的战争环境，“不管是社会教育方面或是普通教育方面，我们需着重在政治教育”，要“把政治教育与职业教育相联系。苏维埃教育的出发点是：必须把教育与劳动有［相］联系，使校内的学习与校外的活动很好的配合”。革命环境下，中国共产党把马克思主义理论教育与生产劳动相结合，与革命斗争相结合，使得学习、教育和生产、战斗、工作互相配合，帮助广大党员干部和红军官兵树立了为人民服务的群众观和劳动观、斗争观，确立了生产工作、革命实践就是政治任务、政治斗争的思想。广大党员干部和红军官兵正是在实践中学习、理解、领悟和践行着马克思列宁主义理论，逐渐从中国历史和实际来认知中国革命形势、发展趋势，并以真正的马克思主义者的态度，自觉运用马克思主义立场、观点和方法去观察与分析、解决中国革命问题。

2. 中央苏区时期思想政治教育的载体

在长期的党的思想政治教育实践中，中国共产党通过能承载、传导思想政治教育内容、因素的有效教育载体，使得教育者与受教育者之间进行了深入的双向互动。因此，我们应该积极认识中国共产党基于受教育者实际政治水平和思想素质所选取的切合实际、行之有效的思想政治教育载体，包括以娱乐活动为主要形式的文化载体，以党报党刊和马列书籍为主要形式的大众传播载体，以党领导、组织的讲话、会议、慰问等活动为主要形式的活动载体，以政治委员和政治机关、支部建设为主要形式的管理载体，以面对面沟通、说服教育为主要形式的谈话载体。

（1）以娱乐活动为主要形式的文化载体

中央苏区时期的文化载体是指能承载马克思列宁主义意识形态的实物，如红色歌谣歌曲、影视作品和文学作品等。把思想政治教育内容融入文化艺术活动之中，以更日常化、生活化的方式潜移默化地对广大人民群众开展广泛的思想政治教育活动。这样精彩的文化艺术活动吸引人们主动自觉地学习和接受这些文化艺术表达的内容，从而“润物细无声”地帮助人们深化马克思列宁主义的科学理论认识。

中国共产党积极开展各种娱乐活动，将思想政治教育的内容和价值观念融入这些娱乐活动，使人们在不知不觉中被吸引，自觉主动地接受马克思列宁主义的政治观点、思想体系和价值信念。《动员党团员进行政治工作》中指出政治工作要针对具体对象，不能呆板：“共产青年团员是党在红军中的帮手，在进行政治工作方面，他应以青年红色战士为主要的对象，充分采用并创造青年化的方式，适合青年的情绪心理去进行。尤其在俱乐部与列宁室的文化、体育、娱乐与革命竞赛等工作中，他应占有着特殊的工作地位。”

《建立红军政治教育的经常工作，坚决执行“五一二”政治工作会议决议》中更单独提出“娱乐问题”，并提出四个具体的工作方法：一是师设俱乐部，俱乐部的组织由军团总政治部起草依照办理。二是每个士兵会内设立列宁室派专人负责管理（由士兵会委员中推出一人），组织法由总政治部起草。三是同乐会团十天一次，师一月一次，军团不定。四是每天晚饭后都应做游戏特别注意政治游戏，如识字、赛跑等类。这就要求红军内的思想政治教育要充分注意娱乐活动，并加以党的组织和领导。显然文化娱乐之于红军教育有着非常重要的作用。因此，要“广泛的在红军中扩大有政治教育意义的艺术运动，尽情提倡正当的革命娱乐，以改变军队中枯燥乏味的冷酷生活，这样□加强红军指挥员战斗员对政治教育的兴趣，在游戏的、娱乐的生活环境中去提高政治水平，加强阶级教育，过去呆板的注入式的政治课和完全命令式的所谓训练应该坚决打倒”。《关于改善红军中政治教育问题的建议——献给全国政治工作会议》肯定了文化娱乐的重要政治教育意义，指出：“教育方式应有大的改善，转变过去一味只靠上课的单纯方式。以后，除上课之外，还要利用晚会表演与课材同样的新戏活报及政治问答和猜谜，编定同样内容的识字课材料上识字课，墙报上登载同样的稿件，讨论会中讨论的问题，有时还可进行演习（如防空防毒保守军事秘密类似的问题），不过此一问题，须与文化娱乐部门有密切的联系，使他能根据政治教育材料去订定文化娱乐的材料。”

《地方武装政治工作问题草案》中也指出，在一般的政治教育中，娱乐运动“是政治教育的一个最好办法。群众对娱乐是最欢喜的事件。我们以革命故事、斗争的经过、各种纪念日的历史，统治阶级的内幕，我们都可以把它编成各种新剧、唱曲，实行表演。各独立师、独立团每月可举行一次两次。有机会时或利用各纪念日也可以，这是提高一般同志的政治水平、革命情绪的一个好办法。各团俱乐部、各列宁室要由专人负责，各政治委员、政治部要经常去检阅并指导他们的工作”。

《闽浙赣省苏七、八两月文化教育工作的突击计划——第二次县教育部长及直属区教育部长联会决议》中也提到，文化载体更能激发群众的情绪和激情，能广泛动员群众，“同时用俱乐部、演戏、活报、壁报、展览会、晚会及其他等等工作，深入思想斗争，扫除旧社会思想习惯的传统，宣传战争的胜利，鼓动群众对革命战争的热情，坚定群众对革命战争的胜利信心，广泛的、有力的动员群众，积极而坚决的加入战争”。

通过文化载体，寓教于乐，人们在日常生活中耳濡目染，坚定了对马克思列宁主义的价值追求和政治信仰，如红色歌曲、歌谣。《石叟文库》中收藏了涉及各个年龄段、各种工作、各种社会活动的红色歌曲、歌谣，人们在主动传唱中不知不觉受到思想观念、政治信仰的自我教育和启发。

（2）以党报党刊和马列书籍为主要形式的大众传播载体

中央苏区时期中国共产党非常重视党报党刊、书籍、杂志等传统媒介对于人们的思想政治教育功能。中国共产党对于思想政治教育大众传播载体进行非常细致的领导和组织，以使其充分发挥广泛而深刻的马克思列宁主义思想传播和政治教育的功能。《中央通告六十二号——目前党的根本策略与政治宣传鼓动》中明确提出：“各省委须办一党的机关报，有职工运动的地方还须办一秘密的工会机关报。党的机关报须于次［此］通告到达后二十日以内出版第一期。党报的内容必须包括下列几点：中央政策的地方化，地方政治的批评，工农斗争的消息并指示其出路，反对第三党（理论的和事实的），反帝国主义反国民党理论的介绍。又党报必须有一编辑委员会主持，以省委常务委员一人为主席，常务委员都经常做文章。”甚至还指出，为唤醒广大人民群众，党还应领导和组织创办灰色刊物，并采用“民众的批评态度”，以民众的视角和态度，激发马克思列宁主义思想，遵循：第一，反帝国主义；第二，反国民党反军阀；第三，反第三党；第四，反对国民会议；第五，同情工人阶级斗争；第六，赞成土地革命。并且这些书籍和刊物，要送到党员和群众中去。

大众传播载体能够有效传播国民政府和帝国主义列强在中国的罪恶，更好地宣传中国共产党的主张。《中国共产党青年团中央紧急通告——反对国民党第四次“围剿”苏区》中就指出，刊物等能“更广泛的进行拥护苏联与拥护中国苏维埃的宣传鼓动，在各种群众会议上及各种刊物中，通过和印发宣言小传单，反抗国民党进攻鄂豫皖边、其他苏区，而投降帝国主义，出卖东三省，造成帝国主义共管中国的更大危险”，并且也能批判国民政府的欺骗宣传，“在各种刊物上、集会上、宣传品上，针对着统治阶级的造谣诬蔑，而给以正当的回答，揭破他们中伤造谣的作用”。

因此，中国共产党积极出版各种报纸和书籍，包括党的刊物和通俗的小册子，甚至是标语传单。《党的建设讲授大提纲》中指出，各级党部自己可以出报纸，宣传党的策略，并以党的立场来登载斗争消息，加以具体的批评和指示。同时要指导苏维埃及工农群众团体出刊物。要组织通讯网，训练通讯员。中央和地方党部经常出版党的刊物，具体指示党的政治问题和工作问题，要发动党员多发表意见。编印通俗小册子，用浅白的文字讲解马克思列宁主义，要把理论通俗化，使党内外群众可以自己研究。要把党的策略和决议的中心目标写成标语和传单，标语要合时要具体，指示群众行动的目标。传单要简短明白，文字要通俗有鼓动性，内容要具体，能够指出某一事变的意义和我们的行动纲领。应该把斗争的经验在党的刊物上汇编成大纲，发到各支部小组中去讨论。《中国工农红军政治工作暂行条例》中指出要在思想政治教育中充分利用大众传播载体，“地方青年团委员会应以现在工作所需的青年问题材料、报章、杂志及一切宣传刊物去供给红军中的政治机关”。《关于改善红军中政治教育问题的建议——献给全国政治工作会议》中指出，加强教育工作“须多印些画片，小册子，及各种刊物，甚至于在物质条件许可时，还须采用电影来进行教育”。

基于人们日常生活范围，党还主张把墙报当作宣传刊物来建设，实现对人民群众的日常思想政治教育。《怎样去领导俱乐部列宁室工作》中指出：“墙报必须成为党团员与群众生活中的刊物，所以它的内容主要是要将党的中心任务及工作联系群众实际生活，来发动党团员与群众的积极性、创造性，并须在墙报上开展思想斗争。”

书籍、刊物等对于白区群众和官兵也有着重要的宣传教育意义。《在粉碎敌人五次“围剿”的政治动员中加紧白区白军宣传工作》中就指出：“各级宣传部特别是边县边区对于白区机密发行网的建立是一刻不容迟缓了，立即找定白区革命群众或苏区内可以到白区的党员或群众去负责白区发行网的工作，在附近中心城市如赣州、吉安、抚州等须应由干［赣］县、公略、南丰等县分别负责建立，永丰、南丰、永安、宣黄等县城，亦须由各县苏区党负责。这些发行网务须于九月十六日以前建立，好使我们的书籍刊物能输送到白区白军群众中去。”

（3）以党领导、组织的讲话、会议、慰问等活动为主要形式的活动载体

第一，以讲话、会议为契机的政治教育活动。

在群众集会等各种团体活动中，讲话能够有效传达党的主张和政策，进行一定的思想政治教育。《地方武装政治工作问题草案》中提出，红军训练时可以充分利用讲话进行政治教育，“每次会操时应拿一半时间由政治委员讲政治课，要有计划的去教，不要每次讲现话，讲的材料，目前最主要的问题就是扩大革命战争，反太平保守观念，要拿地方上许多实际的政治问题，以及邻区邻县全国的国际〈的〉斗争情形作报告，特别要把群众中工作纪律检阅批评”。集合讲话成为红军思想政治教育的一项优良传统。《营连政治委员工作纲领》中指出，集合讲话是加紧官兵政治训练的重要方式之一。对于群众教育更要如此，《怎样去领导俱乐部列宁室工作》中指出，在群众观看演出时，“在未表演戏剧或过幕时，党应派人去向群众讲话，只要解释一个问题，讲话要简单明了，时间不得过十分钟”。

党的组织规定需要定期召开会议，也包括临时会议。这些会议成为党进行自我先进性教育的重要方式。《青年团员读本》中深刻指出，党的基层支部应规范会议过程，要求支部大会每月开一次，小组会按期七天开一次会，支部干事会议至少十天开一次，支分部干事会五天或七天开一次，如有临时事件可临时召集。这些会议要求“讨论问题主要的是政治方面的，比如解释一切政治决议，团代表大会的决议，开展反倾向的斗争，或者是区委对支部的指示，支部对那项工作的检查，以及要进行一个大的动员运动，或改造支部干事会等问题”。其中“支部小组会是一种最要紧的会议，一切的问题必须经过小组会具体的讨论，才容易实现到群众中去，过去许多地方忽视小组会是非常错误的”。这要求支部以其工作的实际情形为根据

进行党的主张和政策的落实情况的讨论与反思，从而开展实质的思想政治教育工作。

第二，以特殊节假日为契机的宣传纪念活动。

中国共产党非常重视特殊纪念日的宣传教育功能，积极组织各种纪念节的政治宣传教育工作。《党的建设讲授大提纲》中提出，党要积极组织和领导各种纪念大会，通过组织群众示威游行等方式，让群众主动参与，进行政治信念和思想观念的教育和自我教育。文件认为，充分发挥纪念节的教育功能要做到：（1）在一切纪念节或遇着临时的事变要进行广大的宣传鼓动，举行群众大会和示威游行。（2）每一纪念节的宣传鼓动，应该联系当时党的中心任务，如庆祝红军的胜利与扩大红军。（3）每一纪念节应特别推动与这一纪念节的意义联系密切的宣传鼓动，如在三八纪念节进行关于劳动妇女解放问题的宣传鼓动，又如五一劳动节则应特别注意工人问题，执行和检查劳动法的宣传鼓动。

在推进党的各项工作时可以充分利用宣传纪念活动激发人们的积极性和革命热情。《扩大两个工人师及少共国际师的宣传鼓动工作》中指出："在每个纪念节及群众各种集会，党团工会必须有代表专门出席报告成两个工人师及少共国际师的意义，来广泛鼓动群众踊跃的加入工人师或少共国际师。"

宣传纪念活动能够更充分地调动群众参与度和积极性，从而进行全面的政治教育活动。《地方武装政治工作问题草案》中指出党团员应在如"五一""五三""五四""五七""五卅"等节日的大会，"有计划的派人去讲演"，这样可以充分利用各种群众会议训练群众，提高群众的思想理论水平，坚定群众的政治信念。

第三，以慰问、互助活动为契机的宣传教育。

中国共产党积极组织各种慰问活动和互帮互助的友爱活动，并在此过程中进行共产主义友爱、团结、互助等新价值观念的教育。

"青年团礼拜六"是共青团互助活动的最直观体现，也是对青年群众进行思想政治教育的有效方法之一。《怎样做"青年团礼拜六"？》中指出，应经过释解和鼓动，让每一个青年团员自愿、热心地参加礼拜六工作，团员要对青年群众进行组织和领导，使他们也自愿参加；反对命令主义和一切强迫办法，经常做些实际的事情帮助红军和苏维埃。文件指出这一工作有着重要意义，“做‘青年团礼拜六’，是我们执行巩固红军和苏维埃这个任务的一种方法。这个方法很实际，又容易收效。在现在敌人进攻红军和苏维埃的时候，要更广泛的去运用这个方法，积极奋斗”。文件还指出礼拜六工作能做的事情有很多：替红军家属耕田、做家事；帮助红军运输、提供担架、修桥补路；做草鞋、套鞋慰劳红军；垦荒地种粮食供给红军和苏维埃；卫生清洁运动；等等。

事实上，在党领导和组织的一切革命战争活动和苏维埃政权建设活动中，都贯彻了党的思想政治教育内容，表现出一切革命活动和建设活动都是思想政治教育的载体，也因此这些实际工作事例又都被要求作为思想政治教育的支撑材料，并在不同的教育场合中被当作思想政治教育的有效内容。

（4）以政治委员和政治机关、支部建设为主要形式的管理载体

中央苏区时期，在长期战争的环境中，中国共产党领导和组织了广泛、全面、深刻的思想政治教育，把学校和课外的思想政治教育紧密相连，形成了一种全过程的思想政治教育局面。这得益于不断完善的党的组织体系以及红军中的政治机关对思想政治教育活动的领导和有效管理，以此也形成了针对各种教育对象都能充分达成教育目的的管理载体。

《扩大两个工人师及少共国际师的宣传鼓动工作》中指出，党团员应加强其在各种组织中的领导作用，充分发挥其模范和榜样的教育作用，“党要动员党员，并经过团的动员，使党团成为扩大两个工人师及少共国际师的坚决领导者。党要加强在赤少队的领导，同样要经过赤少队中党的代表——政治委员来加强赤少队中政治工作，区委应单独召集模范师、赤少队党团员会议，来进行动员赤少模〈范〉队整团整营整连加入工人师少共国际师”，“党要领导俱乐部、工农剧社、夜校、识字班等文化教育娱乐等组织深入这一动员，在六、七两月必须单独举行扩大农业工人师、店员手艺工人师及少共国际师的晚会、墙报、专讯等，在这些晚会上应有党团工会代表出席报告，并要有适合这一动员的新戏活报等，党团必须加紧少队政治讨论会，讨论这一动员”，“党应以大力的领导政府群众团体组织各种

宣传队，并加紧宣传队的训练，经常有计划的按期督促分配到各乡村深入群众中的宣传，并利用优待红军家属耕田队去做宣传工作或召集红军家属联欢会，发动他们去扩大宣传”。

《青年团员读本》中指出，共青团员应积极通过组织活动提高自身政治教育，“我们每个团员他一加入团就一定要编入到支部里面去，经常的过着团内的政治教育生活和参加团的一切会议与工作缴纳团费，这是支部里面每个同志都要做到的”，而团支部也应加强对群众及其相关组织的领导和管理，做“群众的核心”，发挥“领导作用”。文件指出，团支部首先要积极领导群团组织，“对于工会青工部，以及反帝拥苏青干部，工农剧社、互济会、消灭文盲协会、赤色体育会、马克思主义学习等文化团体中，组织团组去执行团的政策，扩大团在青年群众中的影响，在少先队中团派自己代表去任队长，儿童团中，指定团员负领导责任，他们在那里执行团的政策”。其次共青团支部工作应是与群众生活密切联系在一起的活动，以此教育和引导人民群众的阶级觉悟，“团员同志天天都要和许多青年群众会面，在工厂里，在农村的田野间，做工、耕田、牧牛、弄柴，时常是碰到一块的，经过支部去接近这些青年群众，去了解青年群众的日常生活和他们的特殊要求，把青年团的主张、决议向他们宣传解释，领导他们参加斗争，来团结他们到青年团的旗帜下来和围绕着党的火线周围，坚决的拥护党的路线去执行党的与团的一切决定”。

（5）以面对面沟通、说服教育为形式的谈话载体

中国共产党领导红军的革命活动是要建立民主、平等的新社会，特别反对旧社会官僚主义、形式主义的作风，而要求在尊重人、理解人的基础上去发展人。中央苏区时期人们深受旧社会思想认识和价值观念的影响，开展了人与人直接交谈的形式，以更具针对性和良好互动性的说服教育实现人的思想认识转变。

申请加入中国共产党的人员，在入党的过程中会被要求与介绍人、支书等进行经常性的谈话，这是党在革命年代就形成的光荣传统。《支部工作摘要》中非常细致地对谈话工作进行规范，指出要通过谈话“考察新入党同志的一切情形”，并明确支部书记的工作内容之一就是要做到“经常和同

志个别谈话，了解同志的一切情形”。

个别谈话工作能及时解决人们的思想问题和认识问题，推动其思想政治认知、行为转变。《建立红军政治教育的经常工作，坚决执行“五一二”政治工作会议决议》中提到：要“注意个别教育，对于意识不正及有特殊个性的人，应多与作个别谈话，以针对其心理倾向实行对症下药的施以最适当的个别教育，特别是连政委应时常以这种方式接近群众教育群众”。《行军时的党的工作》中也指出，在战争环境下要及时对个别问题进行教育，“需要教育同志以身作则的去实现其在群众中的领导作用时，都应当随时随地的依照行动时期的环境与可能的时间采用各种方式，如个别谈话，个别通知以及个别讨论征求意见或者极短时间的会议等来进行党的工作，以实现我们的目的”。

对于白军官兵的工作也应重视个人谈话的教育意义。《兵运材料》中指出：“每个红色战士应注意随时的模范的生活纪律工作等，对白军士兵进行亲密的个别讲话及宣传上述工作，使每个红军战士进行。”

因为在谈话中能非常有效地把思想政治教育因素传达到受教育者的思想和行为中，有利于促进党的思想政治教育的实施效果，因此党积极规范谈话工作，把谈话当作思想政治教育的有效载体。《支部工作摘要》要求入党介绍人和支书要经常和申请入党的人进行谈话。“支书谈话：支部有同志介绍某人入党，支书应提出会议，在会议上大家讨论，并且要介绍人当场向大家报告对某人考查的经过和所介绍他入党的理由，再分配同志负责去找被介绍人谈话，观察他的表现，或者支部书记亲自去找他谈话和考察，是要将他家庭经济状况成份和出身、年龄、籍贯、社会关系、工作能力、工作态度、工作成绩考察的结果，须切实负责的一一详细向支部会当场报告。”

第二部分

《石叟文库》关于中国共产党思想政治教育史料汇编

一、学校思想政治教育工作

关于文化运动工作给各级政委的一封信

（一九三二年三月三日）

中国工农红军总政治部

各级政委政治部主任转各政委：

红军中文化运动工作是建筑在各个列宁室和俱乐部上面，红军中自有列宁室和俱乐部以来，已经有几个月了，在这几个月当中，有些部队是把内部的工作建立了一部分，有些部队的列宁室和俱乐部，还只是个空。固然在作战的部队里面文化运动的建立是比较困难些，但我们不能因为困难，就不去建立，要尽量的利用空闲的时间去一部份一部份的把工作建立起来，这样整个的红军文化水平才能有个普遍的平衡的发展，不至于有少数部队文化落后的毛病，尤其是在一些文化程度一向就低落的几个部队里更要特别注意。

列宁室和俱乐部的工作，是要先有严密的计划，然后才能进行得顺利，要按照各单位的特点渐渐的一部份一部份去建立工作，不是要成立起许多空闲的名目，而不去建立实际工作。加紧文化运动工作，不能仅仅在口头上提倡，一定要实际去建立。无计划的进行、口头上的提倡，这是在很多的部队里都犯着的毛病，所以使我们由列宁室和俱乐部变成空壳的，也就是这两个毛病。

总政治部文化运动科为要特别加紧文化运动起见，最近发起各单位间各种文化工作的比赛，现在中央革命军事委员会直属部队以〈及〉其他附属机关十六个单位和十六个列宁室，都已经加入了各种竞赛。竞赛条例按照总政治部过去发下的条例进行，竞赛的项目及给奖的办法，以及竞赛期间，各部队可以组织竞赛委员会去自行决定。

在上面所说的各种竞赛终了时，要接着开一个运动会。要组织一个评判委员会来主持这个运动会，确定竞赛的项目，决定各伙食单位参加各项竞赛的选手人数，争先通知各单位准备起来。总而言之，在任何竞赛当中，不要养成个人的英雄主义，优劣的标准要以百分数作比，竞赛的结果要在公开的定期刊物上发表，并寄给总政治部一份。

按现在的一般现象，红军中是列宁室的工作比较有起色些，俱乐部的工作都还没有进展，这是因为过去俱乐部组织系统是与列宁室重复了的□□□□□。与列宁室的关系，愿按照下列的解释与规定去进行。

各连列宁室的群众就是团俱乐部的群众，师直属部队各列宁室的群众，就是师俱乐部的群众，军与军团，同师一样。各俱乐部组织表与委员会的委员，就以他所属各列宁室组织上的负责人组织之（如列宁室的体育组长即为俱乐部体育委员〈会〉的委员）。艺委及革命竞赛组等列宁室表上所没有的各种组织，则由各俱乐部自行组织之。列宁室工作的推动，由各俱乐部经常召集的各委员会及列宁室主任联谊会议决定之，各俱乐部应如何实施文化工作则由各级政治部文化运动科经常召集各俱乐部主任联席会决定。

上面的规定对于红军中文化工作的系统划分得很清楚，连列宁室的工作除由连政委指导外，又得了文化运动科的□个帮助，各俱乐部经常工作的建立也减少了许多困难，整个红军中文化工作必有一个新的发展。

再，总政治部文化运动科有上十个剧本即将完成，不久即可分发各俱乐部，各俱乐部过去演的剧本要赶快交总政治部审查即发。

中国工农红军总政治部

主任 王稼蔷[①]

一九三二年三月三日

① 即王稼祥。

文化教育工作决议[①]

（一九三二年五月）

甲、过去文化教育工作检阅

江西苏区经过五六年的艰苦斗争，对于文化教育工作，则完全忽视而未建立起来。连年激烈的革命战争，固然足为阻碍文化教育工作建立的原因，然而各级苏维埃政府未了解工农劳苦群众应有革命的阶级的教育的重大意义，而忽视或放弃了文化教育工作，甚至将文化教育工作与革命战争环境分割起来，以为这种工作一定要太平时候才能建立，因此即是政府有文化教育机关也视为和平建设事业，并且只着眼在学校教育方面及儿童教育方面，绝不注意以阶级教育的方针，来注意社会教育和广大工农群众的教育。因为文化宣传不深入，所以还不将苏区的封建思想肃清迷信打破，且将地主富农和反革命活动，赤色腹地群众的太平保守和边区群众的悲观失望情绪，亦不能加强文化教育工作中来克复［服］，使工农群众的斗争情绪不能积极发展，政治水平不能提高。这是何等的严重哟！

属于文化方面的：

一、各级文化部组织不健全，工作不好，这是文化人材缺乏的关系。因为过去封建社会的知识分子，不是逃跑或加入AB团社会民主党，就是畏怯不敢出来，这些分子也少有革命性，形成一个旧的不能适用，新的没有培养的现象。

二、俱乐部的工作没有建立。俱乐部工作是易于团结群众鼓动群众，是容易收广大效力的一个文化教育的组织，在苏联各学校、各工厂、各红军机关已大规模的发展起来。我们苏区因为人材和经济缺乏，没有组织起来，即间有组织的也只做晚会一部份的工作，只是沿旧社会的习俗，唱唱花鼓，要要龙灯，没有大的革命意义。至于文化（内包有识字、读报、研究工作）墙报体育、艺术各部，绝少建立好的。

三、因为以上的原因，文化政治宣传极形［端］缺乏，在苏维埃政权

① 这是一九三二年五月江西省工农兵第一次代表大会的文化教育工作决议。

斗争当中，不能积极发展工农群众的革命毅力和自动性、创造性。因此更不能革除旧习防止迷信，还不能提高群众的卫生体育，促进健康，还不能改正群众轻视知识烧书废学的观念，还不能提醒群众对信封建式（读老书）宗教式的教育认识和反对，这是极大的缺点。

属于教育方面的：

一、学校教育：

1. 各县缺乏合格的列宁小学教员和教育巡视员，即有也不过是认识几个字的同志。成［纯］是私塾教师，没有政治和科学常识，不懂教育的，又因教员生活太苦，多不愿意干这种清苦生活，所以教员越见缺乏。省苏开始养成小学人材举办列宁师范，而各县对选送学生这［还］是忽视。

2. 教材异常缺乏，过去仍多用旧书，即各级政府编的教科书，亦未加审订，常多错误。兴国、公略、宁都、万泰各县，虽各设列宁小学校百校，如乐安、寻乌、会昌各县还有许多小学未开办，这是很大的缺点。至理科仪器标本更荡然无存，教授俱多困难。

3. 教育经济［费］缺乏。现因苏维埃政府没有确定收入，财政还没有统一，加之浪费浮支很多，在忽视文化教育工作之下，使各县教育经费更无着落，以至［致］教育每人每月三元火［伙］食，也不能按月领到。另一方面因为经常经费缺乏，而常向学生家庭写捐，违反免费教育精神，影响学校教育不小。

二、群众教育：因俱乐部工作没有建立，缺乏夜学和识字运动的组织，缺少阅报的地方，使工农群众不能得到识字读书的机会。

乙、今后的文化教育

今后的文化教育工作，各级政府应协同群众团体，以十二万分的努力，发展群众的和儿童的文化教育，扫除文育［盲］，使文化教育与目前革命斗争联系起来，使文化教育与工农群众实际生活联系起来，使劳动与知识联系起来。简单说来，就是要使文化教育社会化政治化实际化劳动化。

文化工作：

一、注重工农群众的文化工作。各级政府的文化部、文化科，以及教育委员会要与群众团体取〈得〉密切联系，普遍的在各区乡建立俱乐部。

二、注重青年和儿童的文化工作。各级政府的文化机关应与共产青年团部取〈得〉密切联系帮助他们扩大少队部、儿童团的文化工作。

三、各地方遇有新旧书籍、标本仪器、古物及革命的遗迹应由当地政府投送省文化部处理与保管。

教育工作：

一、学校教育。学校教育以养成教员，编印课本，规定经费，整理和改造学校为当前任务：①

1. 各县文化部，应选用列宁师范毕业生二人或四人，担任文化教育巡视工作，如各级文化部应经常指导工作，考察现立学校的教员，考查课本，指示教法，办理调查登记，划分学区及筹设小学夜学等。

2. 省政府继续开办列宁师范，以期养成苏区能担任文化教育工作的人材。本年度省政府至少还要办两期列宁师范班，各县政府文化部也应有计划来训练列小教员，尽可能派员帮助，或采取男女巡视教授。

3. 各级政府努力恢复列宁小学和创办列宁小学。凡满六岁的男女〈儿童〉至十六岁儿童实行强迫教育。

4. 列小教科书，省文化部已编第一册，应继续报告应在最短期内编好以及教授法也应计划编发。

5. 已制定列宁小学、俱乐部、识字运动等组织条例报告中央政府教育部批准发布。

6. 各县整理财政统一财政，节省浪费浮支，筹定各县教育经费。应根据现在的学校数、教员数，及规划办列宁师范训练班，规定文化教育经费，按月先造预算，报告省政府批准支领。对于封建式的宗教式的教学与教员，应严加禁止。群众教育不独与儿童教育并重，以目前革命需要发展斗争的形势而论，应视为首务，除每个列宁小学附设夜学识字班读报班外，应厉行识字运动组织，使每个工农群众及士兵都要有得到能经常识字运动的机会，要有计划的经常的做扫除文盲的工作。

7. 各县如有读过三年四年书的学生较多，要由县文化部计划办第二级

① 该文献编码只有“一”。

学校（高等小学），由省文化部预备编第一学年用的教科书。总括起来，除各机关的工作人员应按照中央政府施行强迫教育外，对于儿童厉行免费的强迫教育，对于不识字的成人和青年工农，不独以俱乐部识字班、夜学校及普遍的识字运动组织施其教育，更要注重文化工作，厉行革命的政治教育。对于青年女工农妇，应使与男子受同等的文化教育，对于成年妇女也要设法劝其入俱乐部夜学及识字运动。

以上文化教育工作，各县区乡文化部文化科以及教育委员会，应采用革命竞赛方法以促进行，如列小和列小，甲俱乐部和乙俱乐部，乡与乡，区与区，县与县，可相互订竞赛条约，按月评判，由上级派员参加。

——完——

闽浙赣省苏大会文化工作决议案①

（一九三三年三月二十三日）

在目前日益开展的国内阶级战争中，加紧工农群众的革命的阶级的政治教育，提高工农群众的文化水平，激励工农群众的斗争情绪，坚定工农群众对革命斗争的胜利信心与决心，粉碎反动统治阶级麻醉工农群众的精神工具——封建迷信和国民党教育，团结工农群众在革命的阶级战线上，争取革命战争的完全胜利，这是文化教育工作的中心任务。

省苏第一次代表大会后，县区苏维埃政府仍没有了解文化教育工作在革命过程中的重要意义。对文化教育工作是忽视的态度，甚至认为在斗争环境中，只要斗争，不要文化，把文化与政治分离开来，或者认为文化工作的建立，要在革命成功以后，视文化工作为和平建设事业。在这一忽视与不了解文化工作重要的条件下，使苏区的封建思想、迷信观念，中心苏区群众的太平保守，边境苏区群众的悲观失望情绪，都没有从文化工作去克服与肃清，以致工农群众的斗争情绪、文化政治水平，不能适应斗争环

① 根据《闽浙赣革命根据地史料选编》下册，江西人民出版社1987年版，第389页，该决议案应为1933年3月23日的《闽浙赣省第二次工农兵代表大会关于文化工作的决议案》，两个决议案仅有少量文字内容的差别。

境的需要而充分的提高。

大会号召全省工农群众，并责成各级政府，反对过去忽视文化教育工作的严重错误，开展苏维埃文化教育运动，从文化教育工作中来提高工农群众的文化政治水平与斗争情绪，以加强苏维埃政权的战斗力量，实现文化教育在革命斗争过程中的战斗任务。

一、过去文化教育工作的检阅

1. 各级文化部组织不健全，工作没有建立好，尤其是各级文化部没有健全的政治生活，工作人员的文化的政治的水平，是异常低落。这是由于不了解文化工作的重要与没有加紧对文化工作的领导。

2. 在很早以前，有些文化教育机关，被少数阶级异己分子、改组派、AB团分子混进，因为这些反革命分子破坏文化工作的结果，没有获得大的成绩，这证明过去对选用文化工作人员，缺乏无产阶级的警觉性。

3. 俱乐部工作，没有在各地建立起来，就是建立了俱乐部，没有实际工作，没有给工农群众的文化政治教育，所谓俱乐部也不过打打串堂，开开晚会，开会演演新戏。俱乐部的读书、识字、读报、研究等工作，没有切实建立起来，最大的缺点就是没有吸收群众参加俱乐部工作。俱乐部工作，也不是建立在群众基础上，最近省俱乐部比较建立了一些实际工作，但仍然没有尽量发挥俱乐部的作用。

4. 识字运动，比较有成绩，参加工农补习夜校约八千余人，参加识字班的亦有六七千人，但是很少有日常的实际工作，也没有充分从政治上动员工农群众参加识字运动。中央政府强迫学习命令传到以后，各机关工作人员，才开始了对读书识字的注意。

5. 读报工作，在各县大部分乡村中是建立了，但因村读报员文化程度的低落，不能将各种报的内容传达到工农群众，并且有些县份忽视了读报工作。在一二个月内，没有召集过区读报指导员联席会议（万年、乐平、余江），区读报指导员很少巡视各村读报工作。

6. 壁报在各县是建立了些，但已建立的壁报，也很少按期出版，同时，缺乏工农群众投稿，很少社会化、斗争化、实际化的内容。各机关的壁报很多是技术人员包办，绝少成为群众言论机关。

7. 新戏运动，没有深入到群众中去，工农剧社（过去的红色新剧团）在各地公演，虽然在群众中获得相当的宣传教育作用，但省文化部没有抓紧政治上工作上的中心问题编成新戏，用艺术手段传达到群众〈中去〉。这是戏剧运动中极大的缺点。

8.列宁小学，在各县部分地获得好的成绩，提高了儿童的文化程度，但有一部分因为教员的文化的政治的水平低落，没有做教员的能力，不知教授方法，除了不读封建书籍外，与旧的私塾，没有多大的差别的。并且有少数学校，因为教员加入了改组派、AB团受了革命的法律的裁判后，没有很快的补充新的教员，以致停办了（闽北）。这是一个极大的缺点。

9. 列宁小学教科书，没有编印出来，一般是读工农读本。理科、仪器、标本，更是一无所有，教授上增加很多困难。

10. 教员缺乏，致使小学不能在各地开办起来，就是已建立的百六三所列宁小学（闽北在外），其中仍有少数教员是老迈腐朽在充数。在教员这样缺乏，省开办的列宁师范而各县选送学生还是忽视。

11. 列宁师范，过去（在红校时代）被反动分子混进去做校长教员，被这些反动派破坏的结果，没有得到成绩，现在又缺乏教员，不能按计划去一批一批培养出小学人学［才］。同时，教科书极其缺乏，标本仪器又不完备，所以一些学生毕业后，仍然不能成为健全的小学教员。

12. 省文化部组织不健全，部长及委员都是兼任其他工作，没有建立对下级的巡视制度，没有健全的编纂工作，只是写指示信、开联席会训练班，缺乏对下级工作的实际检查与活泼的领导，各种书籍和歌曲剧本不能充分的编印，这都是工作中的极大缺点。

二、今后的文化教育工作

今后文化教育总的方针，应该是加紧群众阶级的政治教育，提高群众对革命战争的热情及战争胜利的信心和决心。发展识字运动，扫除文盲，着重青年儿童的文化教育，发展新的社会力量，反对把文化与斗争割离，与工农群众实际生活割离，以及把劳动与知识割离开来；实行政治化的、社会化的、劳动化的文化教育。依据这个总的方针，执行下列的文化教育工作：

1. 俱乐部工作，是文化工作最主要的部门，是最易于团结群众、鼓动群众、教育群众的文化机关。各级政府与各级群众团体密切联系起来，协同努力，建立普遍各乡的俱乐部。在俱乐部里面应包括识字、读报、壁报、工农补习夜校、新戏运动、晚会、研究工作的各部。在这些工作中，都要以给群众阶级的政治的教育，鼓动群众对革命战争的热情，传达解释苏维埃一切重要决议与中心工作为主要内容。同时省文化部应计划与实行训练大批俱乐部工作干部。各级政府应发动甲俱乐部与乙俱乐部互订比赛条约，进行各种工作的比赛，更有力的促进俱乐部的各种工作的进步。

2. 为提高群众的政治水平和阶级的政治教育，扫除文盲，是目前极重要工作。除本年上季三百一十所工农补习夜校完全建立与健全其工作以外（闽北苏区要尽可能的开办工农补习夜校），下季全闽浙赣省应开办四百所。在今年一年中，参加工农补习夜校要达到两万人以上。识字班是识字运动的补助方法，应在各村普遍建立起来。大的村需组织三十人至四十人的识字班，小的村要组织二十人至三十人的识字班，在本年参加识字班，要达八万人，合〈计〉参加工农补习夜校要完成十万人识字的计划。为完成这一识字运动计划，要经常举行识字的政治运动。各级群众团体应协同各级文化部以极大的努力求得识字运动的开展。在各村俱乐部建立了以后，识字班与工农补习夜校工作，可归并到俱乐部里面去。区文化部应发动各村夜校识字班于每月终举行成绩竞赛，以促进识字运动的进行。同时，还应激励识字人教会不识字的人识字，实行识字教学互助。

3. 壁报应在各农村、各工厂、各学校、各机关都建立起来。工农群众的言论，当地实际生活情形，红军的地方的斗争消息，以及工农群众青年儿童文艺绘画等工作，都应经常搜集在壁报上披露。这与教育群众，推动工作，紧张斗争有极大作用。但壁报工作，反对一人或几人包办，必须尽量吸收工农群众投稿，充实壁报内容。建立了俱乐部的地方，可将壁报工作合并到俱乐部去。小学与工农补习夜校的教员以及村读报员，应帮助当地建立壁报工作。区文化部应举行全区壁报展览会，好的壁报，应用各种方式奖励之。

4. 读报工作，应普遍各村的建立起来。已经建立了俱乐部的地方，利用俱乐部的晚会进行读报工作。区读报员于每一期报来，应召集村读报员开联席会议，解释报的内容，讨论读报的技术，并有计划的轮流检查各村读报工作。征求工农报固定读者，虽然获得较好的成绩，还须继续征求，增加工农读报者的数量，推广工农报的宣传教育作用。同时县区村读报员应经常搜访各当地群众斗争生活，及各种工作进行的情形，经常通讯到工农报社，反映群众实际情形到上级苏维埃政府来，尤其要帮助工农通讯，实行建立工农通讯网。通讯网的具体办法，省文化部应单独具体规定之。工农报社应设法建立与白区群众通讯，宣传苏维埃区域各种革命事业的成功。

5. 鼓动群众对革命战争的热情，加强群众的阶级教育，揭发反动派反动宣传，肃清封建迷信。戏剧歌曲，最容易取得宣传教育作用。省县文化部、省县俱乐部以及工农剧社，应不失时机的为宣传战争的胜利，启发群众的阶级斗争，揭破反动派的欺骗，以及反封建迷信思想，编印最容易为工农群众所了解的新戏歌曲，散发各俱乐部，各红军部队，各学校、儿童团、少先队以及工农剧社去排演歌唱，开展戏剧运动。在戏剧运动当中，特别要注意开展群众的演戏运动，广泛的建立工厂的农村的学校的戏团的组织，注意培养工农群众演戏的人才。同时，在演剧和编剧方面，应尽量采取群众化的形式，扫除不为群众所理解的对话和场面，利用为群众所熟悉的和最简便的演剧形式——如街头剧、儿童剧、活报等。

6. 社会科学是工农革命重要的武器，在目前为了使广大工农群众逐渐的获得社会科学的高深知识为目的，要尽量开展马克思列宁主义的初步知识传播运动。在这一运动当中，要发展与一切反动的不正确的思想斗争，以求得理论与实际的统一。

7. 反封建迷信还是要继续不断的进行，彻底肃清反动统治阶级利用麻醉工农群众的封建思想迷信观念。□□运动，亦须在群众中进行。

8. 举行各种展览会，如反帝展览会、画报、壁报以及关于战争胜利品、农业生产品的各种展览会，省文化部应负责计划与进行这一工作。

9. 体育运动，应在工农群众中去开展，发动群众经常做各种运动，特别要做关于战争需要的运动，如跳高、跳远、赛跑、游泳等运动，强健身体，锻炼在革命战争中所须［需］要的技能，更有力的粉碎敌人的大举进攻与四次“围剿”，争取革命在中国的完全胜利。

10. 搜集斗争中的纪念品，及为革命牺牲的红色战士的可留为纪念的物品，一切革命烈士的纪念品，以及革命战役的照片等等，建立革命纪念馆，使群众观览，兴奋群众革命的斗争情绪。

11. 学校教育方面：

（1）列宁小学，在今年于全省范围内要增加到四百所，每所学生要达四十人以上。在建立了列宁小学的地方，凡七岁至十六岁的儿童，应实行免费的强迫教育。在各县如有读过三四年书的学生多，应由县文化部计划办第二期小学（高等小学）。

（2）为培养小学教员人材起见，列宁师范在除原有学生毕业后，应继续开办师范班四班，每班至少六十人。各县文化部也应有计划的训练列小教员，尽可能的开办训练班，省文化部尽可能的派员帮助。在本年暑期中，各县应开办工农补习夜校教员训练班，以便在本年下季增设夜校。

（3）各学校内，应设夜校，吸收当地工农群众到夜校里读书。

（4）现有的学校，要进行改造，教法的改善，教员中的老迈腐朽，应实行淘汰，实行教员资格的检定。严厉取缔封建式、宗教式的学校与教员。

（5）列宁小学，应以区为单位实行每月工作考查，并举行学校成绩的比赛，特别好的报告县文化部给奖。

（6）为表扬红色战士为革命牺牲的伟大精神，与特别优待革命烈士子弟，省苏政府无论如何在本年下季，成立革命烈士子弟学校，实行完全免费的教育，培养革命烈士的子弟。

12. 列宁师范与列宁小学的教科书，省文化部应继续编印，求得完善，教授法也应计划编发。

13. 各种文化教育工作，应多多吸收青年工农群众参加。加强目前斗争的和将来新社会的力量，青年女工、农妇应使其受男子同等教育，对成年妇女，也应劝其加入俱乐部、识字班、工农补习夜校。

14. 各级文化部必须有专人负责日常工作，并应吸收同级各群众团体派人参加文化部工作，取得工作上的帮助与更有力的推动。县文化部应任用两个比较有文化工作经验的做巡视员。省文化部除副部长外，应增加经常工作人员和文化的技术人员，以充实与健全省文化部组织，加强文化工作的领导。

省县区市教育部及各级教育委员会的暂行组织纲要

（一九三三年四月十五日）

人民委员会批准

（一）省县区市教育部及乡教育委员会的任务是在正确执行中央政府及教育人民委员部关于文化教育的政策计划命令训令，领导广大的工农群众，用教育与学习的方法，提高群众的阶级觉悟、文化水平与政治水平，打破旧社会的思想习惯的传统，使能有力的动员起来加入战争，深入阶级斗争，参加苏维埃各方面的建设，以争取苏维埃运动在全中国的胜利。

（二）省县区教育部，在行政系统上，直接隶属于上级教育部及中央教育人民委员部，绝对执行上级的命令。同时受同级执行委员会及主席团的指导与监督。城市则受市苏维埃的指导，称教育科。乡在乡苏维埃指挥之下设教育委员会。

（三）各级教育部长、市教育科长，经各级执行委员会或主席团选任之后，必须开具履历，送上级教育部批准，非经上级许可，不能撤换调动或兼任其他职务。

（四）省县区教育部长、市教育科长，及乡苏维埃之下，均须设立教育委员会。其职务为讨论计划，建议并检查关于发展该管范围内文化教育运动的一切问题。但市乡教育委员会，兼有帮助市教育科、乡苏维埃直接动员群众进行教育工作的职务。部长或科长为委员会的当然主席，其组织内容规定如下：

（1）各级委员会的人数，省九人至十五人，县七人至十三人，区或市七人至十三人，乡九人至十五人。

（2）各级教育委员会委员的产生，是从群众团体（青年团、少队部、儿童团等）、政府机关报主笔、政府所在地及其附近的下级的教育部长、各种文化团体，及各该级教育部内职员中之有经验者，由各该级教育部长提出名单，经各该级主席团委任之。

（3）省县区市教育委员会每月最少开会两次，有特别事件由教育部长或教育科长召集临时会议，乡教育委员会每月至少开会三次。

（五）省县区市教育部之职员及分工：

（1）省教育部，设部长1人、副部长1人。其下分为普通教育科，科长1人、科员2人至6人。社会教育科，科长1人、科员2人至6人。编审出版委员会，主任1人、委员3人至7人。总务科，秘书、文书、会计、统计等4人至8人。另设指导员5人至10人。

（2）县教育部，设部长1人、副部长1人。其下分为普通教育科，科长1人、科员1人至2人。社会教育科，科长1人、科员1人至2人。指导员1人至3人。文书1人，统计由两科兼。

（3）区教育部、市教育科，设部长或科长1人、普通教育兼文书1人、社会教育兼统计1人。

（4）上列各级教育部职员，除部长、副部长及市教育科长之外，均由各该级教育部长（市教育科长）委任或罢免之，但须报告上级教育部备案。

（5）各级教育部长及市教育科长的职务，是按照上级教育部的命令和指导，经常的计划并检查所属地区的一切文化教育的进行，指示并督促本部的及下级的工作人员执行这些计划，及对于这些计划的实施状况加以检查。副部长帮助部长进行工作，部长出外及有病时，代理部长的职务。

（6）普通教育科的职务，是管理成年补习教育、青年教育（如夜学、识字运动等）及儿童教育（如列宁学校）等。

（7）社会教育科的职务，是管理俱乐部工作、地方报纸、书报阅览所、革命博物馆及巡回演讲等。

（8）编审委员会的职务，是编辑普通教育、社会教育的各种材料，审查下级编辑的材料并以之出版。但中央苏区及与中央苏区发生了直接联系的苏区，重要材料的审查权在中央教育部。

（9）指导员的职务，是往所属各地巡检，直接指导下级的工作。

（六）由乡苏维埃指定一部分的代表，协同群众团体，组织乡教育委员会，在乡苏领导之下，发展该乡文化教育运动。其具体工作如下：

（1）制定每月全乡的教育实施计划。

（2）以扫除全乡文盲为目的，进行广泛的识字运动，领导识字运动委员会开办各村的识字班或识字组。

（3）领导俱乐部委员会在各个圩场上及村庄上建立俱乐部，发展俱乐部内的各项工作。

（4）建立夜学，使之普及于全乡的大小村庄上。

（5）建立列宁小学，并使他发展起来。

（6）建立巡回读报会及巡回讲演会。

（7）动员群众解决教育上的一切物质问题（教育伙食、学校设备费、灯油费问题）等。

（8）分别年龄、性别，登记在学（识字班、夜学、小学等）与失学的人数。

（9）经过乡苏召集全乡文化教育的活动分子会议。

（10）领导全乡的教育竞赛，并与邻乡订立文化竞赛条约。

（11）月终向该乡苏作本乡文化教育状况的报告。

（七）本暂行组织纲要人民委员会得随时修改或废止之。

代教育人民委员　徐特立

识字班工作

（一九三三年六月十七日）

一、识字运动在目前的重要

（一）在目前闽浙赣省文盲的数字，还占着全省人数百分之九十九以上。在这样情形之下，因为不识字的结果，往往不能很理解的看各种文件和革命的书籍，使群众的政治水平不能充分和很快的提高起来。在工作上有时因为不了解苏维埃的法令，使工作成绩不能圆满，或者竟至［致］弄错了。在日常生活中，如记账、写信、看路票、写报告也容易弄错。许许多多求知识的机会，都因为没有识字的眼睛，都轻易放过了。在大多数的群众，还没有识字的能力的现在，对于革命斗争工作，是有损失的。

（二）目前是革命与反革命决战的时期，为达到革命战争的胜利，必须充分的和很快的加强群众政治的认识，并提高群众文化水平。群众政治文化水平的加强，即是阶级决战力量的加强。因此，使广大群众能够看书识字，有看苏维埃法令的能力，研究政治问题的能力，不放过每个求知、识字、学习政治的机会，这是目前最重要的工作。

（三）识字运动是文化工作的基础，在大多数群众还没有识字的能力的时候，文化工作只能在初步的最狭窄的几个部门内开始着。但是斗争的环境对我们的要求是更多的知识，更高学理的获得和更多数的文化水平比较高的干部。另方面因为群众识字数量的绝对少数和文化水平的低落，有许多作为战斗武器的文化部门，如社会科学、文学艺术，在目前还没有充分的能力，获得这些武器。有时不［哪］怕是最通俗的作品还没有鉴赏的能力。在这样的状况之下开展文化斗争，适应环境的要求，必须使群众获得文化斗争的基本条件——识字。因此在目前扫除文盲，在文化工作中是最重要的。

（四）列宁同志说："在文盲的国家里，是不能够建设社会主义的!"摆在我们革命胜利的前面，正需要更高的文化水准，特别是渊博的科学知识。为了准备未来的美丽的社会的建设，在目前要先从识字运动开始。

二、识字班的重要作用

在目前为了很快的消灭苏区内大多数的文盲，识字班的作用比列宁小学、工农补习夜校更为重要，更易于收得大的效果。列宁小学，主要是儿童的教育，工农补习夜校，是青年成年的工农群众在工作余闲的时候练习识字的学校。识字班主要教育的对象与工农补习夜校是相同的。但是它比较工农补习夜校，教学的方式，更为活泼，更容易吸收广大的工农群众来参加，甚至有时并没有学校的形式都可以进行识字工作。

参加识字班的群众应该是：

1. 在没有建立列宁小学、工农补习学校的地方的群众。

2. 工作太忙，没有时间加入工农补习学校的群众。

3. 各机关不识字和识字不多的工作人员。

凡以上的不识字群众，都应该利用识字班教育他们。识字班，是帮助列小、工农补校力量未达到的群众的一种教育方法。就是说，识字班的任务，是凡没有能够参加列小、工农补校的不识字的人们，应该全部吸收在识字班内教育他们。

在目前识字班所担负的任务，要比列小、工农补校，还要重大的多。因为它是用最灵活的方式吸收在各种工作万分忙碌当中的最大多数的革命群众。它在扫除文盲运动当中，应当是最精干、最有效果的一支军队。在完全消灭文盲的过程中，它将是一个最有力量者。

三、识字班主任的任务

（一）每一个识字班，要设一个主任。这一个主任，首先要理解他自己在扫除文盲运动当中，所负的重要使命和政治上的意义。

1. 扫除文盲运动的成功，需要全数识字班主任的积极热烈的动员。

2. 识字班主任是在扫除文盲运动当中站在最前面的一个突击者。

3. 识字班主任应该积极学习各种识字工作的最简便的方法，很灵活的去应用。除了应用有学校形式的识字班教读以外，还要学习更多方法，吸收大多数不能按时上课的群众来参加识字工作。

4. 识字班主任，不仅是一个和平教书者，他应该是扫除文盲运动的宣传者，同时要有计划的动员广大群众加入识字班。

5. 识字运动的积极开展，对于争取革命战争的胜利，是有着很大帮助的。

（二）参加识字班的程度，应分作三个阶段：第一个阶段一千字，第二个阶段两千字，第三个阶段三千字。每个人学满三千字，就可以读书应用，这一文盲，就算是扫除了。但是在目前还是着重在为完成第一阶段而努力。

（三）第一阶段当中，应分作五级，第一级一百字，第二级三百字，第三级五百字，第四级七百字，第五级一千字。

（四）每一个参加识字班开始学习识字的人，在他报名参加识字班的时候，即将他的名字登记在识字班主任工作成绩表上。从主任处购买第一册《工农读本》或一百个方字，并领取第一级识字成绩表，将领取的年月日和自己名字由主任填好。这一表共分五格。每当识字者学满二十字时，就交主任检查。如真能识得出、解得出、写得出，即由主任划一横划在第一格，并注明月日（用1/5的写法）盖章，再交本人收存。学满四十字，经主任检查过，即由主任把横划延长到第二格盖章。每学满二十字，就交识字主任检查填表盖章，到完全把一百字认满时，经过主任检查，认为及格，就由主任在最后签字，注明学完的日期，把第一级识字成绩表交回。识字成绩表如下图：

◎◎◎第一级识字成绩单 全一百字				
二十字	四十字	六十字	八十字	一百字
一九三三　　领 一九三三　　交回				
◎◎◎识字班主任◎◎◎签字				

上面◎◎◎是填写识字人姓名，下面◎◎◎是写识字班名字，后面◎◎◎是识字班主任姓名。

（五）第一级识字成绩表交回后，就再向识字班主任领第二级识字成绩表、方字或课本。第二级识字成绩表，要比第一级识字成绩表多五格，因为第二级要完成二百字。第二级成绩表，经主任检查交回后就领第三级成绩表，一直到第五级。五个表最好用五种颜色，使学习和教学的人都容易分别，如果没有颜色纸，也可以用一色纸。

（六）再进行第二级时，应温习以前的。每一次检查新字的时候，要同时检查第一级学习的。如果第一级学习的又有遗忘了的，第二级的成绩表，不能填起，要等他温习纯熟了再填起来。

（七）这一表格，必须经过识字班主任负责检查过以后方填写起来。识字班主任，一定保证第一级的能识一百个字，识字人全部认得出、讲得出、写得出，这是识字班主任的责任。

（八）这一表格：1.可以提高识字班主任的责任观念。2.可以很清楚的了解学生程度。3.使学习的人，时刻提醒自己对于自己的学业，不至［致］放松。4.积极的可以及早升级，懒惰的不能升级，积极的和懒惰的很清楚可以看出，不使积极的迁就懒惰的。

（九）每一个识字班主任，每月应填制一个识字工作成绩表，图如下：

◎◎◎识字班主任◎◎◎
◎月份识字工作成绩表

班级 人名									
第一级									
第二级									
第三级									
第四级									
第五级									

（上表可以尽可能多划几格）◎月◎◎日主任◎◎◎签字
本表于每月二十八日填写，交区文化部审查，送县文化部保存

（十）这一表格每月只由识字班主任填起。送区文化部，自己另存一份，并将这表在壁报上公布。

（十一）学生学完第一级字时，将第一级成绩表收回，就在这一表格上，于学生姓名之下书，一直书于第一格。学完第二级就延长至第二格，必须收回第一级成绩表时，才可填这一表格。学满二［一］百九十字，仍不能填第二格。

四、竞赛和检查

（一）识字班主任是扫除文盲运动当中的突击者。因此他自己应该深刻地认识他自己的任务。在每月底，每一识字班主任要自动订出个人工作计划。写成竞赛条约：

◎◎◎◎识字班主任◎◎◎同志：

我们为了扩大识字运动，以完全消灭苏区内的文盲为目的，决定以革命竞赛的方式，执行我们的工作，完成我们在扫除文盲运动当中的重要任务，特订出下列的竞赛条约，要求你们加入竞赛。

1.在◎月份内，我处除了原有的学生◎◎人外，重新吸收◎◎人参加。

2.在◎月份内，要教熟各级学生识字数目如下：

第一级◎◎字，第二级◎◎字，第三级◎◎字，第四级◎◎字，第五级◎◎字。

3.凡经识字班主任检查过，认为已经识得的字，经过签字后，不使有一个学过的字读不出，写不出，讲不出。

4.竞赛条约证明者◎◎◎签字。

接受者◎◎◎◎识字班主任◎◎◎签字

提出者◎◎◎◎识字班主任◎◎◎签字　公历一九三三年

自动找一个对象，最好是地方接近的识字班主任，将这竞赛条约向他提出，要求竞赛。将这一条约交给对方一份，自己存一份交区文化部一份。区文化部要抓紧领导这一竞赛工作。区文化部汇集各识字班主任的竞赛条约，订出本区的识字工作计划，写成竞赛条约再向别区提出要求竞赛。

（二）县区文化部必须保证这一竞赛工作不是一纸空文，担保这一条约的百分之百的执行。他应该切实的检查各识字班的工作。

1. 要问识字班主任在这一月条约上应完成的工作是否记得，参加识字班的学生条约上应完成的识字数目是否晓得。

2. 要考查识字班主任用什么方式去完成他条约上的计划，并经常供给他许多有效的方法，替他解决困难问题。

3. 依照学生识字成绩表，检查他学过的字，是不是读得出、写得出、讲得出。把他学过的字，念出来要他写，试验他是否全写得出。再要他自己把他学过的字通通写出来，看是否满足他成绩表上的数目（如果有几个字写不出时，也可以提出来要他写），提出字来要他讲（如果必须连起几个字来才可以成讲的，不要分开来问）。如果学生是用《工农读本》，防备他口读的很熟，移动了地方，就认不得了。可用一张纸，中间撕一洞，把要问的字从洞口露出来，要他识。

4.如果到月尾，竞赛条约光荣的超过了，或不能完成，负责检查的人，要回答出超过或不能完成的原因来。这些原因，一定要很透视的寻找出来，作为我们以后工作的教训。

5. 因为每个参加识字班的人都是很忙的，不能够有充分时间来受县区文化部的检查。因此对于检查工作应该很活泼，他可以随便找一个工作后在田畔休息的人，问他识字到第几级，就很随便的，但是很切实的检查一下，这样可以减少时间，并免得识字班主任事前准备好了较好的学生来受测验。

（三）除了县区文化部负责检查各识字班工作外，到月尾，每个竞赛对象要互派代表，检查对方的工作。检查方法如上，主要是挑几个好的和坏的学生来检查，不一定每个人都检查。

（四）当找竞赛对象的时候，要注意找比自己好的，如果是找不如自己的，即是懒惰的表现。同时，找了好的对象，还要把自己的经验告诉对方。注意领导［帮助］对方。如果只是为夺取奖品而竞赛，就失掉革命竞赛的本意。

（五）竞赛终结，全县或全区的优胜者，必须发给奖品鼓励他，或用现金奖励。

五、识字班的工作方式

（一）如果这一识字班，是有着学校的形式的，或是借列小与俱乐部的地方，每天夜晚，有一定时间来识字的，要依照学生的程度和当地的情形分为几级，订好时间，如六时到六时半为第一级上课，六时半至七时为第二级第三级合上。如时间定不准，也可以大概分出来。

（二）如时间不能一致，可在这一级上课时另一级温习，以后另一级上课时这一级温习；或分作两面：一级向这一面，一级向那面，由两个人同时上课。

（三）识字班主任，如果教的学生很多，一定要活泼的利用许多人帮助他教，如挑第三级的好的，教第二级，第二级的好的，教第一级。这样可以节省识字班主任许多时间，但主任仍要事前注意代替教书的人，是否全懂得书上的字，教后要注意是否教错。如果完全放任别人去教，一定会教错的。

（四）许多人因为过于事多，没有时间按时到识字班来学习，可以利用看图识字的方法，在他有时间时，多教他几个。因为有图容易记起来，教了后要他自己每天温习三个或五个。要他把方字带在袋子里，走路时、工作休息时可以拿出来认，教他一遍一遍的认，作一会工作，休息一会，就认一会，一直到认熟。

（五）没有方字的，可依照他的生活，用白纸裁成方块，（如□）写上字教他。因为他要去耕田，就用这个方式，写“耕田”二个字给他装在袋子里，走路时、休息时都可以学习，这样他很容易记住。没有纸时，可写在他手背上或臂上。

（六）同时要告诉他在识熟了以后，即用指头或树枝，甚至筷子，在地上写，一直把学的字写熟。

（七）对于不识字的人的家庭里，可以把每个工具的名字都写在上边，如灯上写“灯”，桌上写“桌子”，门上写“门”，使全家人都可以依照工具的名字，识得许多字。

（八）初学字的人，往往读有的韵脚的小调，容易记住。以前封建社会教学生的课本是《三字经》《日用杂字》等。这些课本，自然不是我们要采用，但利用有韵脚的文字教读，是很便利的。如我们印发“识字真要紧”和“苏区景”等，都可以个别的作为课本教他识字，这样的时间很少，他可以完全记住，记住以后，就慢慢地由他自己把每个字抄成方字，一个一个的学习。但要注意不要使他们仅仅把小调背得很熟，一个字挨一个字读下去，全部识得，分开来认，就认不出了。

（九）建立识字版［板］内〈的〉方法，在识字运动中，是很有效果的。识字版［板］的建立，主要需要识字班主任负责去推动这一工作，同时要很灵活地利用许多人帮助他自己工作，并要很有计划的去进行。

建立识字版［板］的方法是：

1. 识字班主任，有计划的在本村周围每一条路口，检查路票的地方，建立一方横的可以写开五个字长的木版［板］。木版［板］上边横写识字版［板］三个字，如路旁有墙壁，可以钉在墙上，没有墙壁，可以做小小木架，安置在路旁，必须是容易注意的地方，上面要先用白粉和胶水涂过，再用油涂过，可以用墨写字，或用黑板用白粉写字也可以。如下图：

1/5识字版［板］

2. 识字班主任要有计划的规定出识字的程序，最好依照《工农读本》的

次序和《看图识字》的次序。每天不要过多，三个字就可以的，写在识字版［板］上，并注定日期，一天一天依照规定的程序写下去。这一程序一定与本村内识字班最低一级的学生相同，宁比他们迟一点，不要太快或太多。

3. 识字班主任，要于前一天找到第二天守路的人，把第二天写在识字版［板］上的字教给他。如果识字工作能够很开展[①]的动员全村的人加入，前一天教熟守路的人，是很容易的。第二天，守路的人就在识字版［板］的旁边，每来一个过路的人，他就问一问他识得上面写的字吗，如果不识得就教给他。这样不但可以教给每个人，并对于守路的人的识字教育也是很好的。如果可能的话，守路的人，除了教给过路的人识得这三个字外，还可以把三个方字送给他，使他一边走一边温习。

4. 识字班主任，除了利用识字版［板］的方法教给全村的人这三个字以外，还要利用其他的方法，把这三个字普遍的教给全村的人，并且检查督促保证这三个字在这一天内，使全村的人识得出，讲得出，写得出，不能够以为写在识字版［板］上了，责任就完了。

5. 除了建立识字版［板］以外，还可以同识字版［板］并列着另建立一方温习版［板］，把以前学过了的字，有计划的每天三个字或五个字，一天一天温习下去，同样由守路的人负责去问过路的人。

（十）在阴天的时候或群众休息的时候，群众在一起嬉戏的时候，识字班主任要利用这些时间，来进行识字游戏竞赛。最简便的竞赛方法，就是试验那［哪］一个认字认得多。比较有兴趣的方法，举几个例如下：

1. 把群众分成两队，分两面站着，每人分一方厚的纸版［板］给他（最好是石版［板］）把他的名字写在上面，要他把自己名字三个字记清，问他们统统记得了吗，记得了以后，就把纸版［板］收过来排列远处的地上使他们都看不到纸版［板］上的字。然后，喊口令一、二，要他们一齐跑去各自认自己的名字，每人再把有自己名字的纸版［板］捡起来，很快的回到原来的队中检查那［哪］一边拣对了的多，就是那［哪］一边赢了。这样重复的演三四次，就可以使全队的人统统认得自己的名字了。

① 即广泛。

2. 并排五个人为一队，像赛跑一样。五个人隔开相当的距离，每人拿纸一方、铅笔一支将自己名字写在纸尾，在二百米以外，一个人在等候着。这一方有一个人发口令，五个人，静听他的口令。发口令的人，先高声叫一个口号，这口号必要选几个比较难识的字如“打倒土豪劣绅”，如果恐怕他们听不清楚，可叫两次，赛跑的人不能提出来问。叫完以后，立刻喊一、二，五个人一边跑，一边把听到的口号在纸上写出来，跑到另一端，就把写的纸交给在等候的人。先到并写对了的人为胜利。

3. 同以前一样五个人赛跑，每个人各带纸笔，在赛跑的终点设一块版［板］（没有版［板］，利用土墙也可以），在版［板］的背面，写几个难于认识的字，不能使赛跑的人看见。五个人跑到版［板］的背面，看一看上边的字，立刻跑回来，一边跑一边把版［板］上的字由记忆写出来，重跑回到原来起跑的地方。先到并识对了的人为胜利。

（十一）教育儿童同教育成年人有许多不同的地方，同时教育儿童在整个教育工作当中，是一个最重要的部门。因此每一个担任扫除文盲运动的人，对于教育儿童，都应该给以很深刻的注意。教育儿童，应该学习理解儿童的心理，理解儿童与成年人不同的心理。在这当中去取得一些使儿童容易理解，容易接受的教育方法来。作教员，应该他自己就像一个儿童，同儿童一起游戏一起谈笑，同儿童一样，不要同儿童隔离。只有能够活泼儿童化的教员，才能为儿童欢迎，才是好的教员。教学的方法，应该是启发式的，利用种种方法，如利用图画，利用实在东西（如讲草字就拿真的草去讲），利用表演，利用儿童的实际生活（如讲火炉，就教儿童装火炉、点火炉等），启发儿童明了。应该尽量使儿童感到兴趣，把读书的地方真正造成儿童的乐园。严格的反对一切压迫儿童，不肯细心的说服儿童〈和〉详细的解释，只是一味强迫儿童写、读、背，使儿童感到枯燥无味，以及打骂等行为。

（十二）识字的教学方法，应该是注意每一课总的意义的解释，使学生理解全篇的意义。每个成语，不要分割开来讲。有些成语，一个字一个字的解释，是不能够解释的，如“布尔什维克”，如果分割开来解释就不成语句了。

（十三）已经识得一些字但还不能够应用的人，要准备一个小册子带在身上。在各种文件书籍上，遇到生字，就写在小册子上，找人问，问了以后，就注一字音，并把意义记上。经常温习，逐渐学习，一直到没有不识得的字。

（十四）在识字工作中，温习是最重要的。许多人学会了后面的，前面的就统统忘记，甚至同没有学差不多。因为不晓得温习的方法，时常使许多年纪大一点的人没有办法，说是年纪大了记性坏了，不能学习了。其实如果能够有计划的学着后面，温习着前面，一定不会发生这种毛病的。温习的方法，是比如学完了十课，就一方面学第十一课（生的），同时从第一课温起，每天温习两课，试试自己能够全读出不，能够写出不，能够默写得出不，分开来写得出不、讲得出不。如果有不晓得的，就问一问主任，一定要使全部了解了。温习的功课每天是两课，生课是一课，慢慢的就可以赶上生课了。赶上以后，就再从第一课起，再温一遍，一遍一遍温习下去，就不会忘记了。

（十五）在识字运动中，要反对为识字而识字的现象，要注意教熟了一个字，立刻使学习的人去应用这一个字。只有一边识字，一边把这些字去应用，才能加速识字的速度，同时使每个识得的字都能有用，更容易提起识字人的兴趣。应用的方法：

1. 填字写一句话，比如（今天吃了早饭），把它写成这样“今〇吃了〇〇”，要学习的人，把这个句子填起来。

2. 作日记：装一个日记本，每天把他个人作［做］的事、见到的、听到的，记起来，如：“五月二十五日：天晴，我早上起来，就去作柴[①]，回来吃了中饭，午后去开反帝大同盟的会，听参加的人报告，日本帝国主义占领热河，和国民党的无耻投降……”

3. 作壁报：作壁报是训练作文字最好的方法。识字班主任应经常训练学习识字的人，尽可能利用他会写的现成消息，向壁报投稿。

4. 读书：识字运动与读书运动是密切联系着的。在识字运动中，一定关系到读书运动，但要注意拿些什么给他们读。在目前最要紧的，是连环

① 即砍柴。

图画、故事、小调、最浅显的理论文字（这些书籍中的插画是很要紧的）。读书的方法，除了个人读书和组织读书班以外，采用街头图书馆的方法是很好的。方法是把一些有许多插图的书，用箱子挑着，到了村子里放开在一块板上（这块板可以折起来因为便于携带），把板倚在墙上陈列起来。

陈列的时候，必须是群众有闲的时候，一边由这个人作着简单的解释，由群众自动取板上的书看，看完了再到别村子里去。

六、识字班工作的几个要点

（一）每一个从事识字运动的人，他必定是一个识字运动的宣传者。他们一定要经常不断地把不识字的苦处、识字的好处、识字运动的政治意义，利用小调、图画壁报、讲演，种种方式，深入到群众中，如省文化部印发的《识字真要紧》，一定要使各乡村的群众都会唱，同时把识字竞赛、识字游戏等，在群众当中去举行，特别是不识字的群众当中去举行。识字班工作的开展，同识字宣传的深入是关联着的。

（二）在我们各种形式的宣传当中，要立刻征求群众加入识字班，立刻登记起来，另外要有计划得到乡苏代表会、贫农团、工会等等群众团体的会议上去做报告，要求他们帮助动员群众参加识字班。

（三）在目前各种识字工作中，流动现象的存在，还是异常严重的。识字班的工作，很少有经常工作的，列小和工补，能够半数人经常到校就是很好的学校，几乎很难找到几个全数学生到校的学校。要消灭这一种现象。

1. 在开学的时候，应有一次谈话，说明识字工作，如果学一天又休息两天同不学是一样的。一定要激起他们的决心和毅力，并发动学生自己定出一个简单的纪律。不经常学习的人，要依照定出的纪律处罚他，如罚纸或罚油。

2. 识字〈班〉主任，要在不经常学习的学生中间，检查出不能学习的原因来，要想出很活泼的方法，帮助他解决困难。教学的方法也应该尽量利用以上指示的方法，更活泼的去利用。

3. 识字班主任，要经常把到校的学生名字与其成绩和不经常到校的学生名字与其成绩，做出清楚的统计表，在壁报上发表，并在群众会上报告，发动他们的自我批评。

4. 经常的举行识字竞赛。

（四）识字班的简单的设备和识字板及书籍等费用，要尽量发动群众自己去解决。这不仅是节省苏维埃的经济，同时只有这样，这一识字班才是群众自己创造出的，才同群众连成一片。同时对于消灭识字流动现象，也是方法之一。因为他自动出钱办的识字班，他一定更努力争取识字的权利。

七、识字运动的困难在那［哪］里？

（一）有些人把识字看得很困难，并且拿革命工作忙，没有时间识，当作一个主要理由来拒绝识字。自然工作忙有时会妨碍识字，〈但〉是如果很活泼的利用种种方法和各个不怕是很短的时间，即便是工〈作〉忙，仍然每天有识五个字的机会。同时正因为革命和革命工作的主张，提起了每个群众的积极性、创造性和学习的热诚，使过去一个字〈不〉识的人，由于工作的要求，使他从学习认识路票，学习写介绍信，以至写报告，在一年当中，可以看文件看书籍，这样的例子，在苏区里边举不胜举。我们回想过去一个学生从开始识字到能看书写信，须要学到五年的困难情形，与现在对比起来，可以看出革命工作不但不妨碍识字并且对识字有极大的推动。

（二）有些年纪大的人说："我年纪大了，脑子迟钝了，学不会了。"因此对于识字就认为绝对不可能的事。其实识字，只要天天学，并不是多么困难的事。在苏联有一个老年的女子，十月革命时，她八十岁了，从那时才开始识字，到五年计划开始的时候，已经成为一共产阶级的作家了。在苏联还有许多年老的工人，因为学习科学的知识，在积极学习德文。根据这些事实，可以晓得并不是年老的人不能学习，实际是以老人自居的落后思想在牵制他，不许他去努力。

（三）有些列小教员，因为学生的家属时常要他的子弟去砍柴，不要他到学校读书，就认为是群众不愿意读书，不愿意他子弟读书。这样的认识，是不对的。在过去未革命以前，受教育是很困难的，需要很多的钱，才能读一年书，但是还有许多工农分子，卖掉土地，送他的儿子去读书。现在一切读书的困难，苏维埃都替他们解决了。除了癫子，再不会有人不愿意读书。在这里，第一，我们对于识字的宣传，还未深入；第二，还没有很完全适合于工农读书条件的学校办起来，因此，群众对于识字常常认为是不可能的事。对于这一问题的解答，应该是各校识字班负责的人，多多研究一些适合于群众要求的教学方法。

闽浙苏省苏文化部印

一九三三年六月十七日

闽浙赣省苏七、八两月文化教育工作的突击计划——第二次县教育部长及直属区教育部长联会决议（节选）

（一九三三年六月二十四日）

建立乡俱乐部达到三百五十七所

参加工补人数达到二万人

参加识字班的人数达到四万人

列小学生达到一万零一百零五人

固定读报者达到十万人

在目前战争紧急当中，粉碎敌人的进攻，争取革命战争完全胜利的任务之下，文化教育工作，应该是用工农补校、识字班、列宁小学，教育、识字、读书的方法，扫除苏区内多数的文盲，启发群众阶级觉悟，提高群众文化政治水平，加强群众对革命工作的能力。同时用俱乐部、演戏、活报、壁报、展览会、晚会及其他等等工作，深入思想斗争，扫除旧社会思想习惯的传统，宣传战争的胜利，鼓动群众对革命战争的热情，坚定群众对革命战争的胜利信心，广泛的、有力的动员群众，积极而坚决的加入战争。这是目前文化教育的重大任务。不理解文化教育工作的重要作用，把文化教育工作和战争对立起来，取消教育工作，忽视教育工作，中央教育人民委员部第一号训令已明白指出，“对于文化教育的怠工，简直是革命的罪人!”

正因为革命战争的紧迫，文化教育工作，必须加倍的积极化，奋起突击精神，为完成与超过七、八两月文化教育工作的突击计划而斗争。

一、俱乐部工作

1. 在七、八两个月中，俱乐部普遍的在各乡建立起来，各县建立乡俱乐部达到数额如下表：

横峯［峰］	54
上饶	70
葛源	9
弋阳	57
贵溪	52
德兴	43
余江	8
乐平	30
化婺德	14
万年	20

2. 各县俱乐部要切实建立日常的工作和各项组织，所排演的各种剧本、活报及各类材料，须是省教育部发下的，或经省教育部审查过的。在七、八两月中，各俱乐部应完成的工作如下：

（1）演戏四次。

（2）壁报出刊八期。

（3）读报八次。

（4）活报出发二次。

（5）演说竞赛二次。

（6）泅水比赛二次。

（7）晚会四次。

二、工农补习学校工作

……[①]

三、识字班工作

……

四、列宁小学工作

……

五、工农报固定读者工作

……

① 省略部分为文献模糊，无法辨识，下同。

六、壁报工作

1.在两月内，各机关各学校各工厂各俱乐部都建立起壁报来，根据这些机关的统计数字，作为建立壁报应达到的数字。

2.省教育部前发下的：《怎样建立壁报》的小册子，县区教育部、乡教育委员会、县指导员及各壁报编辑，都要详细的讨论过，并很好的传达下去。壁报建立的方法，应依照这一小册子所指出的。

3.各壁报要依照《怎样建立壁报》所指出的每七天出版一次，并要按期出版，各壁报出版次数，乡教育委员会应正确可靠的登记出来。

4.为交换壁报经验与推动壁报发展，在七、八两月内各区要举行壁报展览会二次，各县举行一次。在八月内省教育部举行全省壁报展览会一次，各区要选好的壁报三份，送省教育部陈列。

七、培养干部问题

……

八、工作方式问题

……

九、乡教育委员会工作

……

一九三三年六月二十四日

关于教育工作——中华苏维埃共和国中央人民委员会训令第十七号

（一九三三年九月十五日）

文化教育在整个苏维埃运动中占着极重要的位置，在目前粉碎敌人五次“围〈剿〉”的战争动员中是不可缺少的一个力量，加紧教育工作来提高广大群众的政治文化水平，启发群众的阶级觉悟，并培养革命的新后代，应成为目前我们最主要的战斗任务之一。

目前的教育工作显然的表现出还是落在其他苏维埃工作的后面，还是不能真正适应着革命战争胜利的向前发展的需要，这是由于在过去教育部的工作中存在着不少的错误与缺点，由于一部分苏维埃机关与负责同志对教育工作的忽视，对教育在目前国内战争中的重要性的不认识，甚至有以为战争环境中没有办法进行教育工作的机会主义观点，这一现象是绝对不能容许继续存在的了。

过去教育工作中最大的缺点，首先应指出是直到现在我们还没有把目前教育方针明确的规定，在中央教育部第一号训令中虽然提出了这个问题，但是非常不够，而且是不完全确当的。在过去教育部工作与文件中表现出对于建立普及义务教育制度的忽视。没有把普及教育与社会教育很好地联系着，发展起来，没有把广大的实行共产主义教育的任务提到面前来，而把教育束缚在仅仅反封建反迷信的资产阶级民主任务的范畴里面，同时应该指出，对于扫除文盲这一极为重要的文化教育工作，还没有有计划地去进行，以及在利用资产阶级知识分子的问题上犯了“左”的机会主义错误等，都是过去教育部工作中极大的弱点。

在适应着目前革命战争的需要这一条件之下确立普及义务教育制度，在共产主义的精神上，来创造革命的新后代，广泛地进行宣传马克思列宁主义的革命理论，立刻开始有组织地、有计划地进行扫除文盲运动，要尽量的在最短时期内把从前豪绅、地主、资产阶级的统治所留下来的最恶毒的遗产文盲完全消灭。设立列宁师范与各种教育干部训练学校，来造就一定发展、普及教育与扫除文盲的战线上必须的、强大的教育者军队。对于发展工农剧社、蓝衫团、俱乐部、图书馆、阅书室等等社会教育工作，应给予充分的注意与组织。这更是目前教育方针与中心的任务。

除了加紧培养大批的工农分子的教育工作干部以外，必须利用一部分愿意积极的为苏维埃服务的资产阶级知识分子专家来参加教育工作。

在可能范围内，必须实施普及义务教育的免费与小学教育的优待，至少需做到由政府供给小学学生的书籍与文具费用和小学教员的伙食。

人民委员会完全同意中央教育部的提议与［于］十月间与团中央局联合召开文化教育大会。毫无疑义的，这一大会对于苏区文化教育前途，有极重大的意义。为了使这一大会得到完满的成功，责成中央教育部充分的进行大会准备工作。

最近团中央局所发起的对教育工作的协助运动，人民委员会相信将成为苏区文化教育战线上有力的突击，使能迅速地消除教育工作的落后现象得到极大的开展。

为了教育工作迅速地、彻底地转变，为了顺利的完成目前教育的中心任务，必须无情的与忽视教育以及教育工作中一切不正确的观点与倾向作斗争。只有在这一思想斗争的开展下，才能真正为着战争的需要，来一刻也不容缓的发展苏区的文化教育建设。此令。

主席 毛泽东

副主席 项英 张国焘

公历一九三三年九月十五日

关于拥护第二次全苏大会政治课材料

（一九三三年九月三十日）

中央政治部印

一、关于拥护第二次全苏大会——第二次全国苏维埃代表大会几时开会：第二次全苏大会定今年广州暴动纪念日（十二月十一日）开幕。

二、为什么要召开第二次全苏大会呢？

第一次全苏大会到现在已经整整有两年，这两年中国中央政府领导了与帝国主义国民党作了剧烈的斗争，苏维埃与红军获得了伟大胜利，这是因为要：

1. 总结两年来苏维埃运动斗争的经验，规定新的策略。

2. 改造各级苏维埃，健全苏维埃的组织与工作。

3. 加强苏维埃对全国革命的领导，特别是组织与领导粉碎敌人大规模的新的进攻，争取革命在一省与数省的首先胜利。

三、第二次全苏大会与第一次全苏大会时的形势有什么不同？

1. 第二次全苏大会正在全国反帝反国民党潮流高涨，工农反剥削压迫斗争开展，苏维埃红军击破敌人凶恶的第四次“围剿”，获得了伟大胜利，敌人正在举行大规模的绝望的五次“围剿”的时候来举行。

2. 第二次全苏大会的进行，正当着国际形势，是处在走向阶级与阶级、国家与国家间的伟大冲突的新阶段，即是在革命与战争的新阶级的过渡期中。

3. 苏区版图扩大了，参加派代表的苏区有：江西、福建、闽赣、粤赣、闽浙赣、湘赣、湘鄂赣、湘鄂西、鄂豫皖、四川十个省份。

4. 邀请了白色区域各革命团体和个别的革命分子派代表或亲自来参加。

四、我们红军怎样来拥护全苏大会呢?

1. 首先每个红色战士要懂得：红军是苏维埃的有力柱石，是为苏维埃而战的前线战士。

2. 要懂得召集全苏大会的意义和粉碎敌人五次“围剿”的任务，团结一致的来保卫苏维埃、发展苏维埃，粉碎敌人新的进攻，把苏维埃旗帜插到全中国。

3. 努力扩大苏区，占领一个地方就要赤化那个地方。

4. 努力扩大红军，在白区要吸收贫苦工农来当红军，要做到每团成立一连来拥护全苏大会。

5. 多缴枪炮，打仗时要缴敌人的枪炮来武装苏区许多新成立的师团，使他们上前线作战。

6. 红军要做苏维埃的宣传者：

（1）宣传每个红色战士和工农认识苏维埃是什么?

（2）在赤区白区中扩大苏维埃的影响，宣传苏维埃各种政策、法令，使广大工农群众起来，为巩固与发展苏维埃而斗争。

（3）宣传第二次全苏大会的意义和任务。

7. 红军要做苏维埃的组织者：

（1）发动地方群众查田分田，摧毁豪绅地主统治的斗争。

（2）红军政治机关要组织新区的苏维埃，帮助所驻地区特别是边区改造苏维埃政府。

（3）帮助组织新的选举运动（同时在白区也可利用秘密组织的作用，组织代表团来参加二次全苏大会）。

8. 热烈的进行红军中的选举运动，选举代表出席二次全苏大会。

9. 派代表到各军团自己的联系县去参加地方选举大会，报告红军生活状况，提高群众拥护红军和自动来当红军的热忱。

五、红军中怎样来进行选举运动呢?

1. 懂得选举意义：苏维埃是工农民主专政的政权机关，因此苏维埃选举法上规定一切被雇佣劳动及其家属、一切自食其力的及其家属有选举权及被选举权，即是说工人、雇农、贫农、中农、独立劳动者、城市贫民有选举权和被选举权，那些剥削分子——地主、富农、资本家没有选举权。红军战士是苏维埃有力柱石，他是为苏维埃而战的前锋，不消说是更加有选举权及被选举权。这只有在苏维埃政权才能的，相反的豪绅地主统治下选举法上规定：有钱的和收租的有选举权，劳苦工农是没有的。

2. 选举手续：

A. 成立选举委员会。以团为单位，由政治处规定三人至五人成立选举委员会办理：①选举宣传；②选民登记（或检查运动）被剥公权的无选举权；③准备传达中央政府及省苏两年来工作报告；④准备候选名单（每六百人选一代表）；⑤召集选举大会。

B. 召集选举大会。选举大会要做：① 通过候选名单（讨论提出意见，要选举最积极勇敢坚决的分子当代表，工人雇农至少要占百分之三十）；②讨论中央政府及省苏工作报告；③提案：提案的内容是关于红军本身或一般地方苏维埃工作的问题，收集拢来交代苏维埃二次大会讨论采取。

—完—

1. 关于地方的选举法亦应讲给战士听。

2. □□：中央政府颁发的选举法及准委会出版之选举运动。

中央军政治部

九月三十日

附测验题目：

（1）为什么要召集第二次全苏大会？

（2）第二次全苏大会所处的国内政治形势怎样？

（3）参加派代表到全苏大会的苏区有那［哪］些省？

（4）红军是苏维埃的什么？

（5）红军怎样去做苏维埃的宣传者？

（6）目前中国的苏维埃政权是什么阶级的政权？

（7）苏维埃的选举，什么人才有权参加？

（8）选举委员会怎样成立的，他做些什么事？

（9）在选举大会以前，为什么要做选民登记和检查运动？

（10）选举大会上要报告和讨论些什么事情？

拥护第二次全苏大会政治课材料

（一九三三年十月十日）

红军第一方面军政治部印

注意

一、这个材料比较长，应分作三四次详细的讲，务必使听者了解□□。

二、讲时每个教员都要听者先□□，然后再照教材做结论，□□“按本谈经”的办法。

三、讲时要将图画挂起来，所有的数目字也写出来，使听者深入脑筋。

（一）二次全苏大会的意义与两年来的胜利

问：为什么要开第二次全苏大会？

答：因为第一次全苏大会到现在已两年，在这两年中，苏维埃运动有了更大的发展，苏维埃的各方面建设事业都有了极大的成绩，现在革命又到了猛烈发展的新阶段，摆在我们面前的是两条绝对不同的道路——苏维埃的中国或是殖民地的中国决定胜负的斗争，所以中央政府决定要召开第二次全苏大会。一方面是要猛烈的号召组织和领导全中国千千万万群众的民族革命战争，推翻国民党打倒帝国主义，阻止中国走殖民地的道路，为实现苏维埃新中国而斗争，另一方面要来检查全中国苏维埃运动两年来的成绩与缺点，总结宝贵的经验与教训，来进一步的指示争取革命与战斗全部胜利的方针。

问：两年来我们工农红军得到了些什么胜利呢？

答：两年来的战争胜利就伟大了，我们工农军在中国共产党和中央政府正确领导之〈下〉，配合着苏区与白区广大工农群众的力量，完全粉碎了敌人的四次“围剿”，先后消灭击溃敌人八十师左右，打死打伤、活〈捉〉白军师长十九只［个］，俘掳［虏］官兵十多万，缴枪支十万以上，这是全国红军的胜利。就我中央军的胜利来说，我们可以做下面这样一个统计：

一九三一年春至一九三三年九月底，中央苏区历次战役胜利表

（凡是消灭敌人不是一营的均未列入，俘掳［虏］参谋连长等均未统计）

各作战军	一方面军			
时间与地点	一九三一,二〈月〉新城	四月 龙岩	四月 南靖	四月 漳州
消灭白军数量	击溃歼敌范德星旅一团	消灭四十九师张贞部一旅	消灭张贞及陈国辉部共约四团	张贞残部
缴获	步机枪六百余支	机枪十余架、步枪千余支、无线电一架	机步枪三千余支	飞机两架、平射炮十五门、兵工厂全部
俘虏	官兵五百余名	官兵千余名	副旅长一、旅参谋长一、官兵三千余	
其他				
各作战军	红十六军	一方面军		
时间与地点	六月 铜鼓	七月 □□□	八月 乐安	八月 宜黄
消灭白军数量	消灭白军一营	击溃□□十三团	消灭二十六路□□□部一旅	消灭孙连仲部两团
缴获	机枪四架、步枪四百余支	机枪三架、步枪八百余支	机枪二十余架、步枪二千余支、□炮六门、无线电一架，击落飞机一架	步枪千余支、机枪十余架、□炮三门、无线电两架
俘虏	营长一	士兵六百余名	营长二、官兵三千余	官兵千余名
其他				
各作战军				红十军
时间与地点	十月 建宁	十一月 龙岩	十一月 南城附近礼西赵	十二月 弋阳
消灭白军数量	击溃周□群部一团	击溃十九路□蔡部一团	击溃二十三师李云杰部、二十四师许克祥部共五团	击溃五十三师李抱水部一团
缴获	步枪五百余支	机枪四架、自动步枪三支、步枪三十余支、钢帽五十余顶	步枪千余支、机枪十余架	步枪百余支

续表

俘虏	官兵四百余名	士兵数十名	官兵千余名	士兵数十名
其他				
各作战军	红十二军	一方面军		
时间与地点	十二月 连城	一九三三,一〈月〉金溪黄狮渡	一月 金溪□山铺部□□	二月 宜黄之东陂黄陂
消灭白军数量	击溃卢兴邦部一团	消灭第五师周士达部一旅	击溃吴奇伟九七师、周□桑十四师及孙连仲十七师□三师	消灭五二、五九两师
缴获	步枪百余支	机枪十六架、步枪千余支、无线电一架	机步枪二千余支	步枪一万三千余支、机枪自动步枪三百余架、无线电一架、大洋十余万元
俘虏	士兵百余名	旅长周士连团长一、营长二、官兵千余名	官兵□二千余名	师长陈时骥、李明，团长苗梦科，官兵万余名，营长四
其他			占领浒湾	击溃旅长二、团长二
各作战军	独立七八师	红十军	红十六军	红十一军
时间与地点	三月 永定	三月 乐平	三月 □高	三月 光泽
消灭白军数量	击溃张贞部两营	击溃五五师一营	击溃七七师罗霖部一团	消灭芦新铭部一团
缴获	步枪二百余支、机枪一架	步枪五千余支、机枪一架	步枪百余支、子弹五车	步枪三百余支
俘虏	士兵二百余名	副营长一、士兵数十名	士兵数十名	士兵二百余名
其他				击毙团长一
各作战军	一方面军	红十六军		红八军
时间与地点	三月 宜黄草鞋岗	四月 上高	四月 宜丰	四月 □川

续表

消灭白军数量	消灭十一师肖乾部四团、五九师残部两团	消灭七七师一营	击溃七七师两团	击溃二八师一旅
缴获	步枪五千余支、机枪自动步枪百余架	步枪二百余支、机枪四架	步枪四百余支	步枪二百余支、机枪二架、迫〈击〉炮四门
俘虏	兵六千余名	副团长一、士兵百余名	兵六百余名	副团长一、营长一、官兵百余名
其他	击毙旅长一、团长三，肖乾受伤			
各作战军	闽北独立师	红十六军	红八军	一方面军
时间与地点	四月 资溪	四月 □乡	五月 莲花	五月 永丰
消灭白军数量	击溃二十一师刘珍年部一营	击溃六二师□广部一营	击溃六三师陈光中部二团	击溃独三十六旅戴兵部一团
缴获	步枪三十余支	步枪四百余支、机枪四架	步枪千余支、机枪二十余架	步枪五百余支、机枪三架
俘虏	士兵三千余名	士兵二百余名	团长一、营长二、官兵千余	官兵四百余名
其他			击毙旅长一	击毙团长一
各作战军		红十一军	南方军	红八军
时间与地点	五月 崇仁	五月 南城附近	五月 武平	五月 莲花
消灭白军数量	击溃保安部一营	消灭二十四师许克祥部一团	击溃粤军两营	击溃十五师两团、十九师两团一营
缴获	步枪百余支、机枪两架	步枪三百余支、机枪八架	步枪五十余支	步枪五百余支、机枪五架、迫〈击〉炮二门、无线电一架、军服九千套
俘虏	官兵百余名	官兵四百余名、营长一	士兵卅百余名	团长一、官兵八百余名
其他		击毙团长一		

续表

各作战军	一方面军	红十军	红十七师	一方面军
时间与地点	六月 宜黄	六月 横华	六月 宁冈	六月 新丰市
消灭白军数量	击溃独卅二旅柏天民部两团	击溃二一部一团	击溃十五师陈光中部一团	击溃六师二十四部共两团
缴获	步枪二百余架、机枪三架、迫〈击〉炮三门	步枪二百余支	步枪二百余支、机枪八架	步枪二百余支、机枪五架、自动步枪五支、轻机关枪七架
俘虏	官兵四百余名	士兵百余名	营长一官兵百余	营长一、官兵二百余名
其他		击毙营长一		击毙团长一、营长三
各作战军	红十七师	一方面军	邵光独立团	红十二军
时间与地点	六月 宁冈	六月 泰宁	六月 光泽	七月 上杭
消灭白军数量	击溃十五师陈光中部一团	击溃五六师刘和鼎部两营	击溃五六师刘和鼎部□□	击溃粤军两营
缴获	步枪二百余支、机枪四架	步枪二百余支、轻机关枪三架	步枪百余支	步枪百余支
俘虏	营长一、官兵二百余	营长一、官兵二百余	士兵数十名	士兵数十名
其他			占领光泽城	
各作战军	南方军	东方军	中央军	东方军
时间与地点	七月 安远	七月 清流	七月 永丰	七月 清流泉上
消灭白军数量	消灭粤军第四师张枚新部一营	击溃卢兴邦部两团	击溃第四师一团	消灭卢兴邦部一团
缴获	步枪二百余支、机枪二架	步枪四百余支、机枪四架	步枪数十支	步枪六百余支、机枪二架、迫〈击〉炮二门

续表

俘虏	官兵二百余名	旅长一、团长一、营长一、官兵三百余名	士兵数名	营长一、官兵六百余名
其他				击毙团长一
各作战军			南方军	中央军
时间与地点	七月 连城□口	八月 连城姑田	八月 安远	八月 乐安
消灭白军数量	消灭七十八师区寿年部两团	击溃七十八师五团	击溃王赞斌师四营	击溃四三师四营
缴获	步枪八百余支、机枪八架、轻机枪六架、自动步枪四十余支、无线电两架	步枪八百余支、自动步枪十余支、机枪十三架、无线电一架	步枪数十支	步枪六百余支、机枪一架、轻机枪六架
俘虏	旅长一、团长二、营长一、官兵千余名	官兵千余名	士兵十余名	副团长一、官兵二百余名
其他				
各作战军	东方军	中央军		东方军
时间与地点	八月 □□	八月 永丰	八月 萌丰里□圩	九月 延平
消灭白军数量	击溃五二师三团	消灭第三师李□□部三团及师直属队	击溃第八师两团	击溃六十师一团
缴获	机枪四架、四船军用品	……机枪十架、轻机枪二千余架、自动步枪四十余支、无线电两架	步枪数十支	子弹四汽船、军用品四汽船
俘虏	士兵数十名	旅长一、团长二、营长一、官兵五千余名	副营长一、士兵数十名	士兵数十名
其他				

续表

各作战军	中央军	东方军	共计战斗五十二次	
时间与地点	九月 乐安	九月 延平		
消灭白军数量	击溃第三师一团	消灭六一部一团	消灭两个师、三个旅、二十一个团、三□营 击溃三个师、一个旅、三十五个团、二十三个营	
缴获	步枪百余支、轻机枪八架	步枪四百余支、机枪二架、轻机枪六架、自动步枪十三支		
俘虏	营长一、官兵百余名	营长二、官兵六百余名		
其他				
	共计战斗五十二次			
消灭白军数量	消灭两个师、三个旅、二十一个团、三□营 击溃三个师、一个旅、三十五个团、二十三个营			
缴获	步枪三万六千余、机枪二百五十五挺、轻机枪九十六挺、自动步枪二百四十余支、迫〈击〉炮二十余门、无线电十一架、飞机三架、□炮十五门			
俘虏	师长一个、旅长四个、副旅长一个、团长八个、营长二十个、士兵四万余			
其他	击毙师长一个、旅长四个、团长十四个、营长三十余			

在这些战斗胜利中，我们从敌人手中取得了一大批新式武器。红军不但战斗力大大的加强了，就在全中国数量上也扩大十倍以上，并且在陕甘成立了红十六军，在东三省也产生了红军游击队。

问：在苏区的发展方面，两年来成绩怎样呢？

答：第一次全苏大会到现在，就以中央苏区讲，赤色版图差不多扩大有十多倍，闽赣省黎川、泰宁、光泽、金溪、资溪，粤干［赣］省的安远、寻乌、会昌，江西省的新淦、崇仁、宜黄、南丰、广昌、石城，福建省的武平、宁化、清流、连城等二十几个城市是第一次全苏大会后赤化起来的。

全国各苏区鄂豫皖、湘鄂西、湘鄂干［赣］、湘干［赣］、闽浙干［赣］各苏区，都有新的发展，特别是因我红四方面军英勇善战，作长途的远征，在四川创立了十余县的新苏区（现在有巴中、通江、南江、仪陇四个区域），红二十六军也在陕甘边建立了广大的苏维埃根据地。

现在苏维埃的红旗，已经插到全中国〈各〉省了。

问：在苏维埃的建设方面成绩怎样呢？

答：因为中央政府的工作报告还没有发下来〈总〉体成绩，我们现在还不能很详细的说来。但是我们大家都可以看出：自从第一次全苏大会后，中央政府是做了许多工作，首〈先〉是土地问题的解决。一般说土地□□□了。贫农、雇农、中农是取得了土地革命的〈果〉实，特别是最近中央政府领导的查田查阶级运动，是一个很伟大的残酷的阶级斗争，在许多工作好的区域中，已经澈［彻］底的扫除了地主豪绅的封建残余势力，极大的巩固了苏维埃政权，将许多阶级异己分子赶出了政权机关，吸引了大批工人、贫农、雇农、中农出身的新干部来代替他们。在城市里广大工人群众一般的都实行了八小时工作制，增加了工钱，订立了集体合同、劳动合同，享有社会保险。同时在政权机关中，工人阶级的青干也增加了，工人利益得到了有力的保障。

在经济建设上，我们也有很大的成绩。在中央政府有力领导的春耕夏耕秋耕中，极大的提高了农业生产力，今年消灭的荒田差不多有四五十万石，普遍发展了合作社的组织，建立了粮食调济局、对外贸易局，关税。并组织了大规模的苏维埃钨矿公司……在各方面经济建设上严重打击奸商、富农的剥削，打破敌人的经济封锁，保障了工农的利益，工农群众的生活得到了更进一步的完善。

大［在］文化建设上，有些苏区（如兴国）亦收到了伟大成绩，现在正用大力来进行普遍的义务教育，发展识字班、俱乐部，建学校，并已开办了一千多人的苏维埃大〈会〉。

问：全中国的工农群众对于苏维埃的认〈识〉怎样呢？

答：全中国的工农群众是极热烈的拥护苏维埃，他们晓得只有苏维埃政府才是工农群众自己的政府，他们晓得只有苏维埃才能救中国。首先是现在还在国民党统治下的群众，他们在坚决的反对国民党、反对帝国主义、反对进攻苏区与红军，这次□方军在洋口三天内，就扩大了五百红军，不是很好的证明吗？现在各地的革命团体都在共产党领导之下，积极准备庆祝二次全苏大会，并且选举代表来参加。苏区内的群众他们拥护中央政府的热情，我们从发展生产、节省经济、退还公债、扩大红军……就可以看出来。例如说，现在发的经济建设公债，中央政府决定三百万群众要……要五百万，恐怕还不够咧！

问：红军在两年来除了打了那许多胜战之外，还有些什么成绩呢？

答：在红军建设上，我们也获得了很大的成绩：

1. 在长期的艰苦战争中，锻炼了自己。人数扩大，战斗力增加，共产党和工人阶级骨干的领导，大大的加强了。

2. 因为政治工作的成绩，更坚强了红军的团结与阶级友爱，在红军中在思想上有如铁一般的统一。

3. 实行正规编制，更加强了力量，指挥也集中统一了。

4. 军事技术也大大的提高了，而且学会了使用许多新式武器。

5. 文化水平提高了，消灭文盲差不多要完全做到，娱乐、体育等工作都有普遍发展。

6. 造就了成千的新的工农干部，并建立了大规模的红军学校。

（二）怎样参加选举运动

问：第二次全苏大会是什么时候开，怎样开呢？

答：第二次全苏大会决定在今年广州暴动纪念日开（十二月十一

〈日〉)，全国各苏区的工农群众都要选派他们的代表来，并且还号召白色区域的工农群众革命团体派代表来，更欢迎中国临近各国的革命团体派代表来，所以第二次全苏大会将比第一次全苏大会更热烈伟大。

问：为什么在大会以前，各级苏维埃都要改选呢？

答：因为苏维埃是工农劳苦群众自己的政府，是革命与战争的组织者与领导者，他的作用：第一是攘除内外一切反革命势力，第二是为工农群众谋最大的幸福，因此一定要有强有力的苏维埃，才能做这样重大的工作。选举运动就是要发展工农群众的自我批评，为改善和强大各级苏维埃而斗争，工农群众对今后工作有提议，可以做出意见书来交各级政府去采纳、执行，如果认为那［哪］一个代表过去不努力工作不尽责任，就可以取消他另选一个。要在选举运动中，把那些最积极、最勇敢的工农分子选到苏维埃来替大家办事，把不好的洗刷出去。苏维埃要经过选举运动，把广大工农群众动员起来，吸收他们来学习管理国家。

问：什么人有选举权和被选举权？

答：苏维埃是工农的政权，自然只有不剥削人的人才有选举权和被选举权，所以凡是在中华苏维埃共和国领土的［居］住的人民，年龄已满十六岁，无论男女，不管是什么民族，不管信什么宗教，只要是工人、雇员、贫农、中农、独立劳动者、城市贫民和红军军人，他们的本人及其家属都有选举权和被选举权。

问：什么人没有选举权？

答：没有选举权的人，有以下七种：

1. 雇佣他人的劳动以谋利者（如富农、资本家）。

2. 靠资本土地及别的产业盈利为生活的（如地主豪绅、高利贷者、资本家）。

3. 地主资本家的代理人、如中间人（牙人仲［中］人之类）及买办。

4. 一切靠传教迷信为职业的，如各种宗教的传教士、牧师、和尚、尼姑、道士及地理先生、阴阳先生等。

5. 国民党政府及其他反动政府的警察、侦探、宪兵、官僚、军阀及一切参加反对工农利益的反动分子。

6. 犯神经病者。

7. 经法庭判决有罪，正在执行判决期间及被剥夺公民权的期限未满期者。

问：这些人的家属怎么办呢？

答：上面之七类人家属也没有选举权，但靠传教迷信为职业者的家属，如果他们靠自己的劳动为生活者，他们仍有选举权和被选举权。

问：如果工农群众家有犯了当国民党反动政府的警察、侦探、宪兵等及患神筋［经］病或犯罪期间尚未完者怎办呢？

答：就是工农群众如果他当了反动政府的警察、侦探、宪兵……或患神筋［经］病及犯罪期间未满者，均没有选举权和被选举权。

问：怎样办理选举呢？

答：市和区由政府及群众团体代表组织选举委员会，进行选民登记，然后把有选举权的名单用红榜公布出来，没有选举权的用白榜公布出来，让大家来审查，看有无错误，然后再宣布开会日期。开会时，全体有选举权的选民都要到会，来选举乡代表，并讨论苏维埃的工作，提出意见书，交乡苏维埃执行，或提交上级代表大会。

问：好多人选一个代表呢？

答：这是各级的大会都不一样的，不过因为要保证工人阶级在苏维埃中的领导，所以工人选一个代表则选民人数比例少些，农民及城市贫民则要多一点选民才能选一个代表。例如乡苏维埃的代表，工人居民每十三人选一个正式代表，其他居民则每五十人选正式代表一个，至于出席区代表大会的代表则每乡村居民二百人选一个代表，代表成份工人要占百分之二十至二十五。

问：出席全国代表大会的代表好多人选一个人呢？

答：出席全国代表大会的代表，是城市每一千五百居民选一个代表，乡村每六千居民选一个代表，代表成份工人要占百分之二十五至三十五。

问：第二次全苏大会的意义及选举运动的要点已经明白了，现在要问我们红军怎样来帮助地方的选举运动呢？

答：红军是革命的先驱者，自然在这个伟大的二次全苏大会选举运动中，是必须用最大的力量来参加，因此我们在地方群众中应该这样来工作：

1. 把第二次全苏大会的意义，多向群众宣传，发动他们以积极参加战争，来拥护第二次全苏大会。

2. 告诉群众选举的重要，让他们每个人都要特别注意，把真正能够替工农做事的人选出来，不让一个不好的份子混入到自己的政权——苏维埃机关中。

3. 向群众说明，要他们在选举运动中特别要注意检查土地法劳动法执行的如何，以便要新的苏维埃来改善，以真正保障工农自己的利益。

4. 要详细告诉群众选举是每个工农贫农自己的事，这是我们特有的特权，我们绝对不应该忽视或放弃选举权，每个工农贫农都要特别注意选民资格的审查，开选举会时，一定都要到会。

5. 在白色区域中，更要向群众宣传在苏维埃政权下，工农群众所得到的实际利益，第二次全苏大会的意义，号召他们推派代表来出席这个大会。

（三）红军中的选举

问：讲到现在还没有讲到红军中怎样选举呢？

答：本来红军是要在所驻扎地参加地方选举的，因为在目前国内战争时期，红军不能有一定的固定地点，所以中央政府对红军中的选举，特另外颁布一个条例，将正规红军、半地方性红军、纯地方性的红军，分别规定选举手续及代表的标准。

问：什么是半地方性纯地方性的红军，他们的选举又怎样呢？

答：半地方性的红军，如各省的独立师，他们则直接选举代表出席省苏维埃代表大会，每四百人选取一个正式代表。

纯地方性的红军，如各区的独立团和区的游击队，独立团直接选举代表出席县苏维埃代表大会，每一百人选一个正式代表；游击队则直接选举代表出席全区苏维埃代表大会，每二十五人选一个正式代表。

问：我们方面军参加那［哪］一级大会呢？

答：我们方面军是正规红军，我们是直接选举代表，出席全国代表大会，每六百人选一个正式代表。

问：我们的选举大会是怎样的呢？

答：由团政治处指定三人至五人组织委员会，办理选民登记，然后以团为单位开选举大会，选举代表。

问：什么人才有选举权和被选举权呢?

答：凡是在红军中工作的，不管是指挥员、战斗员、工作人员，不管他过去出身是什么（如地主富农）都〈和〉大家一样的有选举权和被选举权。

答：为什么过去是地主富农，现在在红军中也有选举权呢?

答：红军是苏维埃的武装柱石，每个红色战士，都是以他的头颅热血与敌人拼杀，来保卫苏维埃。例如某个人，虽然他过去是地主富农或是军阀，但他既然长期参加革命并投降了工农阶级，愿为工农阶级利益而战，这样他已经变成了我们阶级的人。而至于那些过去在白军中，当过高级官长，刚到红军来不久的人是不是一样有选举权和被选举权呢?这要由中央政府规定。

问：我们红军要庆祝和拥护第二次全苏大会，只是选几个代表，送几面红绿旗子，拍几个贺电去就够了吗?

答：不够的，万分的不够!现在蒋介石的白军，已经开始了新的大举进攻的布置，已经侵入了闽干［赣］苏区，攻占了黎川县域。我们要集中全部力量，毫不动摇的，用粉碎四次“围剿”的精神，去完全的澈［彻］底的粉碎国民党和帝国主义五次“围剿”，缴获敌人几万枪炮，活捉敌人的师长、军长、总指挥来献给全苏大会。不准帝国主义瓜分中国，用民族革命战争把一切帝国主义强盗，通通赶出中国去，争取苏维埃在全中国的胜利，这就是我们庆祝二苏大会的最好礼物!

苏维埃的教育政策——凯丰在一九三三年十月苏区教育大会上的报告

（一九三三年十月二十二日）

（一）苏维埃革命与教育事业

在我们面前的一个重要的问题，是苏维埃教育问题，是苏维埃革命与文化教育事业关系的问题，在苏维埃区域内，在政治上和经济上都起了变动。在政治上，首先是国家的政权是在工人和农民的手里，阶级间的相互关系也变动了。在经济上，消灭了封建的剥削，限制了资本主义的剥削。然而在教育的领域内，是否有了变动呢？无疑地，在教育上也是起了变动。在旧社会里，在地主资产阶级国民党的统治之下，无产阶级和劳动者，是没有可能来享受文化教育的幸福。一方面是因为地主资产阶级在经济上政治上的奴役与压迫，剥夺无产阶级和劳动者提高自己的文化教育的一切可能与权利。在经济上，工人和农民在资本家和地主的残酷剥削之下，整天地为资本家和地主工作，甚至恢复自己的疲劳的时间还不够，那［哪］里还有空闲去受教育。同时，在地主资产阶级统治之下，一切学校文化教育机关，都是在统治阶级手里，没有金钱是不能跨进学校的门。工人和农民在资本家地主的残酷剥削之下，所获得的劳动报酬，仅足以维持牛马不如的生活，那［哪］里还有金钱去用作自己的和儿女的教育经费。在政治上，地主资产阶级的统治则完全剥夺工人和农民的言论、出版、集会的自由，学校和一切文化机关是严格的阶级和等级的差异。这种差异是以私有财产为基础的。另一方面地主资产阶级则培养自己的子弟，为他们的剥削事业的继承者，虽然地主资产阶级时常夸耀他们的学校和一切的文化教育机关是“培养人才之所”，这不过是他们为着培养驯服的奴隶，从他们身上取得更多的利润，所以地主资产阶级只有在他们自己利益的范围内才容许提高工人和劳动者的文化，因为他们不但要培养驯服的奴隶，不要扰乱他们的安宁和秩序，而且要培养熟练的奴隶，善于为他们创造更多的利润。

正因为这个原因，所以在旧的社会内，在地主资产阶级国民党的统治之下，造成了人民的黑暗与愚昧。在中国每百人中不识字的有八十到九十人之多，每千人中能够进学校读书的不过十五人到二十人，极大部分的工人和农民都是文盲，尤其是劳动妇女可以说整个的都是文盲。地主、资产阶级以为这样还不能使这些奴隶完全不反抗，更制造酗酒、赌博、娼妓、鸦片烟、宗教迷信、民族成见种种罪恶去欺骗和愚昧工人和劳动者。

一个光荣的例子是苏联，那里建立了无产阶级专政，正在进行社会主义的建设，经过了第一个五年计划的完结，就全盘地消灭了文盲。那里实施了完全免费的教育。那里学校，尤其是高等学校的门首先向着工人开着。你愿意做医生吧！请进医科学校。你愿意做一个工程师吧！请进各种的工业专门学校。你愿意做一个农业专家吧！请进农业学校。你愿意做一个天文学家吧！请进天文学的学校。你愿意做一个航空家吧！请进飞机的学校。你愿意做一个社会学家吧！请进各种社会科学的学校。总之，你愿意做什么，你就去做什么好了。要是你医生也不愿做，工程师也不愿做，专门家也不愿做，那么当着你受完了义务教育之后，他们就会告诉你去进工厂学校，或是其他的职业学校，你就开始工作了。然而你不受完义务教育，国家还要干涉你的，因为对于你的将来的事业是有害的。

中国的苏维埃政府在文化教育领域内，就是根据着苏联的光荣的经验来建设文化教育事业。苏维埃政府是工农民主的专政，是工人和农民自己的政府，工人和农民要想真正地提高自己的文化，只有在苏维埃政权之下才有可能和享受一切文化教育的权利。因为在政治上之完全解放与经济生活之改善，是给予工人和农民提高自己的文化的可能。在经济上，工人生活之改善与农民土地之获得，是给予工人和农民为提高自己的文化的极大推动。苏维埃政府在政治上给予保证，在物质上给以［予］一切的帮助。由于这样的缘故，我们在苏维埃区域，虽然因为过去国民党所造成的罪恶，文化的落后。但是，我们成功地进行了提高文化的工作，我们的劳动小学有三千多所，比国民党统治的时代是增加了，我们还有许多俱乐部、列宁室、读书班、夜学等等，入学的儿童还是在继续地增加，消灭文盲运动正在普遍地进行。虽然因为我们过去对于文化教育工作的许多错误，没有把苏维埃的教育发展到必要的程度，但是我们正在纠正这些错误，使苏维埃的教育迈步地前进发展。

我们要问：为什么在苏区内的群众能够有这样高的积极性来参加提高文化的斗争？这里除了他们的生活改善和苏维埃政府的帮助的原因之外，主要的是因为他们参加国家的管理，感觉到需要识字、需要文化。譬如一件很简单的事，检查路条，非识字不可以做。至于被选举到苏维埃或提拔在苏维埃工作，他们觉得非提高自己的文化不可。总之现在他们认识字提高文化有用处了。苏维埃政府在组织文化教育的事业上，是采取阶级的原则，首先我们愿意赋予无产阶级及劳动农民以学习的可能，因为他们是新社会的基础。同时我们努力于建设一切教育事业，使他们能够正确地造就许多具有共产主义的观点、习惯的新后代。各级学校成为培养新社会的建设者及镇压仇视我们的资产阶级及小资产阶级思想的武器。

苏维埃政府教育的基本原则，是以共产主义的教育来教育群众。苏维埃是新的社会的建设者与组织者，为要执行这个任务起见，必须提高广大群众的文化水平，从自己的队伍中造就出许多熟知建设新的社会文化、科学、技术及艺术的人材。把学习与劳动相联系，理论与实际相联系。把宗教与教育和学校分离，禁止任何宗教干预教育和学校。把数千年统治于教育和学校的孔教废止。苏维埃教育的基本原则就在这里。

（二）教育大会的意义

今天的大会，是苏维埃在教育事业上第一次的大会，从前我们或许有过许多关于教育的问题会议，如像不久以前的教育部长联席会议，然而没有今天这样大的规模。以前到会的只是限于教育部的工作人员，今天到会的有教育部的工作人员，也有团的工作人员以及其他革命组织和文化教育团体的代表。今天的会议不但是因到会的人数扩大，这只是形式上的不同，最主要的是今天的会议把苏维埃的教育问题从来没有像今天这样尖锐地提出，把苏维埃在文化教育事业上许多基本的问题，如像苏维埃的教育政策，学校建设和消灭文盲等问题，更加明确地提了出来。正因为这些问题在我们过去教育部的工作中还欠缺正确的了解。最后，今天的会议不仅是教育会议，而且是团协助教育部工作的会议。我们过去有过不少的协助运动，多是口头上的谈论，到底怎样做协助运动，我想我们今天的会议，应当成为组织协助运动的模范，使那些在口头上谈论协助运动的，知道协助运动的实际进行。

今天的会议的进行，正是当着反对敌人五次“围剿”中，我工农红军在东方的战线和中央的路线上都是获得了许多胜利。正当着苏维埃选举运动及第二次全苏大会的进行中，正当苏维埃工作发展也正当开始初步经济建设的时候，这说明我们在教育上的责任与任务更加重了。敌人在五次“围剿”中非常注重这个问题，因为他们企图经过这个方法来欺骗与夺取民众，来达到他们五次“围剿”的目的。蒋介石在“剿匪会议”上，对于这个问题看作是“最重要一项，就是发展匪区的教育”，“要发展匪区教育的目的，就是要使得我们军队所到的地方，一般老百姓统统能受我们的教育，被我们所感化”（见夺获敌人五次“围剿”材料之十三）。然而，无论如何，蒋介石企图想通过这样的方法去欺骗群众，还是不能掩盖国民党军阀的罪恶，蒋介石不打自招地承认：“但是现在的情形，我们军队无论到一个什么地方，首先把地方好点的教育机关、学校占来做司令部，还有，一个地方只要军队一到，教育经费就没有了，所有中国革命根据地的教育机关都要停顿起来。一般学生，因而失学，他的父母，即城乡一般农工商人，看见我们军队如此摧残教育，表面上虽然不敢与我们为敌,（这也不见得！我注）心里却已经当着是他们的仇敌了。”（见同一材料）

国民党不但是摧残苏区和边区的教育，并且摧残全国各地的教育。他们曾经为着四次“围剿”，停止一切教育经费，关闭许多学校，把教育经费拿来进攻苏维埃和红军。在五次“围剿”中更加残酷地去掠夺教育经费。

在反对敌人的五次“围剿”中，我们应当发展苏维埃的教育，用教育的力量去帮助战争的动员与满足战争的需要，去帮助苏维埃工作与经济建设的发展，这是第一。第二，在国民党军阀摧残教育的情形之下，我们更应发展苏维埃的教育，在教育的事业上来指明苏维埃和国民党统治之对立。

我们这里要来说发展教育对于苏维埃的工作与经济建设的工作有什么关系？对于战争有什么关系？我们可以举几个很简单的例子来证明：譬如，（随着）我们苏区的发展，苏维埃邮政也更加扩大，往来信件更加增多，需要的工作人员也增加。你们知道在送信的邮务工人中，有许多不识字的，你想，他们用什么方法去送信？当他们拿到一大批的信时，他就请别人读给他听，这封信是送给中央教育部的，第二封信又是送中央局的，第三封信又是人民委员会，第四封信又是少共中央局的，这样按次地放好，一直到几十封信，他用手指计算，挨次地送出。要是只要弄错一封，那么全部的信都会送错。你看这是送信的工作，不识字是要闹乱子的。又如我们现在发展了许多合作社，如果合作社的工作人员，不懂得算数，那么他常要把数算错，合作社就要亏本，合作社就要关门。我们只举这些简单的工作，没有教育是不成功。

如果再说复杂一点，譬如，这里还有伤病兵，那么就要开办医院，培养医生。如果培养医生就没有上面这样简单了，只是识字是不够的，还要有一定的科学知识，不然他不但诊病不好，而且要诊死人。我想这样的例子到处可以找到。

列宁说："共产主义是苏维埃政权加上电气化。"要电气化，不识字的人是没有用的，就是识得字也不一定有用，必须要有现代的科学知识，能够把电气应用到各个工业和农业部门去。

教育对于苏维埃的发展和对战争的帮助的重要性，我想是非常明显的，我们有许多的同志，常是忘记了或者不了解这种真理。

今天的大会对于发展苏维埃的教育是一个关键。大会除了要讨论许多一直到今天还没有明确了解的原则问题外，这些原则问题之了解，对于发展苏维埃教育是非常重要的，可以说是发展苏维埃教育的钥匙。然而还要有关于苏维埃文化教育建设事业上，许多实际问题的解答。

（三）苏维埃教育政策的基本原则

苏维埃政权虽然在目前的阶段上还是工农民主专政，他的发展前途，是要转到社会主义的道路上去，他的最终目的，是要消灭阶级，消灭人剥削人的社会、实现共产主义的社会。所以苏维埃教育政策的基本原则，应当是共产主义的教育。

在工农苏维埃共和国内，一切教育事业的提出，无论是在政治教育的范围内，或者是在技术职业教育范围内，特别是在文艺的范围内，应当是充满着阶级斗争精神，即是为实现工农民主的专政，并转到社会主义的道路上去，为推翻地主资产阶级的统治，为消灭阶级，为消灭人剥削人，为共产主义的社会而斗争。

这是苏维埃的基本原则，离开这个原则，就没有苏维埃教育。

然而在目前革命的阶段上，决定苏维埃教育的实施的方针时，我们还须估计到国内战争的环境，与资产阶级民主革命的性质，特别须估计到我们的苏维埃政权还是在经济比较落后的区域内建立起来。

这里就是说我们应当把我们的教育去为着战争。教育为着战争就是说要满足战争的需要，帮助战争的动员。战争的发展，随着苏区的扩大与苏维埃工作的展开，需要广泛地提高群众和干部的政治文化水平来执行当前的新的任务，需要经过发展教育的工作，去提高工人和劳动群众的阶级觉悟。

过去在我们教育部的工作中，存在着一个极端有害的观点，就是资产阶级思想的倾向，把教育工作限制在反对封建迷信的范围，没有提出共产主义的教育。存在着教育部工作中另一种不正确的倾向就是曲解了教育为着战争。有些人以为要为着战争，就是要把学校关起门来，这事实上是取消教育，阻止教育的发展。即使在战争环境之下，也不应减弱教育的发展。

（四）共产主义的教育

我们讲过苏维埃的教育，应当是共产主义的教育，引导千百万的群众学习共产主义。但是“共产主义教育”“学习共产主义”这还是非常一般的。我们要问，共产主义教育是什么？学习什么？怎样去学习？这里有非常大的危险，因为对于学习共产主义与共产主义的教育有许多不正确的了解，或者是非常笼统的了解。

譬如在我们教育部的工作中，就犯了这样的错误，有许多的我们教育部的工作限制于宣传一般共产主义的口号，这种对于共产主义教育的了解是非常笼统的，这种危险在我们教育部的前面是存在着。列宁对于这种危险是特别地估计到的。他曾经这样的警诫我们：“如果我们只是学会一些共产主义的口号，这是更加危险的。如果我们不及时地了解这种危险，如果不把我们的一切工作向着消灭这些危险出发，那么我们将有五十万甚至百万这样的人，青年男女他们在受过共产主义训练之后，自称为共产主义者，对于共产主义的事业是有最大的损失的。”

自然在初次地看来，以为共产主义的教育是从共产主义的书本著作中去求得这些知识，这是最粗笨且非常之不够的。如果共产主义的教育，只是从共产主义的书本著作上求得知识，那么我们将很容易造成许多共产主义的吹牛皮家，这是非常之有害的。因为这些人不善于将共产主义书本著作上所获得的知识与实际的行动相联系。

在旧社会内一种最坏的传统，就是把书本与实际生活分离。从共产主义的教育，应当是与日常的和各方面的工作相联系，照列宁的话：“没有工作，没有斗争，共产主义著作书本上所获得的共产主义知识，是一文不值的。”

我们要问，到底共产主义的教育是什么?

照列宁的回答："将要建设社会主义的一代，需要学习、教育与训练。而他们的学习、教育与训练，决不是一种陈言套语。青年的学习、教育与训练应该从那些旧社会所给我们的材料出发，我们能够创造共产主义社会，只有从旧社会所遗留给我们那些知识、组织与机关的总和中间，人类的人力与工具储藏实际出发，只有根本改造青年的学习、组织与教育的工作，我们才能够使青年一代的努力的成果达到不同于旧社会的共产主义社会的建设。"

这就是列宁教育我们去学习共产主义。如果我们以为只要学会共产主义的口号和共产主义科学的结论，而不去学习人类知识的总和，那是错误的。因为"从人类知识总和中产生出来的共产主义的榜样，就是马克思主义"（列宁）。

关于怎样去学习，我还要说几句，我们想怎样去学习的中心问题就要我们的工作、斗争与学习相联系，离开工作与斗争的学习是一文不值的。我们的学习应当是达到把共产主义成为我们日常实际工作的指导。

还有一个重要的问题，是劳动与教育的联贯。在旧的社会把劳心和劳力分离得很远。这种分离也是阶级社会内不可避免的，他们的目的是达到"劳心者治人，劳力者治于人"。在苏维埃的教育中，就是渐次去消灭这种分离。因为共产主义的社会是"各尽所能，各取所需"，要达到这种健全的人类社会，就要把劳心和劳力联系起来，所以我们的教育应当是达到劳动与教育的统一。

关于共产主义教育的问题，我这里不想多说了。因为时间的限制，在不久你们可看到列宁论共产主义教育的论文，这篇文章将登载在《斗争》上。

（五）苏维埃的教育制度和学校制度

苏维埃的教育制度的基本原则，是实施完全免费的义务教育，给全体男女儿童以教育，直达十七岁为止，因此，他的学校制度是统一的劳动学校。在我们目前战争的环境之下，我们的苏区还是在经济上比较落后的区域，估计到这些特点，对于受普通的和政治技术教育的年限，应当缩短为五年。

应当为成年人设立一种补习学校。为战争的需要应当开办各种的职业学校。为着补救在义务教育没有完全实现以前，应当开办一种普通的学校。

苏维埃政府明令学校与宗教分离。在服从苏维埃的法律，首先是苏维埃的教育政策的条件之下，允许私人所办的学校存在。

（六）社会教育

我这里讲的社会教育是广义的，不但是包括成年人的补习教育识字运动，而且包括俱乐部、列宁室、戏剧、游艺、唱歌、讲演、图书馆等。发展社会教育是非常重要的，因为能够包括广大的群众，吸收他们参加各种的文化教育事业。

过去我们在这方面缺乏正确的了解，以为在战争环境之下，我们主要地只要发展社会教育，而且我们把社会教育非常狭义地了解成为只是成年人的教育。

在目前我们面前有着一个社会教育蓬勃发展的浪潮！在各处群众为文化斗争是在极大地发展起来，这种原因，不但是因为苏区工人和农民经济生活之改善，以及政治上苏维埃政府的帮助。而且因为工人和农民感觉到极端的需要。因为他们参加国家管理，参加政治的生活，更加激起了他们为文化教育斗争的热度。譬如查路条的工人和农民，他们知道不识字将要放走反革命分子，这是一种罪恶。他们感觉在墙壁上所写的标语，也有了解的必要，这些一切的事情都推动着他们去为文化而斗争。

社会教育所以能够这样极大的发展，原因就是在这里。虽然对于消灭文盲运动，到今天我们还没有系统的领导。但是在群众的积极性和创造性之下，现在已经有了识字组和识字总会，包括几十万的人。

我们的不幸就是没有正确了解社会教育发展与普通教育的关系。过去我们死守陈规，以为只要发展社会教育的观点，确实限制了社会教育的发展。因为社会教育的发展，如果得不到普通的工艺的教育的帮助，我们不能把社会教育提到应有的高度上去。今天的许多事实都说明了这一点。

所以，我们应当极大限度地来发展社会教育，把社会教育提到应有的高度上去。

应当确定我们目前的社会教育中的中心任务，是消灭文盲运动。在这方面我们应当做许多的认真的艰苦的工作，因为“在不识字的国家内要建设共产主义社会是不可能的”（列宁）。

文盲的存在，对于我们苏维埃工作的发展是一个极大的障碍！

（七）干部的问题

苏维埃政府是工人和农民的政府。他吸引一切愿意为苏维埃服务的“人材”，旧的教员、专门家、旧的知识分子以及各种自由职业家来工作。只有苏维埃政府，才是真正的爱惜人材的政府。国民党常常说他们爱惜“人材”，但在他们统治之下，有许多的“人材”：教员、专门家、知识分子以及自由的职业家，没有工作可做，常常因为生活的逼迫，而改变他们的职业而去做他们所不愿做的工作。国民党的统治，不但不爱惜“人材”，而且是压制“人材”。

在教育的干部上，我们应当吸引可能的能够而且愿意为苏维埃工作的一切“人材”。过去我们在这方面有着非常不能容许的错误，就是存在着一种反对知识分子的情绪，我们应当根本地纠正这种错误。

然而要根本地解决干部问题，我们还须尽可能地来培养从工农自己队伍出身的干部知识分子。在这方面，我们还有许多的工作可以做，而且应当做，应当即刻就做。

教育工作干部一个最大的问题，是国民教育的教员的问题。对于这一方面，我们还是做得非常之少，甚至我们还有同志不了解怎样去吸收旧的教员来执行新的任务。我们没有把国民教员的问题，提到这样的顶点上去，就是没有他们谈不到任何的文化，谈不到资产阶级的文化，也谈不到无产阶级的文化。这些国民教员在我们现在所处的地位，应当与他在资产阶级社会内所处的地位不同，就是说一直到今天为止，在资本主义社会内一切小学的教员都是资本主义的支柱；在我们这里，他们应当是苏维埃的支柱。对于这种情形，我们应当有系统的不动摇的和经常的工作，造成他们工作的环境，尊重他们的劳动，在各方面给他们以准备，使他们达到真正很高的知识，而且主要地提高他们的物质生活，把他们的物质生活，提到一般的群众生活的水平线上去。

“必须有系统的加强对于组织国民教员的工作，为的是一直到今天为止，在一切资本主义的国家内，无例外的他们是资产阶级的支柱，变为苏维埃的支柱，为的是经过他们使农民从与资产阶级的联合吸收到与无产阶级联合。”（列宁）

（八）教育经费与出版事业的问题

我们应当节省一切可能节省的东西，免除一切的浪费，拿去做教育经费。因为我们目前是在战争的环境之下，我们要以最大的力量供给前线。同时国民党对我们经济的封锁，使我们苏区的经济困难。然而我们还是要用一切可能的条件去保证必要的教育经费。在这一方面，目前苏维埃政府已经是尽量的在做，而且要做到逐渐地使教育经费增加，使教育经费在国民经济中占着一定的比例。

可是要真正地解决教育经费，我们还须最大程度地依靠于群众的力量。在这方面一直到今天为止，我们是有了可观的成绩。群众自动拿出钱来办学校。我们三千多个小学，所以能够维持到现在，因为我们依靠了群众力量。然我们还须用极大的力量来组织这一工作，在群众力量的基础上来保证我们的小学能维持经常的状态，不致受经济困难的影响，使我们的学生能够安心完成他们的学业。

出版事业对于我们教育的重要，这是用不着说。因为没有“书”我们的学校就不能进行有系统的课程，对于苏维埃的出版事业我们还没有特别的重视。在今后我们应当首先印刷那些为千百万群众所需要的书籍课本，而且应当大批地来印。一切以为小学课本不重要的观点，应当摒弃。我们还应当利用一切可能的条件去印刷大批的书籍课本，首先是小学的课本。

（九）团的协助

今天的会议不但是一个教育大会，而且是团对于教育部工作协助的一个会议。为什么要有这样一个协助运动？因为第一，教育部工作落后于苏维埃其他各部的工作。第二，教育部的工作到处是与青年的问题相联系着的。

我们过去有过不少的协助运动，但是都没有达到必要的成绩。协助者不知道怎样去协助，被协助者不知要求什么协助。我们的教育部是一个有权威的机关，我们的青年团是一个有力量的群众组织。在我们互相的帮助、互相的工作之下，我们相信能够做出一个模范的协助运动。

团的协助，首先应该是全团的，依靠于每个团员和支部的参加，依靠于团动员广大的青年群众来参加文化教育事业。

我们应当订立协助的条约。这种条约不只限于今天的大会，应当每级的组织中都有他们自己具体的条约。团动员一定的数量的干部去做教育工作和教育部的工作。

首先担任消灭团和少先队内的文盲。每个团员应当担负消灭十个文盲的任务，担负对于学校的协助以及其他许多的实际问题的协助。

（十）总结

同志们！我的话就要完了，总结起来说，我们今天会议的任务是伟大的，我们相信到会的同志能够解决这些问题。

虽然国民党他们时常谩骂我们，说我们是“土匪”，说我们只知“破坏”，说我们“杀人放火”。而事实都证明相反，在苏维埃政权下，一天一天引导工人和农民走上新的道路、建设的道路。在国民党的统治下要开这样大的教育会议是不可能的，然而苏维埃政府却这样做了。如果不是帝国主义、国民党对于苏区的进攻和破坏，我们的建设将要更加迈步前进的！

然而在国民党的统治之下，却造成人民的黑暗，培养和扶助野蛮的和亚西亚式的落后。帝国主义正利用国民党所造成的野蛮作为进攻中国的借口。

我们不但为着“文化的”国家、“文明的”国家斗争，而且是为着苏维埃的国家、为着社会主义斗争。（热烈鼓掌）

一九三三年十月二十二日

苏区教育大会结论[①]

（一九三三年十月二十三日）

同志们，关于苏维埃教育政策的问题，经过昨天和今天的讨论，在基本上，同志的意见都是正确的。我想首先把在会议上引起争论的问题来说一说：

---

① 文献原标题为“结论”，这里编者修改为：“苏区教育大会结论”。文献时间为“十月二十三日”，编者增加了“一九三三年”。

（一）对教育部工作的估计

在今天的会议上有两种不同的意见，然而这种意见我想都是不正确的。有一个同志说，我们教育部工作落后，教育工作什么成绩也没有。另有一个反对这种意见的同志说，我们教育部的工作没有什么落后。我想来说明我们教育工作上的成绩与到今天为止还存在着的教育部工作的落后。我没有找到更多的材料可以利用，江西省教育部的统计材料中（1933年7月的）告诉我们，在江西兴国、万泰、胜利、博生、公略、石城、永丰、宜黄、龙岗、杨殷、太雷、洛口、长胜，13个县内有51286个在列宁小学的儿童，有68146人在夜校，但是我们不知道，在这13县内有多少人口。我们只能大概的估计，在中央苏区有300万人口，除粤赣、福建外，我们大概可以估计这13县为150万人口。那就是说有8%的人在学校读书。这里还没有包括党的和军事的学校的学生。

这个事实说明，我们这里进学校的人，超过了国民党50%。兴国的同志说，兴国消灭了90%的文盲，虽然没有这方面正确的统计。我们知道，兴国的确是极大部分消灭了文盲。

这种成绩是伟大的，这种速度是任何资产阶级国家所想不到的。然而，我们这里还不得不承认，在“纯粹的”文化的观点上来说，我们还是落后西欧资本主义的国家。然而，我们也应当知道我们这种的落后，是几千年封建的地主资产阶级的统治所造成的，所遗留给我们的，我们的苏维埃政府才成立两年，还是在国内战争中，想在两年内来根本消灭几千年遗留给我们的，我们也没有这样想过。

这里我们不得不说，我们这些成绩并没有达到必要的程度。这又是什么原因呢？这就是我们教育部工作中的错误，如果是我们教育部中没有这些错误，如果我们是及时的纠正了这些错误，那么我们的成绩还不止这样。

摆在我们前面的一个严重的问题，是我们教育部工作的落后。以前我们指出过的是落后于苏维埃政府各部门的工作，如果我们不看见这种真理，如果我们把这种病态隐瞒不说，这是我们这次大会失败的预兆。我们不愿意这样做。我们应不着隐瞒[①]的落后性在教育部工作中，在今天还是存在的。问题是在我们怎样来克服这种落后。我们相信经过我们这次大会，经过我们的代表，经过我们有系统的发动群众的工作，依靠于过去某些工作成绩的基础上，我们能够克服这种落后性，而且能够很快的克服。我们相信能够把教育部的工作成为苏维埃各〈职〉能部〈门〉工作的模范。

（二）与对教育工作忽视的观点作斗争

有些同志说：我们这里没有什么忽视教育的观点，不过对于教育的路线错误罢了。我想把忽视教育与教育路线错误对立是不正确的。譬如有人主张服从战争而取消教育。这里是不是包括忽视教育？不但是忽视，而且是取消教育。

如果是说我们这里没有忽视教育的观点，我们请拿事实来看吧！我们忽视教育，不单是别人，就是我们教育部的工作同志都有。我想反对这种忽视教育工作的观点，首先应从我们教育起。譬如今天到会的同志，有人说会昌的教育部主张："我们要帮助战争，不要做教育工作。"这种观点是不是忽视教育工作。譬如我们许多教育部的通告、训令、决议，讲了一大篇扩大红军、经济建设等等，但是对于教育部应当做的工作，一句话不讲。如拿不久以前的你们却［去］参加过的教育部长联席会议的决议，那里讲了四次"围剿"，五次"围剿"，经济动员，扩大红军，甚至提出经过小学去扩大红军。但是对于教育部和教育工作许多问题，解答了没有？没有。这种情形，是不是忽视教育？在我们教育部工作的有些干部中常是存在着这样的一种欢语："教育部的工作有什么要紧！"我想这种情绪是不应当。我想这里应当开展反对在教育部内存在着的忽视教育的观点。

我们这里忽视教育工作，不能只单单责骂教育部中的有些同志，而且也应当责骂各方面忽视教育工作的现象。

有些同志说，我们不应当说某些苏〈维〉埃主席团忽视教育工作，因为这是把自己的责任推到别人的身上去。我想这是不正确的。我们常常听到有些同志说：有些教育部提出的问题，苏〈维〉埃主席团常是一次推二

① 原文如此。"不着隐瞒"可能是"不作隐瞒"。

次、二次推三次、三次推四次，最后忘记了。这种事实能够隐瞒的吗？后想是不能够。譬如一个最重要的问题，我们有几百万的儿童、青年、成年要求要读本，一直到今天没有大批的印刷，然而我们却印了不少的决议、通告等等。今天我们刚才接到福建劳动感化院的来信，他说要印省政府的布告，又把小学课本搁置不印了。

现在我们还有个别的地方，因为兵站中有个别的混蛋的工作人员，常是把列小拿了去驻扎，而且把列小的桌子拿去做飞机洞。不久以前，中央政府人民委员会还为了这个事件发过一个训令。我想这种行为，不能叫做他是忽视教育，只能当做他是国民党军阀习气的传统遗留在我们苏维埃的工作人员中。我们应当与这种现象进行残酷的斗争。

（三）团结旧知识分子的问题

在这个问题上有两种错误，一种是“左”的反对知识分子，另一种是曲解我们的阶级路线。这种观点都是不相信我们自己的力量，不相信苏维埃政府有能力去团结那些愿意为苏维埃服务的知识分子和专门人才。

我们〈完〉全同意许多同志对于□□□的意见的批评。□□□主张我们要利用知识分子，对于那些小地主出身的知识分子的土地，可以不没收。这种意见是非常错误的，是企图动摇苏维埃的土地政纲，我们不允许的。我们应该使土地革命的利益落在中农和贫农的身上，不使地主和富农窃取土地革命的利益，我们进行了查田运动。

同时苏维埃政府，目前对于土地的政策是采取一切办法去固定土地在农民手里。然而，□□□的观点也违背了苏维埃这个政策。许多同志说得对，我们不能因为要利用知识分子对于地主阶级有任何的妥协去损害土地革命中的苏维埃的政策。

以前我们同志以为知识分子会反革命，我们应该反对他们。这些同志不相信苏维埃的力量能够团结这些知识分子来工作。现在□□□主张对于地主富农分子的妥协去团结他们的工作，这也是不相信苏维埃的力量去团结他们来工作。这种“左”的和右的机会主义的观点，都是阻碍着我们顺利的去团结知识分子为苏维埃工作。

现在我要讲怎样去团结旧的知识分子为苏维埃工作？

这里我们应该说知识分子不是一个东西。他们中有各阶级不同的出身。

对于那些从地主、富农、资产阶级出身而愿意为苏维埃工作的知识分子，苏维埃应当维持他们的生活，在可能的必要条件之下，可以给他们相当的薪水。这个意见，许多同志都说过，我是完全同意的。我们拒绝□□□同志所提议的拿土地去做投机买卖。

对于许多同志所提出发动群众优待他们，我是不反对的。但是我要说，如果群众反对时，我们就不能强迫，因为许多事实告诉我们，当我们的同志去发动群众优待这些分子时，群众说他们是地主富农我不去优待。如果群众还没有了解时，我们不应当勉强，而应该去说服他们。有同志说，我们应当如优待红军家属一样去优待他们，我想应当慎重。

对于中农和贫苦阶级出身的知识分子，我们应当争取他们完全站在苏维埃方面来。愈是这些分子接近我们，我们团结知识分子的工作愈能顺利的进行。

有人说我们利用旧的知识分子，只能利用他们做技术工作，不能利用他们做负责工作。一般的这样说，是不正确的。这还是重复过去的错误，就是怕他们反革命，不相信苏维埃的力量能够团结他们来工作。

我想一般的来说，我们可以而必要吸收他们参加地方的和中央负责工作。这并不是说没有条件的，不，完全不是的，我们应当依据他们的工作能力，他们的工作成绩，他们对于苏维埃的关系，这并不是说对于他们的放任，不，完全不是的，应当是有苏维埃的监督、群众的监督。

在这样情形之下，我们怕什么？

（四）干部问题

要根本解决干部这个问题，我还是要归根结底的来讲到提拔和培养从工人和贫苦阶层出身的〈知识〉分子，培养无产阶级的知识分子，我们今天还没有的。但是我们可以应当而且必须立即培养，大批的培养，无论我们怎样困难，我们有这样的条件，这样的可能。

干部问题中的一个重要问题，是妇女干部，不但应当吸收妇女来做列小教育，而且要吸收他们到教育部的负责工作中来。

在这方面，我们完全没有开始做。不但今天我们的会议上看不到妇女，的确在我们的工作中没有吸收他们，应当立即开始来做。

关于乱调干部的问题，值得我们的注意。在福建省四个月换了三个教育部长，这还是省的教育部，县的和区的更是糟。我们的教育部，是苏维埃的一个工作机关，它不是红色饭店，我想这种情形我们是不允许的，必须固定教育部工作的必要的和主要的干部。我想这个问题由人民委员会与教育人民委员会共同的去解决。

（五）社会教育问题

我们的社会教育在目前的情形之下，他的中心任务应当是消灭文盲运动，把我们的俱乐部、列宁室、夜校、识字小组等都动员起来，把中心放到消灭文盲运动上去。这并不是说可以减弱在其他方面工作的注意，尤其是用发展社会教育去帮助战争的动员的任务。

俱乐部的问题，工农剧社的同志提出是群众的组织，这是正确的。他应按照生产、机关、学校、农村来组织，有它自己的会员等等。关于俱乐部的政治领导应当是共产党，但是教育部也应该去帮助和领导俱乐部的工作。

（六）反对封建迷信的问题

反对封建迷信是文化教育工作中的一个重要的工作。我这里来说一说过去我们在这方面的错误。譬如今天有同志说，在西江县一个地方群众要唱老戏，我们的同志反对，要去拿他们的锣，有些群众的回答，你要拿锣，我们就要打！我想用这样的方法去反对封建迷信，到处会遭失败，遭受打的，因为不了解怎样去艰苦的说服群众，不了解用我们的实际的例子去争取他们。如果要群众不唱老戏，只是空口反对，是得不到丝毫的成绩，我们应当去用更好的方法去满足群众的娱乐，用发展苏维埃的戏剧蓝衫团的工作去争取他们。譬如我们今天开会的这个房子是一个封建式的房子，但是在今天还是洋溪一个很好的房子，大家都愿意住这个房子，如果在这旁边造一个新式的洋房子，那么大家都会不愿意住这个房子，而跑到洋房子里去了，这个房子就空了。如果把我们的戏剧运动发展起来，能够满足群众的欲望，也是会同上面这个例子一样。

又如反对信神信鬼，有些人以为把菩萨打了，就可以达到的，完全不然。你们知道菩萨可以打了，甚至庙内［里］面住了我们的机关，但是在庙的旁边，就是你的机关的旁边，他们也可以拜神。如果是你机关的旁边不准他们拜，但是在他们的床头拜神，你是不能禁止也无法禁止的，这种办法是笨的。要真正的反封〈建〉迷信信神信鬼，真正的反对宗教迷信，只有艰苦的说服群众，吸收他们参加一切社会的工作，吸收他们参加斗争，在工作中、斗争中来改造他们，洗刷他们的脑筋。在座的代表们，你们自己想一想，在未革命前你们是不是信神信鬼？我想你们有百分之九十九是的。为什么你们现在不信神鬼了，因为你们参加了工作，参加了斗争，在工作中在斗争中洗去了这些东西。

同志们！我的结论也要完了，在大会上是成功的解决了，教育的代表将这些问题拿到实际工作中去实现，我们相信在很快的将来能够克服教育部工作的落后性，达到教育部成为苏维〈埃〉各部工作的模范。

（热烈鼓掌）

附录（一）：苏区教育大会决议案：目前教育工作的任务

（一九三三年十月二十三日[①]全苏区教育大会通过）

（一）在工农民主专政的共和国内，一切教育事业的设施，无论在政治教育范围内，或普通的工艺的教育范围内，或文艺的范围内，都应当从阶级斗争出发，从争取工农民主专政的胜利，从推翻地主资产阶级的统治出发，从为着转变到社会主义的革命出发，从消灭阶级、从消灭人剥削人的制度、从为着共产主义社会的斗争出发。因此，苏维埃的教育应当是共产主义的教育。

教育大会的进行，是在这样的情形之下：一方面我们正处在五次“围剿”决战的前面，红军在反对五次“围剿”中获得许多胜利；另方面，是苏维埃工作和经济建设工作发展的时候。因此，教育工作目前的任务，是帮助战争的动员和争取〈粉碎〉五次“围剿”的胜利。

---

① 文献原落款为“一九三三年十月二十日全苏区教育大会通过”，但是全苏区教育大会的开会时间是二十二日，作大会结论的时间是二十三日，并且根据《附录（二）：关于团与教育部协助条约的决定》文件经全苏区教育大会通过时间“一九三三年十月二十三日”来看，原文献的“二十日”应有误，所以这里编者判定为“二十三日”。

（二）大会认为苏维埃的教育工作发展的前提，须要吸收工人、农民和红色战士以及一切劳动者，积极参加教育事业，特别是参加一切国民教育和社会教育事业建设。

（三）苏维埃教育制度的基本原则，是为着实现对一切男女儿童免费的义务教育到十七岁止，但是估计着我们在战争的情况之下，特别是实际的环境对于我们的需要，大会同意把义务教育缩短为五年。为着补救在义务教育没有实现以前，以及超过义务教育年限的青年和成年，应当创造补习学校、职业学校、中等的学校、专门学校等等。

对于私人的学校，在服从苏维埃法律，首先是遵守苏维埃的教育制度的条件下，允许存在。

（四）社会教育是我们一个有力的武器，是吸收工人农民及红色战士广大工农群众参加文化教育工作的武器。必须有系统的领导发展消灭文盲运动，俱乐部、列宁室、工农剧社、蓝衫团等等的工作。大会同时指出社会教育的发展，并提到顶上去，必须获得普通的工艺的教育发展的帮助。过去以为只要发展社会教育的那种观点是不正确的。为着有系统的领导消灭文盲运动，大会提议发展消灭文盲协会。

（五）大会指出教育部工作的错误，主要的是忽视共产主义的教育。在教育工作中存在着一种资产阶级教育的倾向，缺乏对于教育服从于战争的了解，在目前还是存在着一种忽视教育工作的现象，教育部工作在苏维埃各部工作中是一个落后的部门，必须用最大力量注意纠正这些错误。

（六）大会指出过去教育部对于旧的知识分子和专门家，采取了不正确的政策，没有吸收他们到教育工作中来。特别对于组织小学教员的问题上，没有系统的工作，必须立即开始有系统的来组织小学教员，造成小学教员工作的环境，改善小学教员物质生活，达到一般群众生活的水平。最重要的提高他们的熟练的程度，使他获得普通教育和政治技术教育的知识。对于那些有理论的和长期实际工作中有经验的专门教育家，中央教育部必须统计这些工作人员，研究他们工作的年龄，检查他们工作的结果，有系统的吸收他到地方的特别是中央的负责工作中来。

大会认为要成功的团结旧的知识分子和专门人才，必须反对“左”的吃［排斥］知识分子的倾向；同时必须反对曲解阶级路线的右的机会主义的错误。

摆在目前重要的任务，必须进行有系统的培养工农的干部，从工农积极分子与文化水平较高的干部中，准备一批熟悉教育工作人材，提拔妇女参加教育工作，首先是列小的教员。为着团结苏维埃教育人材，大会提议在教育部的领导之下，发起红色教员联合会。

（七）教育部最近必须编印主要科目的课本，并大批印刷。（有可能即应编印短期训练班的和识字组的课本）

大会指出在目前的经济困难的情形之下，必须发动广大的群众对于这方面的援助。

（八）为着建立教育部的有系统的经常的工作，必须健全各级教育部的组织，首先应在［当］巩固和加强中央教育机关，吸收积极的干部到各级担任负责的工作，必须固定教育部的主要工作干部，并培养成熟悉教育工作的人材。过去乱调干部的现象，必须立即采取有效的办法来纠正。

（九）大会同意团所提出的协助条约，要求团中央局和中央教育部共同的监督这一条约的执行。

附录（二）：关于团与教育部协助条约的决定

（一九三三年十月二十三日全苏区教育大会通过）

（一）大会热烈欢迎少共中央局所发起的对于教育部工作的协助运动。共产青年团是苏区有力的一个群众组织，在文化战线上突击与帮助将是苏维埃文化教育发展的主要支柱。

（二）大会完全同意团的方面所提出的协助运动条约就是：

1. 在二次全苏大会前，动员一百二十个团的干部，到地方的和中央的教育部工作。

2. 担任着消灭团内和少队内的文盲，并实现每个团员消灭十个文盲的任务。帮助建立消灭文盲协会的组织，在每个生产中、城市中、乡村中，组织这种组织。

3. 动员年满入学的儿童全体加入学校，到一九三四年十月节[①]为止，实现每五百居民一个小学，每一百居民一个夜校。

在最近协助教育部，在兴国和瑞金创举各一个中等的学校，在中央教育部下创办一个列宁师范。

为着学校中工作的发展，在学校中建立团的支部是必要，并加强对于他们的领导。

4. 大会提议要求团中央局和中央教育部，监督这一条〈约〉的执行，经常将进行情形在《青年实话》和《红色中华》公布。

团代表：凯丰、王用济、伍洪祥、凌大標、钱增文、杨世岷

教育部代表：徐特立、黄广承、李庭华、刘敏强、萧峯云、王大成

一九三三年十月二十三（完）

红军大学上级政治科政治工作讲授大纲

（一九三三年十一月二十五日）

郝西史大学训练部印

一、绪论

（一）政治与军事。

1. 革命的基本问题是夺取政权。

2. 暴力是推翻地主资产〈阶级〉统治必须的手段。

3. 军队是阶级统治之工具。

4. 要消灭地主资产阶级统治必须消灭地主资产阶级武装。

5. 要夺取与巩固政权必须组织自己阶级的军队。

6. “战争”是政策在另一种手段之继续，而军队是进行战争的工具。

7. “军队的组织与战斗的方式以及军队的胜利与失败是倚靠于人员的物质与武器，即是说：依靠于人民的数量、质量与技术。”（恩格斯）

8. 军事是服从于政治的。

① 十月革命纪念节。

（二）国民党军队与红军。

1. 国民党军队是地主资产阶级的武装柱石，而红军是苏维埃政权的武装柱石。

2. 国民党军队是建筑在镇压与屠杀工农的基础上的，因此国民党军队是与工农群众脱离的，而红军是工农的武装，他与工农群众是紧密的结合的，因为红军本身就是一种武装的工农。

3. 国民党军队是与生产劳动和社会的政治活动分开的，而红军是与生产劳动和社会的政治活动结合的。

4. 国民党军队是建筑在奴役的纪律上的，而红军是建立在自觉的纪律上的。

5. 红军之国际性的实质。

6. 要消灭国民党的统治，必须消灭国民党的军队。

7. 要建立与巩固苏维埃政权必须有强有力的工农武装——红军。

（三）共产党与红军。

1. 军队与政党。

2. 共产党是红军的组织者和领袖。

3. 共产党的正确领导是红军取得胜利的先决条件。

4. 红军必须坚决的执行共产党的路线政策、主张。

5. 红军必须团结在共产党的口号与意志之周围。

6. 保障与巩固党在红军中之绝对领导，是制造铁的红军之基本条件。

7. 巩固共产党在红军的领导，即是巩固红军的战斗力。

二、红军中政治工作与政治机关组织

（一）政治工作的任务、作用、对象与内容。

1. 政治工作是党内的工作、政治文化工作、政治行政工作和政治组织工作的总称。

2. 政治工作的基本任务是保障巩固红军的战斗力。

3. 政治工作是保障共产党在红军中领导的工具。

4. 精神的要素与技术，在巩固红军战斗力上的作用。

5. 政治工作的对象是红军、敌军与居民。

6. 政治工作的基本内容是对红军与劳动群众解释战争的阶级性、作用与目的；团结红军在党和苏维埃政权之周围；吸收劳动群众积极参加和帮助红军的战斗工作；给敌军及敌军占领区内劳动群众以阶级觉悟以及瓦解敌军。

（二）红军中政治机关组织与作用。

1. 红军中的政治机关与政治组织是党的组织，而同时又是军事指挥机关不可分离之一部分。

2. 红军中政治机关组织的系统。

3. 政治委员制度与巩固政治委员制度。

4. 政治部的组织与工作。

5. 政治处的组织与工作。

6. 列宁室与俱乐部的组织与工作。

7. 巩固政治委员制度与政治机关是胜利地进行政治工作的基本前提。

（三）红军中党的组织与作用。

1. 红军中党的组织的特点。

2. 红军中党的组织的任务与作用。

3. 红军中党的组织与军事行政的关系。

4. 红军中党的组织与党内民主问题。

5. 连支部的组织与工作。

6. 总支委的组织与工作。

7. 列宁青年小组的组织与工作。

三、红军中宣传鼓动工作

（一）宣传鼓动工作的基本任务。

（二）宣传鼓动工作的作用。

（三）课内工作的任务原则、内容与方法。

（四）课外工作的任务原则、内容与方式。

四、红军中战时政治工作

（一）战时政治工作的 × × × × ×①任务与基本原则。

---

① 文献原有的符号。

（二）对本军的政治工作。

1. 总则。

2. 政治领导的组织。

3. 战时军事政治教育的原则。

4. 宣传鼓动工作与工作内容。

5. 巩固部队的政治精神的状况。

（1）军队的战斗力之最主要条件是他的坚固的政治精神状况。

（2）经常对部队，一切人员进行政治教育。

（3）指挥员与政治人员对红军战士的接近与关怀。

（4）顾惜伤病人员。

（5）顾惜红军战士与死亡者的家属。

（6）注意给养问题。

（7）反逃亡斗争。

（8）奖励与惩罚。

（三）对敌军的政治工作。

1. 总则。

2. 研究敌军的社会成份。

3. 对敌军中的鼓动工作。

4. 对俘虏及逃来投降者中的工作。

5. 组织坐探。

6. 瓦解敌军后方。

（四）对居民中的政治工作。

1. 总则。

2. 建立红军与居民的正确的相互关系。

3. 对居民的宣传鼓动工作。

4. 维持战区的革命的秩序。

5. 与地方党、政权的关系。

6. 党革命委员会及群众团体的组织。

7. 没收土地与分配土地问题。

8. 在敌人占领区域组织政治侦查，并散发宣传品。

（五）进攻与防御战中的政治工作之特点。

1. 进攻战之政治保障。

2. 防御战之政治保障。

（六）退却时之政治工作。

1. 退却时政治工作的任务。

2. 对本军的政治任务。

3. 对敌军的政治任务。

4. 对居民的政治任务。

（七）补充师、团的政治工作。

1. 补充师、团政治工作的任务。

2. 补充师、团政治工作的特点。

3. 补充师、团政治工作的内容。

4. 补充师、团政治工作的几个阶段。

（1）被动员者到来时的工作。

（2）训练时期的工作。

（3）被动员者的派遣时期之工作。

五、扩大红军中的政治工作

六、赤少队中的政治工作

七、游击队中的政治工作

八、目前红军建设中之基本问题

本课目下即需要之参考材料

1. 红军政治工作。

2. 战时政治工作。

3. 步兵战斗条令。

4. 野外条令政治工作。

5. 政治部与政治工作。

6. 政治委员制度报告大纲。

7. 列宁室工作。

8.《红星》副刊第一期。

9.《国际路线》一二三本。

10. 苏联国内战争经验与教训。

11.《国家与革命》。

12.《革命与战争各期》。

13. 总政治部颁布之各种训令。

14.《政治工作》第一期。

工农红军郝西史大学训练部印

建立各级教育部与各级少先队总训练部（团员）的密切的关系——中央教育人民委员部与少先队总训练部联合通令

（一九三三年）

经过少先队的组织，实施教育部对广大的青年工农劳苦群众的共产主义的教育计划，是教育部工作的重要方式之一。因为少年先锋队是包括着广大的工农青年群众，甚至在部分地方是包括一切有选举权的青年群众的组织。

可是检查各级教育部，过去在这方面没有注意到的。虽然在教育人民委员部与俱乐部组织和工作大纲中提出了对于少队进行读报讲演工作，也没有实现。因为没有在组织上发生联系，又没有切实督促下级教育部切实进行工作，并提出一个空洞的读报和讲演的工作，结果成了一个空话。今后应该在组织上发生密切联系及经常互相检查工作。

为着建立教育部与训练部（团员）在组织上和工作上的密切关系，中央教育人民委员部与少先队总训练部特通令各级教育部与各级训练部（团员），立即实行下面的决定，建立密切的组织和工作的关系。

一、……固定代表参加会议，互相提出意见。同时教育部的社会教育局（科）应该吸引少先队训练部（团员）的文化教育委员会（科）的同志参加工作。而少先队训练部（团员）的文化教育委员会（科）也应吸引教育部的社会教育局（科）的同志参加工作。

二、在物质上工作上，如干部的培养材料的编制印刷，社会教育的建设等等，教育部应给少先队以极大的帮助与实际的指导。

三、少先队应领导、组织、发动广大队员积极参加文化教育工作（如日校、夜校、识字班、读报班、俱乐部），并且在教育部指导之下，将教育部……的决定切实在少先队内进行与实施。

四、教育部派出的巡视员（或特派员），应帮助少先队巡视少先队的文化教育工作，同时，少先队的训练部（团员）也应委托教育部的巡视员（或特派员），巡视少先队的文化教育工作。教育部应定期讨论与经常指导少先队的文化教育工作。下级教育部向上级教育部做报告，必须报告少先队的文化教育工作。此令。

中央教育人民委员部代部长　徐特立

少先队中央总训练部部长　张爱萍

一九三三年

闽浙赣省苏关于各县文化部工作检阅——第一次县文化部长联席会议之一

（一九三三年）

一、检阅各县文化部过去工作，在有些地方，是收到了相当的成绩，如横峯［峰］、弋阳、上饶。特别是横峯［峰］，相当的建立了工作的基础。但是普遍的在各县文化部工作中，存在着忽视文化工作的严重现象。如上饶、弋阳的文化部长，开始工作已十余天，没有开会，没有准备文化部工作，也没有求得了解文化部的情形与工作。德兴文化部长同样的不了解德兴文化工作情形，因为去做别种工作去了，而完全放弃本身工作，特别是乐平、万年、贵溪，对文化工作，是持着取消态度的。乐平县没有文化工作，几次部长联席会议都不出席，送去的各项文件，完全放起来不答复。弋阳、上饶、德兴虽然比较进步一点，但也是没抓紧〈文〉化工作，因为充塞在各县文化部当中的忽视文化工作的普遍现象，致影响到文化工作没有能够收到满意的成绩。

二、各级文化部没有建立起本部的日常工作，文化部委员会有些经常不开，有些只开了一二次，因为没有经常的会议，本部的工作就不能健全起来。文化部部长，有时因主席团分配工作去作［做］，或出去巡视工作，文化部本身工作就丢开无人负责了，没有经常委员会负责，上级的指示和下级的报告，也就无人答复。

三、各县文化部的工作方式是：

（1）有些县文化部的工作只是把上级的训令转到下级就算了，各区也只是把县文化部发下来的文件发到乡去，甚至有些区把上级训令和决议丢了不管，没有把上级各种决议专门的讨论，没有根据当地实际情形，去专门的布置。

（2）除了横峯［峰］、弋阳、上饶，相当有巡视工作外，其余对下级工作没有检查，因此对下级情形多不了解。有些县依照各区的报告，不经常检查，报告到省文化部来，数目字常常是靠不住的。

（3）因为日常工作没有好好建立起来，各区对县文化部的报告，县文化部对于省文化部的报告，非常的少，甚至没有，因此各县文化部，对下级情形，没有清楚的了解，

（4）对下级情形不了解和没有日常工作，因此对下级的领导力量微弱的很，甚至没有领导。

四、在以上的各种缺点底下，各种文化工作的情形是：

（1）俱乐部工作：各县文化部对于俱乐部的工作没有充分的理解，致影响到俱乐部。除了演戏与打拳以外，没有其他的经常工作，没有能够利用各种群众化的工作方式，团聚很多数的群众，很高兴的到俱乐部去，通过了演戏、鼓词、晚会、讲演、研究组、壁报等等方式，以教育群众，鼓动群众，传达重要的决议，提高群众的文化水平和政治认识。

（2）工农补习学校：在去年□月决定建立全省310所，到现在还只完成了223所。只有横峯［峰］县是超过了原定的数目，但仍然是在原定完成时间以后很久才完成的。乐平完全没有建立，万年只有一处，贵溪最近才开始建立，执行工作是迟缓到不能忍受的程度，同时参加的群众，流动的现象是非常的厉害的。同时在执行这一工作中，缺少政治的动员，没有注意广泛的鼓动群众，是使了解识字的意义。

（3）识字班工作：应该是在各村中建立起来，使除了加入工补[①]、列小[②]的以外，通通加入识字班，每天学习三个字到五个字。但各县对这一工作并没有用很大的力量去进行，到现在数目还是很小的，识字的成绩同样非常不好。

（4）读报工作：各级文化部没有当作是主要工作，各区没有能按期到县开读报会议，各村也不能按期到区开会。文化部对这一工作没有抓紧，好好的督促。读报员对本身的工作也没有很清楚的理解，除读报以外，不晓得检查下级工作，和征求群众意见，和收集各地消息，写通讯到工农报来。征求工农报固定读者的工作，上饶、弋阳、横峯［峰］，相当有些成绩，但一般的还是非常不够，到现在只完成了原定计划三分之一。（原定计划在全省征求六千人）

（5）壁报工作：在过去没有注意建立农村的壁报，在各机关学校内建立起来。建立起来的壁报是机关内的秘书文书包办的，甚至有［由］一个文书包办的，没有群众的投稿，使壁报成为脱离群众的。同时不能按期出刊，有些是两三个月出一期。壁报的内容，是不群众化的，有些是书上抄一段下来，没有当地群众实际生活的描写。失掉了壁报原来的性质。

（6）各县在执行工作当中没有利用革命竞赛的方式，以求得工作在质与量方面得到更高的完成。

五、根据以上的检阅，各县文化部工作应有如下的转变：

（1）各县文化部组织，要健全起来，要建立起本部委员会议，可以吸收当地各群众团体工作人员来参加。大县要有两个巡视员，小县一个，要有一个委员，经常负责本部工作。

（2）要建立起本部的日常工作，规定经常的部务会议，每天要建立一刻钟会议，解决当日的事情，按月定出计划，并分成每星期及每日的工作日程，按照计划做出精密的分工，严格的按期完成自己订的工作计划。

（3）工作的推动要尽量从组织上去动员，必要时可召集各群众团体联席会议。在会议提出文化部的工作，要求各群众团体去动员，区文化部要与乡苏建立起很好的关系，经常在参加乡苏代表会议〈上〉，报告文化工作

---

① 即工农补习夜校。

② 即列宁小学。

的意义，并实际领导讨论，要求乡苏代表对选民作报告，做广泛的动员。

（4）要建立起很好的检查制度和报告制度。各县巡视员，要依照工作计划很深入的检查各区工作，不断检查出工作的数目字来，同时，要检查工作好与坏的原因和教训来。各区工作情形要经常向县文化部做口头的或书面的报告。各县文化部除了日常报告外，每月尾，要做一个工作总结报告到省文化部来。

（5）要发动县与县、区与区的革命竞赛，依照自己规定的工作计划，定出竞赛条约，自己选定对象，以最高的热忱完成和超过工作计划。

闽浙赣省苏四、五、六、七四个月工作计划——第一次县文化部长联会决议之二（节选）

（一九三三年）

根据第二次全省代表大会文化工作决议案，订出四个月工作计划如下：

……

4. ……，并要求各列小教员除了教书以外，还应该帮助各地通讯员工作、壁报工作、俱乐部工作、读报工作等各种文化工作……

7. 读报工作，四月内，读报员普遍在各村建立起来，各县征求工农报固定读者……

9. 省文化部在红五月要举行反帝拥苏的书报展览会，到各地出发展览，七月出发一次。

10. 工农剧团，五月内在各县俱乐部建立起来。

11. 四月开始收集革命纪念物品，五月在省俱乐部建立革命纪念馆。

……

14. 七月份省文化部建立革命烈士子弟学校。

……

16. 四月至红五月内，各级文化部利用各种集会、戏剧、鼓词、刊物、书报、展览会，传播马克思主义和扩大反帝宣传。

……

儿童读本（节选）[1]

十一、我们农村的组织

我们农村里，每一个人都有组织：年纪大的加入赤卫军，年纪少〈的〉加入少先队，年纪小的加入儿童团。我们一家人有五个人，爸爸加入了赤卫军，哥哥姐姐加入了少先队，我加入了儿童团。弟弟现在只有六岁，再过一年也要加入儿童团。

十二、共产儿童团

你七岁，我十岁，他十五岁，大家都是共产儿童团，我们儿童团选举有队长，由队长召集开会，我们要常常到会。对讨论工作的意见要发言，要学习说话。

我们要鼓动哥哥爸爸当红军，要帮助红军家属捡粪。也要注意卫生，不要吃酒，不要吃烟，不要吃辣椒。

湘赣省苏文化委员会小学教学法

一、教学法要旨

（一）适合儿童的要求坚定儿童的阶级意识

列宁小学校的学生是贫苦工农的子弟，是受过了很困难的生活，并且亲眼看过了他的父兄被豪绅地主逼租逼债的压迫与摧残，他们在这个境遇当中，他的思想、他的要求，时时刻刻都是要衣穿，要饭吃，要屋住，要自由，要书读，所以教员在教课时，要特别注意他们这些迫切要求，利用他们这些感想来研究我们怎样会贫困？豪绅地主怎样不做工倒有福享？使他们在这个研究当中，自然而然的知道社会上有两个绝对不相同的阶级—— 一个资产阶级，一个无产阶级，资产阶级是剥削阶级，无产阶级是被剥削的阶级。他们知道了自己是无产阶级是被人剥削、压迫的阶级，就要利用种种的方法，启发他们怎样向资产阶级进攻，怎样来解决自己的痛

---

①《共产儿童读本》第三册（列宁小学校用），教育人民委员部编。

苦，这样去坚定他们的阶级意识，而促成他们阶级斗争的坚决性。

（二）彻底肃清国民党党化教育和其他一切反动派别的理论

在初学儿童的脑筋是非常纯粹的，而且是很简单的。我们常常试验过，儿童遇事分不出好歹，别人说好，他也跟着说好，别人说坏，他也跟着说坏，他没考察力。因此在教授时，绝对要肃清国民党改组派、AB团、取消派，及一切反动政治派别的理论，莫使他有丝毫影响的存在，以淆乱儿童的脑筋。须灌输革命理论和马克思列宁主义，使儿童造成革命的健将，为强有力的革命基础。

（三）养成儿童生活团体化和行动纪律化

学龄儿童是天真烂漫的，最好动的，倘若没有很好的教法，他最容易走上浪漫不羁的道路。因此在入校时要建立劳动童子团和学校公社的组织，一方面使他养成军事化，能得到相当的军事常识，一方面鼓励他们自动的管理学校的一切，并在做墙报、识字牌、清洁运动那一切工作上，造成他们对于一般工作的积极性和创造性。

（四）适合某一时期的政治情形和我们的任务

教材是很呆板的，它不能说到某时期的政治环境，这里全靠教师灵敏的运用。在某一时别的政治转变，应该向学生说明，指示我们在某一时期的政治任务，鼓励学生某一时期的工作，特别是要〈以〉简明的政治材料热烈的启发儿童来研究，提高他们政治水平线。

（五）教师须加重自己所负担的任务

凡担任列宁小学的教师，首先要晓得在目前斗争剧烈的时候，是要列宁学校培养大批革命干部，来完成革命事业，即是说将来革命事业完全要建筑在这般儿童身上。因此这般儿童是革命过程中最宝贵最有价值的儿童。教师应好好加紧自己的责任的培养出来，绝对不能如过去私塾教师马马虎虎敷衍了事，并且教师在教学时应时时刻刻注意培养，时时刻刻不能放松自己的责任。

二、教学法

（一）小学教学法要适合儿童的心理，引起儿童学习的兴趣，使他们在学习时期不至感受到精神上的痛苦，并能兴高采烈的来学习，这样才能使学生有迅速的进步，而能得到很好的效果。绝对不能象［像］过去私塾教师的呆板教法，以能得到几个呆字读几句呆书，一点作用都没有，甚至读几年书学生自己的名字不能写出来。我们的教法是要利用种种的方法，引起儿童一面来研究，一面来学习，尤其是要使他们得到实际的革命常识。

（二）利用儿童的好奇心！人类都是有好奇心，特别是儿童更甚。我们常常看见过，儿童如碰有一件很新鲜的花木，便溜烟似的跑了前去，很高兴的，颠倒玩弄，同时他欢喜问这是什么东西？这东西有什么用的？特别是有人说有趣的故事，不怕平日最玩［顽］皮的小孩子都能静悄悄虚心听着，而那故事竟能克服其玩耍性。这都是儿童好奇心的表现。这个好奇心便是科学发展的源头，我们的教法就要利用儿童好奇心的天性，使他充分发展，而成为研究科学的特性。

（三）发育儿童的天真烂漫——大凡儿童都是天真烂漫活泼的，他们一举一动、思想、言语都是充分表现着天真烂漫的。所以儿童特别好动、好玩耍、好听笑话、好听故事、好听唱歌，我们教时就是要利用活泼的技术来保养他们的天真烂漫，造成活泼的小孩子。

（四）我们要引起儿童的学习兴趣，发动他们的好奇心，保养他们的天真烂漫，绝对要有很好的教学方法。我们的教学方法是要采取启发式或会议式的方法，废止注入式的方法，要由近及远，由浅入深，说话通俗化（新名词要解释），要明白，要有趣味，以姿势助说话。现在把列宁初小学校各种各科教学方法写在下面。

甲、国语课

（一）国语教学的目的

1. 使儿童理解普通的语言文字及文章。

2. 养成儿童发表革命思想的能力。

3. 启发儿童的阶级认识。

（二）读法教学的方法

1. 例如课文是“手”，我们的教学方法就应该：

（1）引起动机：教师讲：小弟弟小妹妹，今天我们初次见面，我看你们个个都很聪明，我心里很欢喜，但是我要问问你们（教师举起手来）这是什么？我有手你也有手么？一个人为什么要生手？

（2）决定目的：我们要用着手的事情真多，我们今天就来谈谈这有用的手好不好？

（3）观察：教师要将左右手的分别，及指头多少、大小与指甲等使儿童详细观察逐一发问，儿童喜欢活动，见了无论什么东西都要发生一种好奇心，教师就可以利用儿童这种心理做研究的出发点，由观察事物得到活泼的经验，养成自然的习惯。

（4）讲故事：教师说一个手的故事，须联带拳头打敌人与剪指甲等（可由教师自拟），促进学生的阶级认识与注意卫生事项。

（5）讨论：如人为什么要生手？一个人为什么生两只手？手上为什么要生指头？指头为什么要分成几节？指甲长了应该怎样？拳头有什么用处……等等。提出这些问题，共同讨论以求解决，讨论时当让儿童有充分发表的机会，但须根据事理勿使滥行武断或溢出讨论范围。

（6）教生字：

① 注意笔顺：如手字的写法，首先是一横撇（㇀），次一横（一），三又一横（一），四一直钩（亅）。

② 教师一面写一面读，学生须照样写读，然后解释字的意义。

③ 如再有别的生字可逐一类推。

④ 使学生在石板上练习。

（7）理解课文：认识生字以后儿童对于该课内容已经明白，再进一步使对于课文也完全了解。

① 质疑：儿童对于该课如还有疑问，他人得提出共同解决。

② 解读：使儿童阅读课文，教师矫正字音和句读，再令数儿童轮流讲解，如有误点随时矫正（最好先由其他学生矫正），末后教师再讲述一遍。

附注：读法须分一人带读，数人带读，轮流读，小组比读，快读、慢读、高声读、低音读、表演读……种种方法引起学生的兴趣，讲解亦同样多多变换方式。

（8）复习：

① 整理旧有观念——解读……

② 默写课文。

③ 缀法——……手……

④ 联络——画手唱歌。

⑤ 其他。

2. 例如课文是“反对军阀混战”，教师教时同样是要分做几项：

（1）准备——找几张军阀混战的画报或教师自画。

（2）引起动机：从旁的方面引起到军阀混战的残酷。

（3）观察：把准备的画图让儿童仔细观察。

（4）质疑：一、那［哪］是被烧掉了的房子？二、那［哪］是被杀死的人们？三、那［哪］是军阀的军队？ 四、背着东西逃走的是什么？五、烧了一些什么人的屋子？六、被杀死的是那［哪］些人？

（5）讨论：一、军阀为什么要打仗？二、怎样叫做军阀？三、军阀与工农有何关系？四、逃跑的人到哪里去？他们生活怎样？五、他们的房子烧了，一家人的生活怎样？六、怎样去消灭军阀混战？七、红军与白军的分别怎样？

（6）考验：将军阀打仗的残酷情形详细向儿童说明，最好要把靖工团和白匪进攻苏区奸淫掳掠烧屋杀人抢谷抢东西的实际情形来讲，如有儿童看过或他家里遭受过的，可由他自己说出其被抢劫与烧杀的实际情形，那就可以使儿童深信打仗的残祸。

（7）教生字：

① 三四年级儿童可自动将课文不认识的字写到黑板上来，但同时不得有三人以上来，以免拥挤。

② 先问学生认与解，教师随时订正。

③ 一次不得教五字以上的生字，免使学生难于记忆。

④ 令学生在石板上练习。

（8）理解课文：与第一个例子第七条同，但三四年级以上，因课文较长读解时可分段落。

（9）复习：

① 整理旧有的观念——读解。

② 默写课文中每一段落，最好是教师讲演大意，使学生写出。

③ 表演：就是要鼓励儿童怎样去反对军阀混战？可由学生自己决定种种方法，如决定扩大反军阀的宣传，就要学生写标语口号，做宣言传单（宣言传单可由以做作文材料，并且每次作文最好利用这个机会，能够引起学生非常高兴），或组织宣传队、画壁队等，最后可由教师将军阀混战的情形编新剧让使学生表演。

④ 联络——画军阀混战图、唱反对军阀混战歌。

⑤ 其他。

上举两个例子虽详述了教学课文的方法，但教师也不要呆守着成规，宜就环境关系儿童情形，变通活用，上面所述不过指示一种标准的教学法罢了。国语课里面还有作文与写字二种。

子：作文

（一）作文教学的目的

作文为国语科的发表方面，作文教学的目的在于养成儿童以文字正确发表自己革命思想的能力，其另一面的则在于确实儿童的知识，精密儿童的思考，培养儿童的美感。

（二）作文教学的材料

1. 文体——记事、说明、理论等各种。

2. 文法——只求记述正确浅近平易。

3. 学习的材料——应多采读本及其他各科目中所已学的材料。

4. 经验的材料——应多用儿童在学校家庭社会间的日常经验，及亲自所见白匪抢贼［劫］进攻赤区的残酷情形做材料。

（三）作文教学的方法

作文教学的方法可分助作法及自作法两种。助作法是指教师于实质或形式两方面与儿童以相当的补助，而使作成文章的方法。自作法，指教师不加干涉而使儿童自由作文的方法。小学校作文教学应两者并用。兹把作文教学普通所用的教段略示于左[①]：

---

① 当时书写规范是由右向左的竖排写作方式。

1. 预备

（1）提出儿童容易了解而且富有阶级认识的问题——或由学生自拟题。

（2）用问答引起儿童的兴趣。

2. 记述

（1）使儿童自己记述。

（2）教师巡视桌间行个别的指导。

3. 处理

（1）就桌间巡视时所见的普通缺点提出示以改正方法。

（2）收集成绩行课外批正。

丑：写字

（一）写字教学的目的

写字教学的目的在于养成儿童对于日常必须的文字能够正确地优善快速地书写的能力，其另一目的，则在于活练手眼使清洁秩序精密等的习惯。

（二）写字教学的材料

1. 文字——预定教学细目，将各种基本笔画分配各周，然后依其排列教学普通的姓名、地名、物名，虽非读本所有，也应随时教授以便日常应用。

2. 字数——每小时可教两个，取其形相类似的，如工土、农晨等字使学生确切辨别其异同，至于写字的多寡，亦应随儿童能力而定。

3. 大小——先教大字然后及于小字。

4. 字体——初小一二三年级专学正楷，至于四年级则应兼写行书。

（三）写字教学的方法

最初的写字教学法可于读法文中，如儿童入学的第一〈学〉期，可使儿童用石板石笔略写运笔之法，至第二学期才可开始毛笔练习。兹将写字教法的一级阶段略写如下：

1. 预备

（1）是儿童取砚注水作种种准备。

（2）将所授的字先行用问答式引起学生的兴趣。

2. 示范

（1)揭示范字（范字须写四方五方的正楷，间架宜匀），一次揭示一个，不得同时揭示两个，免致分散学生的视线。

（2）说明字之解法与笔画的顺序。

（3）练习：

① 使儿童磨墨，教师应注其浓淡。

② 使儿童行精密的模写，教师应一一巡视，加以矫正，可在黑板上矫正。

③ 对于成绩应一一加以评定。

乙、算术科

（一）算数教学的目的

小学校算术教学的目的，在使儿童熟悉日常的计算，增长生活必须的知识，兼使儿童的思虑渐加精确。

（二）算术教学的方法

算术教学应使儿童理会正确运算纯熟，能够应用自在。教学的方法，须按步渐进。初步实物数图等，就可［十］以内文［之］数，行直观教授，使儿童明瞭［了］数的基本观念，次离实物而练习心算，然后渐进而扩充数的范围，以行笔算珠算最切于日用，不可不兼行教学。兹将教学的方法分述于下：

1. 实物计算教学法

数为抽象的，所以非依据具体的真视，则抽象的观念，不能正确教初入学儿童。务应利用实物，如小石贝壳等，行施直观教授。兹将实物计算教学方法约略于下：

（1）预备

① 使复习已授的数以整理的观念。

② 目的指示。

（2）提示

① 用实物数图等，使儿童直观而授以数法及计算法。

② 分给儿童计数。

③ 使儿童自就实物练习计算。

④ 使离实物而行算数的练习。

（3）应用

① 就日常切近事物使儿童用实物计算。

② 教师口唱日用问题，宜讲故事体，寓数于内，使儿童离开实物计算。

2. 心算教育法

心算为运用算法的基础，而想求心算的敏速非多多练习不可。初级一二年教以心算为主，三年级以上重笔算，而每时教学之始也必须行心算数分钟为算术上的基本练习。教学心算时应注意的事项如下：

（1）数目：练习心算不必用过大的数目，只以简单的数，多方变换，使运算纯熟为主。

（2）方法：练习心算问题，通常用口唱（宜讲故事体寓数以内），有时也可写于黑板，心算的答案亦常用口答，有时亦可用笔答，心算教授无一定的阶段，而其要在于诱导得宜。

3. 笔算的教学法

初年级教学心算时，同时应兼习数字的写法，及笔画熟悉端正，渐进而略授计数法及读数法，至笔算教学仍以心算为基础。各种方法其初都要由心算引导，使儿童理解其意义和计算，然后以笔算的形式。笔算有算式练习及应用练习两项。

（1）算式练习：以使儿童理解算法，及练习计法为目的，应注意的事项如下：

① 数字的写法行列位置务求整齐明晰。

② 式［试］题以求熟练为主，每次练习题宜逐渐增加。

③ 数的范围宜较应用题的稍大。

（2）应用练习：以锻炼儿童数理上的思考养成算法活用的能力，且增长生活必须的知识为目的，应注意事项如左：

① 问题的解决务使明瞭［了］正确。

② 构成应用题的文章务使明瞭［了］正确。

③ 问题提出后，当令先考其解法，次构成算式，然后依详式［试］题解法的次序一一运算。

笔算教学的普通阶段，也是分预备、提示、应用三项，兹不详述。注意单级教学算术时，教师实难巡视周到，可利用优等儿童助教——即某班算得快的儿童，可令其巡视某班，然后教师再在黑板上共同订正。总之教算术时，宜多变幻方式引起学生的兴趣与竞赛心，兹不另举例子，惟在教师运用得法而已。

4. 珠算教育法

我们日常应用的算数，珠算范围较广，所以小学校对珠算也应兼授。珠算教授法，应注意事项如左：

（1）珠算应该熟练敏捷。

（2）求运算敏速应利用歌诀。但教学歌诀，必取证算实，使儿童理解明白，不可专用机械的讲习。

（3）对于算盘各部份的名称、运珠的指法，应首先说明，而且把定信法叫唱法再逐一教学。

（4）珠算教学时间应用笔算四分之一。

（5）珠算也以心算为基础。

丙、常识科

常识教学方法与国语略同，惟文字的教学，不是常识的职务，可参照国语科教学法，兹不多加述明。

丁、工艺科

（一）工艺教学的目的

工艺教学的目的在使儿童制作关于日用的简易物品，理解工具的构造和使用，略知衣食住用普通原料的来源和用途，并培养儿童勤劳的习惯，引起儿童对一切工艺的兴趣。

（二）工艺教学的材料

工艺教学的材料有纸细工、豆细工①、粘工［土］细工、麦秆细工、石

① 豆细工，即用柔软之豆结合竹签，以模造几何形体及器物、家屋等之形也。因制作简便，适于发表儿童之观念，又可练其自思方法，以构成物品之能力。源自日本上原六四郎、冈山秀吉编著，日本东京灿文社1904年出版发行的《小学校教师用手工教科书》。该书于1906年由唐人杰、冯国鑫翻译介绍到中国。

膏细工、木工、金工、裁缝烹饪等。我们教初级学生应该选择适切于实际生活的。

（三）工艺教学的方法

教学工艺应该按学生发达的程度及教材的性质，定以教学的方法，我们常用的方法是模作法、临图制作法、改作法等。教学时首先由教师预备材料再行示范，并加详细说明，然后使儿童实行实习。教师应巡视桌间行个别指导，末了收集作品，使共同行比较的批评。

戊、美术科

（一）美术教学的目的

美术教学的目的在于增进儿童欣赏和识别的程度，培养儿童美的发表和创造的能力，并涵养快乐敏锐正确精密等各种性质。

（二）美术教学的材料

美术可分自由画与用器画两种，小学校图画教学，最初使儿童自由发表，其次则课以临画写生画，再次则记忆画等。

（三）美术教学的方法

教师学生首先共同预备一切，再行使学生详细观察画的对象，教师指示要点，〈用〉问答法使学生各求所好，深印脑际，然后由学生自由制作，教师须行个别的指导与适宜的补助。末后收集画品行共同比较的批评。

己、音乐科

我们教学音乐的方法，在初级前二年，都用听唱法，先使学生明白歌中的意思，次练习字句的声韵，次照乐音唱。初级后二年，新歌仍用听唱法，熟歌则可选出视唱，渐渐注重视唱法，最初要练习音阶，次视唱曲，后歌词。所以教学音乐的阶段，首先要预备：一、行呼吸练习；二、练习音阶加以矫正；三、歌唱已习的熟歌，发扬儿童的美感与激起其阶级认识；四、目的指示（说明歌名的意义），次示范听唱法与视唱法。听唱法要授歌词的读法：一、由问答说明意义；二、示以范唱一二遍，奏乐器一二回，以唤起儿童对于新歌曲学习的兴味；三、分句以范唱使儿童模唱；四、全歌合唱奏乐器相和。视唱法要：一、示以歌谱，由问答说明音阶拍子音符；二、范唱一二遍，奏乐器二回；三、分节示以范唱，使儿童模唱，以竟全曲；四、揭示歌词，由问答说明读法及意义；五、范唱歌词奏乐器相和。末后实行练习：一、使依乐器而练习，初全体儿童合唱，次每次每列分唱，次指名独唱；二、使离乐器而练习，注意音阶的合否；三、批评缺点，示以范唱加以矫正。

庚、体育科

体育教学的目的在使儿童身体各部平均发育，强健体质，活泼精神，兼养成有规律的习惯，有团结的精神。小学校的体育注重游戏，如步操走操力操跳舞表情[①]行进竞争拟战游泳等等，至于普通体操如徒手拿球类等等亦须并用，特别是要多采用团体的游戏。教学游戏时，教师要参加儿童中间，与之同做，加以亲切的指导。教学普通的体操务须说明要领，使儿童明了运动的旨趣，令精神贯注于运动方面。

辛、劳动实习科

劳动实习科即儿童集体生活，课外运动也在其内，如列宁室工作学校、训育学生社、童子团俱乐部、识字运动墙报、园艺、秋千、通俗演讲、〈卫〉生运动等……都是其教学方法。另用小册子详细说明翻印出来，兹不赘述。

三、单级教学法

农村中的学校学生年龄参差不齐，而且程度也非常复杂，如果每一个班做［坐］一个教室，又感受教师缺乏，经济困难，势必聚这些儿童在一个教室分做两三班或四班来教学，这就叫做单级教学。单级的教学法全靠教师支配均匀，才能使学生个个有事做，才不至紊乱教室秩序。

例如一个教室有甲乙丙丁四班，上国语课，应该支配甲班写字，乙班授课，丙班作文，丁班复习。不要两班同学同时授课，以免读时声音的冲突。又如教师授乙班的课，同时须好好支配其余三班的课，莫使他闲坐，并宜多加巡视。特别是在编课程表时，须按照每班每周授多少课来斟酌编好，绝对不要某一班多授某一班少授。兹列课程表于后：

---

①“表情”为文献原文表述。

<table>
<tr><th colspan="2">星期 / 课目 / 时间</th><th>一</th><th>二</th><th>三</th><th>四</th><th>五</th><th>六</th></tr>
<tr><td rowspan="3">上午</td><td>第一节</td><td>政治消息</td><td>国语
甲乙丙丁
字授字复</td><td>国语
甲乙丙丁
授字复字</td><td>国语
甲乙丙丁
字授作复</td><td>国语
甲乙丙丁
授作复字</td><td>国语
甲乙丙丁
作授字复</td></tr>
<tr><td>第二节</td><td>国语
甲乙丙丁
授字复作</td><td>算术</td><td>算术珠算
甲　乙</td><td>算术</td><td>算术</td><td>算术珠算
甲　乙</td></tr>
<tr><td>第三节</td><td>算术</td><td>美术</td><td>音乐</td><td>实习劳动</td><td>美术</td><td>音乐</td></tr>
<tr><td rowspan="3">下午</td><td>第四节</td><td>国语
甲乙丙丁
字复作授</td><td>国语
甲乙丙丁
复作授字</td><td>国语
甲乙丙丁
作复字授</td><td>国语
甲乙丙丁
复字授字</td><td>国语
甲乙丙丁
字复字授</td><td>国语
甲乙丙丁
复字授作</td></tr>
<tr><td>第五节</td><td>常识
甲乙丙丁
复　授</td><td>常识
甲乙丙丁
授　复</td><td>常识
甲乙丙丁
复　授</td><td>常识
甲乙丙丁
授　复</td><td>常识
甲乙丙丁
复　授</td><td>常识
甲乙丙丁
授　复</td></tr>
<tr><td>第六节</td><td>体育</td><td>实习劳动</td><td>体操</td><td>工艺</td><td>体操</td><td></td></tr>
</table>

上列课程表式是举一个例子，如教员再有好的编法亦可另行编订，不必呆守成规。国语常识每周须授三课，但是有课文太长及太深也可延长一二节课。现在湘赣省苏文化委员会所编定的国语常识每册四十课，如每周授三课，一定不敷一期（十六周至十八周）支配，这是湘赣省苏文化委员会要每一个教员在每一个纪念节，或政治环境转变时，临时找些适合当时的实际情形，做活泼的材料教给学生，使学生感受兴趣，学到某一时期的实际需要。还有一点要说明的就是，甲乙两班如今日授了国〈语〉课，不要再授常识，丙丁两班没有授国语课就要授常识，这样每班每天才都有生字读。

单级教学法对于儿童的数目与坐位的排列，也应该特别注意。单级小学校为数率起见，可定为五十或六十人，儿童坐位各相纵列如甲图，以一二三四学年顺次排列，于教学训练均甚密切，且低学年接近出入户也极便利，所以排列方法不必求佳。但嫌一学年距离四学年太远不能得长幼助补的利益。如乙图以一学年与四学年接近，可使四学年负辅一学年的责任，且一二学年或三四学年行合同教学时也甚便利。所以此法也佳，但一学年距出入户自较甲图为远。

甲图：

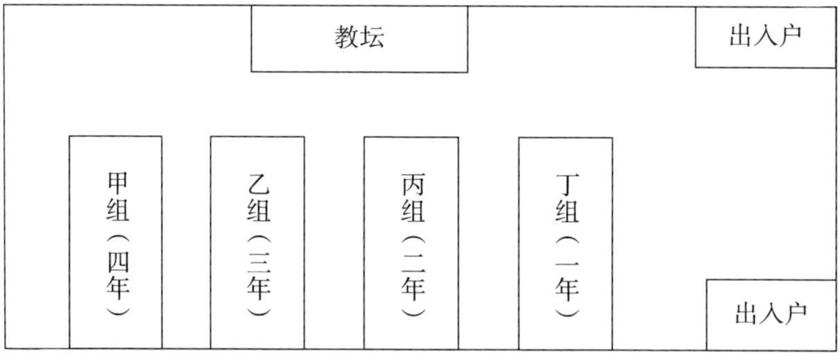

乙图：

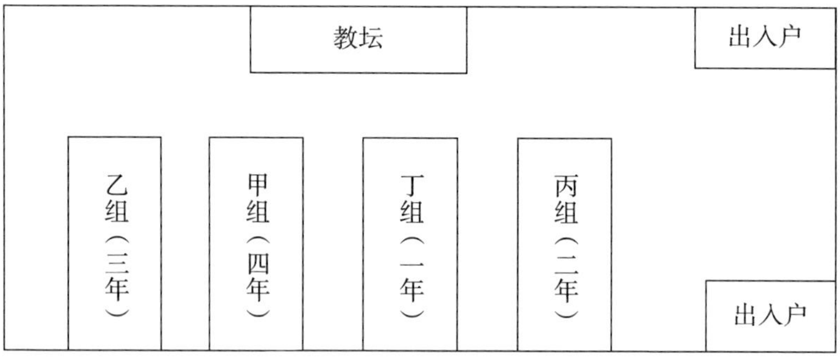

单级教学上应注意的要点有四：

1. 教师的准备：在单级教学时，教师应有充足的准备。如小黑板的摘录、算术的问题、图画习字的范本，都须预为安置他［它］，如教材教学力［时］儿童自习时限的分配，也须预定妥适，然后教学时无声音相妨等种种弊害。

2. 儿童自修：单级教学不得不利用儿童的自修，而利用自修的方法里面其最重要者如左：

（1）使儿童就已学的教材行点读等复习。

（2）使儿童就图画课本为直观的预习。

（3）使儿童依教师的示范各自练习。

（4）使答应问题。

3. 儿童的训练在单级教学后于分级教学时，儿童的动作稍不留心即扰乱他组的注意，使忽略自己的功课，所以管理最应得宜，教师务应使儿童能勤勉自制。

4. 儿童的互助，课读法作文写字，及各科发问命题，或值练习时，常常应使优等生补助劣等生，且又应诱导儿童使互相批正。

设计教学法与道尔顿制的导学法①，因目前农村中经济困难，一切设施不易，所以本篇也不述及。

团中央局关于团对教育部工作协助的通知

（一）最近团中央局与中央教育人民委员部联席会议的决议，必须在各级团部讨论□□□□地教育部共同的商量对于教育部工作协助的问题。

（二）联席会议决定由团和教育部发启［起］组织消灭文盲协会，团必须成为启发者，在各地建立消灭文盲协会的组织，吸引广大的群众参加消灭文盲运动。

（三）十月二十日在瑞金举行文化教育会议团派代表一百人，中央局决定各省委的宣传部长、各县委的宣传部长、中心的模范区对教育工作有经验的负责同志必须到会。下列分配的区的宣传科长亦须到会。

兴国派五个区

博生派五个区

胜利派三个区

---

① 美国教育家帕克赫斯特于1920年在马萨诸塞州道尔顿中学所创行的一种个别化教学形式。此法是要废除班级授课制，指导每个学生各自学习不同的教材，以发展其个性。学生在教师指导下，各自主动地在实验室（作业室）内，根据拟定的学习计划，以不同的教材、不同的速度和时间进行学习，用以适应其能力、兴趣和需要，从而发展其个性。实行道尔顿制的主要措施：要布置各科作业室用以代替传统的教室。室内按学科性质设置参考图书、实验仪器、标本等教学和实习用具，并设教师1—2人指导学生学习。将学习内容分月安排，各科教师与学生按月订立“学习公约”，教师根据学生的程度，指定学生做某一个月的作业，并把它公布在作业室内。学生根据自己的能力，自由地掌握学习的速度和时间，并可与教师和同学研究讨论，学生完成本月的公约，须经教师考试，及格后才能学习下一个月的公约。把学生的学习成绩和进度登记在学习手册上。

瑞金派五个区

万泰派三个区

永定派三个区

雩都派三个区

会昌、门岑各派一个区

长汀五个区

上杭五个区

宁化二个区

建黎泰六个区

上面各区的宣传科长，由县委指定派来，下列学校团体的负责人必须到会。

由兴国的五个小学每校一人

万太［泰］三个小校

瑞金三个小校

博生、胜利各贰个小校

上杭、长汀各三个小校

雩都、会昌各两个小校

建黎太［泰］三个小校

上列各学校由县委决定，并指定派来。

工农剧社团支部书记

党校团支部书记

苏维埃大学团支部书记

在十八日以前来瑞金。

（四）每个出席代表必须准备详细报告，报告内容。

1. 省、县、区的代表，将全省、全县、全区的教育状况、学校、学生、教本、教员教育部的工作详细报告。

2. 各学校来的代表将该学校的状况、教员、学生、课本、经费等详细报告。

3. 省、县、区代表将该省、县、区革命前与现在的文化教育状况报告。

4. 识字运动进行的情形。

团中央局

九月八日

少共中央局/中央教育人民委员会联席会议——关于目前教育工作的任务与团对教育部工作协助的决议

团中央与中央教育人民委员部联席会议讨论了目前教育方针和任务，与团对教育部工作的协助问题之后，一致的认为教育部的工作是苏维埃政府工作中最薄弱的一环，对于目前教育的方针与任务并没有明确的规定，对于有系统的教育工作尚未建立，在目前苏维埃工作很大的开展情形之下，我们不能容许在教育部工作方面的落后现象一刻存在。为着克服这一落后，团中央所发起的对于教育部工作的协助，是非常正确而且必要的。联席会议认为：

一、目前教育工作的方针与任务，应该从估计在战争的环境与苏维埃政权之下的观点出发，这就是说，应当把教育工作为着战争与广泛的马克思共产主义的教育的观点出发，把教育为着战争，就是说满足战争的需要，用教育工作帮助战争的动员、战争的发展，随着苏区的扩大与苏维埃工作的发展，需要广泛提高群众和干部的政治文化水平，来执行新的任务，以帮助战争的动员，需要经过教育的工作去提高广大工人与劳动群众的阶级觉悟。

广泛的马克思主义的教育，只有在苏维埃政权之下才有可能。这里不但有着政治上的一切条件，因为从推翻反动统治与建立苏维埃政权后，苏维埃政府就会给予劳苦人民以言论集会结社的自由，而且有着物质上的一切条件，虽然在我们前面因帝国主义国民党的进攻与封锁，使物质上的条件感受极大的困难，但是苏维埃政府将所有一切可能的东西都给与［予］了劳苦的民众，首先如用作言论出版自由的纸、印刷机、印刷厂，用作集会结社自由的房屋会场，都交给了劳苦的民众。在旧的统治之下，工人与劳苦民众是没有权利去受教育的，因为一方面是经济上剥削，另一方面是政治上的压迫。在苏维埃政权下，劳苦群众生活的改善，是给予劳苦群众愿意去提高自己的文化政治水平极大的刺激，同时苏维埃政府在政治上的保障与提倡，能够有着可能去广泛的进行马克思共产主义的教育；就是从灌输阶级斗争的思想讲到无产阶级专政，必然走到社会主义。

过去在教育工作中，存在着不正确的观点，以为要为着战争，就是把学校关门，这事实上是取消教育，阻止教育的发展，即使是在战争的情形之下，也不能减弱教育工作的建设与苏维埃学校系统之初步的建立。另一个不正确的观点，就是在教育部工作中存在资产阶级思想的倾向，把教育工作限制在反封建思想与迷信的范围内。如果没有系统的马克思共产主义的教育与宣传，反对封建迷信是不会得到成功的。

目前教育工作的方针，就是满足战争的需要和帮助战争的动员，进行广泛的马克思共产主义的教育。

二、在目前的环境之下，要达到上面的这个任务，必须把教育的中心工作放到：（一）社会教育。（二）普通教育上面去。极大的发展社会教育，经过俱乐部、列宁室、识字班、工农剧社等等的群众组织来提高群众的文化政治水平，是非常的重要。教育部应当去帮助群众和各社会团体。必须估计到社会教育的发展，并提到更高的顶点上去，必须要有相当的普通教育发展的基础，以及因普通教育发展而获得的帮助。为着社会教育的发展，必须相当的建立普通教育的系统，为着适应于目前的环境，不管是社会教育方面或是普通教育方面，我们需着重在政治教育，这并不是说，在某种情形之下（为着战争或开始初步经济建设的需要），不要去发展职业教育，尤其在普通教育中有可能把政治教育与职业教育相联系。苏维埃教育的出发点是：必须把教育与劳动相联系，使校内的学习与校外的活动很好的配合。

在教育部的工作中，存在着不正确的观点，以为我们“没有人，没有钱”，不能发展普通教育，不了解社会教育与普通教育间的相互关系，这种观点表示在教育部工作中的游击主义残余。在教育部工作中游击主义残余，是没有计划性的工作，没有建立苏维埃教育制度，我们必须与这种倾向斗争。

教育部应当开始来确立苏维埃的教育制度与教育系统，目前教育部的方针，应当为普及义务教育而斗争，虽然在今天我们还没有可能来完全的实现义务教育，但是，这些苏维埃教育的基本方针，即使在今天教育部的工作中，也应当开始来准备完全实现普及的义务教育的基础。

三、发展文化教育的一个重要的条件，是培养干部与利用旧的知识分子的问题。只有在苏维埃政权之下，我们才有这样大的可能来大批地培养自己的干部，我们应当利用这样的可能，来准备自己的干部，这完全不是说，我们不要利用旧的知识分子，为苏维埃工作。列宁曾经这样的警告过我们说：我们如果不利用资产阶级的专门家为苏维埃工作，这是傻瓜。在这方面恰好是我们教育部工作中最不经常的现象，在教育部的工作中，反对利用智［知］识分子的倾向发展到了顶点。在我们的领导同志以为不识字的都可以做文化教育工作，因此有这样不正确的观点，以为“识五十个字的教不识字的，识一百字的教识五十个字的，识五百字教识百字的等”，联会认为要开展极大的思想斗争来纠正这一错误，必须学习苏联利用资产阶级的专门家的光荣的例子。在教育部工作中的一个严重现象是我们既没有培养无产阶级的知识分子，也没有利用旧的知识分子。我们的领导同志以为只有“有长期斗争历史的知识分子才可利用”，这实际上也是拒绝利用旧的知识分子。我们必须用革命的空气去包围他们，造成他们的工作环境，使他们为苏维埃而工作。这并不是说，不要对于他们的监督，对于他们必须有敏捷的阶级的警觉性。在不妨害苏维埃，在有利于苏维埃之下，允许他们的自由，在某些情形之下，还给他们以优待。

在教育部的前面，提出须要采取一切的手段与方法来培养无产阶级的知识分子。因为这是我们忠实可靠的基础，要能成功的去利用旧的知识分子，也正依靠于我们对于培养无产阶级的知识分子解决的程度而决定。

四、团对于教育部的协助运动必须是全团的事情。从支部起到区委、县委一直到中央局为止，必须担负着对于教育工作与各级教育部的协助。各级团部应当与各级当地的教育委员会开联席会议，共同的讨论这一决议，订出具体的协助的项目与条件。协助运动的成功与否，责任是在团的身上。协助运动成功，就依靠于每个团员参加协助运动。团应当成为一切俱乐部、列宁室、识字班的协助者，团应当成为一切学校的协助者。为着胜利的完成协助运动，应当加强团在学校中的活动，加强对于学校中团的组织的领导。

在为着消灭文盲的运动中，团应当成为积极的提倡者。经过识字班、夜学、俱乐部、列宁室、组织消灭文盲的协会，不让一个团员是文盲，也没有一个少先队员是文盲。每个团员负责消灭一个文盲。虽然我们反对把“认识五十字的教不识字的，认识一百字的教认识五十字的”，当作一个发展的方针，但是在目前干部困难与发展群众的积极性之下，我们在俱乐部、列宁室，尤其是识字班，我们还需要请他们去教书，并且提出在他们身上担负消灭文盲的一定的任务。

联席会议决定在江西、福建两省开办省的学校各一个，在兴国、瑞金、长汀三县，开办县的学校，团应当成为这几个学校的协助者，输送自己的干部到学校中去，到教育部、到一切文化教育的战线上去。

五、联席会议决定，在十月二十日召集一个扩大的文化教育会议，由团与教育部双方派代表出席。出席代表，教育部工作同志二百人、团一百人，出席的代表分配由双方另行通知。

少共中央局
中央教育人民委员部
八月三十日

红五月工会文化教育工作中心给各级工联文化教育部的指示信

全总执行局教育部

（一）今年的红色五月正处在最残酷、最激烈、最紧张的国内阶级战争决战的关头，五次“围剿”的敌人正在向着中央苏区工农红军与工农劳苦群众大举进攻——抢劫屠杀。放在我们苏区每个工农群众手上的责任，用我们阶级团结自己的斗争力量，为着增加的工资，为着土地，为着自由解放，“不让敌人侵占苏区一寸本地”，为保卫赤色建宁，为保卫赤色广昌，为保卫赤色的会昌。工会文化教育部在这个宣传口号的基点上广泛的开展我们充分的深入群众的宣传鼓动工作（动员工人俱乐部、工人学校、宣传队、化装讲演队……等），在工人群众中造成互助的空气，并解释战争的胜利就是我们工人农民自己的胜利，发挥工人群众参加革命战争顽强积极性到最高限度。动员所有的工人参加革命战争——加入红军，加入赤少队，加入模范队，加入游击队，一致武装起来！上前线！配合红军作战！帮助红〈军〉运输……为战争，为自己一切胜利，为苏维埃政確［权］胜利奋斗到底！直到流最后一滴血！

光荣的战争任务靠着我们广大工人农民劳苦群众为自己的奋斗！无产者的伟大的力量是不能战胜的力量！

加紧在战争动员面前揭发与反对“□□论”认为红军一定会胜利，在那里“□静”，不去动员宣传，“坐待胜利”的“左”倾，在另外一方面，在敌人大举进攻前面彷徨“寻办法”悲观失望□□□□□投降敌人的右倾危险。

以群众伟大的力量，教育我们阶级的党性，肃清一切豪绅地主残余的活动，抵制反革命造谣欺骗宣传（应抓住每一次具体广泛的宣传），边区新区更加要特别注意……围绕着战争的周围。

（二）保证红军粮食的给供取得是战争胜利的重要条件之一。宣传一切生活服从于战争的利益，开展节省运动，响应中央政府的号召，宣传每个工人节省三升米，工人显示他无产阶级先锋作用，领导农民热烈响应节省互助三升米运动帮助战争。

（三）在红五月举行大规模慰劳红军运动中宣传每个工人做一双坚固的布鞋底送给前方红军□□。

（四）虽然在国家企业方面节省原料，增加生产……等，最近一时期来获得了很大的成绩，但这个成绩的发展还是不平衡的、不够的，正是因为我们教育工作做得不够，在红五月百倍的提高，我们以新的态度——科学忠实的态度对待新的劳动，尽量节省一切原料，发明新的技术，提高生产完成与超过生产计划等，□□国家企业工会教育工作的中心点，必须充分的在工人中宣传与解释，使每个工人都深刻了解新的态度对待新的劳动是国有企业各个工人光荣的责任，发杨［扬］全体工人的积极性。

在红五月的宣传工作中，必须根据右面[1]提出的原则联系当地实际情形提出更具体的动员群众参战与执行各项工作的宣传口号。刻板、不变动的宣传的方式是阻碍着我们动员工作的一个原因，必须的着重注意。

红五月宣传鼓动工作做得好不好？右面的各项工作执行了或执行不充分与否？不传达工会组织上负责的，工会文化教育部同样重要负责任。同时在执行这些宣传动员工作上面，还要与消灭文盲建立并健全工人学校工人俱乐部以及文化教育部本身组织联系起来。

各级文教部接此指示信后立即的讨论具体执行办法！

—完—

全总执行局

文教部

四月二十九日

① 当时书写规范是由右向左的竖排写作方式。

二、白区思想政治教育工作

红军告白军官兵[1]

（一九三一年二月）

（1）张辉赞［瓒］部一个被俘连长李放告白军官兵书

过去所说共产党杀人放火，我也真是害怕呢，哪晓得龙岗一打，我们完全缴械后，红军大杀其猪牛，欢迎我们，慰劳我们。团长以下的官兵都发有慰劳费，打伤了的同红军中一样发给疗养费，要回家的就发给路费，欢送回家去，愿工作的按能力分配工作。现在当班长的也有，当排长的也有，当连长的也有。我仍然在这里当连长咧。弟兄们，红军真不分新旧，不分界线，官兵夫一律平等，真正的自由，真正快乐啊。

弟兄们，我们当兵的哪个不是工农出身？我们现在来杀工农，简直是自己杀自己，我们过去受了军阀蒋介石、鲁涤平、张辉瓒、罗霖、公秉藩的欺骗和压迫，上前线拼命，为他们升官发财。我们当下级官长和当兵的，冤枉送死，冤枉吃亏，如今想起来真是痛心，不得不大哭起来啦。

亲爱的弟兄们，你们赶快觉悟起来，不要再受军阀的欺骗和压迫，得到真正解放，只有暴动起来，杀尽压迫你们的官长，拖枪来当红军，或者自成立红军，打土豪分田地，这才是无产阶级的出路，你们赶快暴动起来，不要迟疑吧，祝你，暴动胜利！

李放启，吉安县红色警卫营第四连连部，一九三一年二月

---

① 文献原文加注："煽惑士兵之鸟瞰。"另，文献第一部分有时间"一九三一年二月"，而其他三部分没有具体时间，编者以第一部分的时间编排。

（2）红军第一军团总政治部告白军士兵歌

白军弟兄们，有话说你听，反动国民党，欺骗了你们，
十五年北伐，要打南北京。北伐成功后，士兵望出身，
工农来帮助，声威到处闻，还有共产党，出力更非轻，
苏俄助枪弹，真是好友人，北洋老军阀，退走黄河滨，
帝国主义跑，怕了工农兵，湘粤鄂与赣，工农喜盈盈，
满望从此后，不受富人凌，哪知国民党，反革命性根［质］，
豪绅与地主，充满革命军，工人要加钱，绝对不赞成，
农民要分田，死人都不行，各派新军阀，到处逞凶横，
逆贼蒋介石，更是大奸臣，南京来造反，大发其雷霆，
工农若出头，土劣难生存，士兵若觉悟，主席当不成，
马上下命令，屠杀工农兵，一杀几十万，尸骨遍乡城，
仔细念当日，泪滴如雨淋，工农有何罪？无故遭杀身，
士兵要跳皮[①]，不杀就请滚，自从这次后，全国暗沉沉，
军阀当大权，土劣满乡村，清乡与剿匪，大事第一门，
烧杀与抢劫，穷人难在生，哪知反动派，好梦做不成，
各派大军阀，内里起纷争，蒋桂冯阎汪，地盘分不清，
个个争主席，两下动刀兵，你说我叛逆，我说你专横，
最近三年来，年年是战争，穷人大遭殃，说来真痛心，
工人无工作，农民无田耕，学生无书读，开了学校门，
交通不方便，商业到处停，灾荒满全国，死的是穷人，
生人吃树皮，已是常事情，人来吃人肉，从古所未闻，
最可痛心的，就是士兵们，一年无饷发，奔走空苦卒，
压迫上前线，替人当炮灰，一死几十万，尸骨无处寻，
未得谋生路，百死有何名，如此来结局，穷人怎甘心，
只有一条路，暴动救生存，放眼看全国，工农早知音，
暴动杀土劣，暴动把田分，大家武装起，团结编红军，

① 原文如此。

要打国民党，要赶恶洋人，要杀恶地主，要除豪与绅，
红旗满全国，势力久敬人，全国总暴动，快要到来临，
一切反动派，都要扫乾坤，夺取武汉镇，拿下南京城，
士兵要出头，也靠这一程，你们快准备，准备当红军，
千万工农友，热望着你们，赶快大暴动，反对军阀们，
消灭国民党，工农来专政，穷人生与死，就在这一阵，
阶级大决战，厉害要认清，痛苦已受够，应该记在心，
官长的欺骗，绝不要相信，不杀敌兵士，红军素所行，
革命本身事，赶快下决心，红旗高举起，欢迎着你们。

（3）红军第三军团总政治部告敌方士兵歌

官长有钱真有钱，银行存放几万千，狂嫖滥赌吃西餐，又做洋房又买田，还要大吃鸦片烟，士兵呢，草鞋剃头洗衣也没钱，一文［不］值。

官长坐在大南昌，去打麻雀夜宿娼，路到两里坐电车，脚行三步要轿扛，口喊剿匪快下乡，士兵呢，攒洞、爬山、翻岩受风霜，二不值。

官长生个水泡疮，抬进医院去休养，他要领取医药费，就到银行发大洋，天天来把参燕尝，士兵呢，害病受伤，只好自己来硬当，三不值。

官长老婆叫太太，满身都把金银戴，生了儿子叫少爷，摆个自命贵族派，穿绸穿霞谁不爱，士兵呢，你的妻室儿女在家穿破衣吃苦菜，四不值。

官长发大财，南京政府又登台，车站架起机关炮，声□把兵来裁，失了一枪要命赔，士兵呢，缴枪回家又把饿来挨，五不值。

官长都把地盘抢，抢得地盘不发响［饷］，士兵送了几多命，半句苦情不敢讲，讲了判罚就难当，士兵呢，你的痛苦只好眼中流泪自己想，六不值。

官长调得姑娘到，吃酒唱戏好热闹，官长姑娘上了床，便叫士兵去放哨，他的味道多么好，士兵呢，站在门前，心里未有不烦恼，七不值。

官场清乡满地红，工农群众多不容，士兵本是工农者，他要你们杀工农，不杀工农也不容，士兵呵，自家来杀自家人，八不值。

官长到处喊清乡，难民挨匪更猖狂，士兵父母、妻和女，也遭本地挨匪殃，一杀一烧都净光，士兵呵，你们还要替挨匪、去帮忙，九不值。

军阀混战闹得死，彼争此夺两不容，士兵一到火线上，官长放肆喊冲

锋，不去冲锋头上红，士兵呵，一条性命白送终，十不值。

军阀底下士兵们，自由平等都丧尽，嘴掌脚踢马鞭抽，士兵不敢叫半声，稍有反抗命归阴，士兵呵，你的生活，性命要比牛马还轻，十一不值。

官长发财带家眷，团圆相聚不分离，坐轿骑马威风好，前拥后护是士兵，一家享福好欢欣，士兵呵，你们十年八载难回家，只好梦里见双亲，十二不值。

（4）红军欢迎白军官兵参加红军的标语

一、欢迎白军士兵下级官长来当红军。

二、白军士兵是工农出身的，不要替军阀杀工农。

三、欢迎白军弟兄打土豪分田地。

四、白军弟兄暴动起来，杀尽压迫你们的官长。

五、白军弟兄自己举出官长成立红军。

六、白军士兵要发清欠饷，只有暴动起来。

七、白军弟兄你们在山东河南苦战得了什么呢？为什么又来打工农？

八、优待白军俘虏。

九、医治白军伤兵。

十、红军中薪饷穿吃一样，白军里将校尉起居饮食不同。

十一、士兵不打士兵，穷人不打穷人。

十二、白军是军阀的军队，红军是工农的军队。

十三、军阀打仗，升官发财，白军弟兄打仗白白送死，红军打仗，分得田地！白军弟兄不要替军阀当炮灰！

水南区赤色总工会

告白军士兵（传单）

（一九三一年三月二十四日）

亲爱的白军士兵们

你们知道红军是工农的军队吧，都晓得红军是为无产阶级谋利益的军队，白军士兵们你知道吧，张辉赞［瓒］在龙岩被我们消灭他全部，谭道源在东韶又被我们消灭他大部分，这张谭二逆的士兵们到我红军里来投降我红军，都每人发给大洋三元，要回家的士兵们就可去回家，不回家的士兵们在我红军当兵都是一样的，你们晓得吧，红军里当兵官兵夫新［薪］饷穿吃一样，红军的主张实行抗租粮债务，平分田地，婚姻绝对自由，无产阶级专政等等呵，白军士兵们你在白军里当兵是不是帮助了官僚升官发财，又帮助豪绅地主谋利益，天天打仗都是为官长争地盘，你们想一想是不是呢？当了数年兵得到了什么利益，只是受□种□压迫和剥削，还是你家里老幼不得生活，我看见你们受不起了，一切痛苦我们就来领导你们，到我红军里来革命，才能解除你们一切痛苦，谋一切利益，白军士兵们快快起来呵！快快觉悟呵！

中国共产党与国九区委员会

公历一九三一年三月二十四日

白区的群众工作

（一九三一年十月十八日）

红四军军政治部印

（一）彻底转变工作中的形式主义

1. 群众工作路线的重要

群众工作是为斗争的发展去争取更广大的群众和组织更广大的群众来巩固加强阶级的战线，以达到推翻反动统治及建立工农兵的苏维埃政权的，所以在他的本身上看来就是斗争的而且包括了很复杂的形式，因为这一开始争取群众就要从反动统治下争取过来，同时并不限于本阶级成分的争取和革命的巩固同盟者，还要去分化和削弱在反动统治影响下的其他成分。因而我们群众工作的路线是要十分正确和活跃的运用，决不能把各［个］别的策略来混淆群众工作的正确路线，如在筹款上可以利用流氓报告土豪，但一定不能在群众组织中来信任流氓。

2. 群众路线、阶级路线与形式主义

群众工作虽然包括了很多复杂的形式，但我们一切工作的基点都是出于群众的阶级的路线，绝对不□遇着失败的事变，而且在事实上证明是发展的，因为群众的阶级的路线是要忠实的发动群众自己负责任来干，并且要有真正的阶级组织或阶级分子在哪［那］里领导作用。这必然要耐心的谨慎的来根据环境实际情形布置工作与检阅工作，也只有这样才会有真实的群众工作，相反的就走上了形式主义的道路。如过去在任何区域不分别环境提出个别的工作纲领，而只是凭着主观的空想或依照上级的决定同样的来做，或一般原则的计划命令的蛮干，结果用命令主义的方式做分田、组织游击队的工作与拉拢乱凑的办法建立一般群众组织和阶级组织以及政权机关，同时也不检阅每一工作当前的实际行动，听从工作人员的兴趣，一口气把所有的工作已办完毕，但群众仍然没有真正的起来，反受了一些不好的影响，以致我们的工作在客观上完全形成负责任不忠实的表现。这是形式主义必然得到的事实，须彻底转变来执行正确的群众路线、阶级路线。

3. 形式主义的来源与真实的转变

机会主义路线的来源是有许〈多〉原因形成的，第一是军事观点的反映。因为在军队中习惯了命令和用惯了命令，以致不自觉的在群众工作上犯着命令主义，故把上级的决议，即当做命令在那执行而不顾一切环境中的实际情形，来活泼运用与提出不同的意见。这不仅使一般参加实际工作的同志得不到进步，即上级负指导工作的同志，也是不看新的材料来予以各别实际上的指导，甚至工作计划和检阅的决议案好像没有时间和地方性的区别，尤其看不到每次不同经验教训，的确使我们群众工作成了一种静止的状态。第二，上级指导工作的不实际，只凭着下级的报告来作成答复和批评。因而决不会找得到□□材料，也就不会产生有力的指导工作。同时下级一般干部变动很快新提拔的多，以致在他们的工作经验上更加缺乏，这也使他们不得不把上级决议案当作命令执行的一个原因，结果群众工作还退步了。第三，下级一般干部还不是完全落在真正的工农成分身上，同时变动很快新提拔的多，工作经验上当然缺乏而又对他们政治认识上没有一种适当的教育来帮助，所以阶级观念模糊，路线不清楚，则更谈不上路线的运用，也就是不能推动所有的战斗员指挥员真实的和经常的来参加工作的一个原因，结果一切工作堆积在少数人的身上，弄得怄气头□，必然形成一部分工作上疏忽，这都是形式主义产生的主要原因。□来我们要执行真实的转变，将针对着这些主要原因从实际工作中予以各别的到达。

（1）发动各部队各个工作人员作当地的视察工作，须由每一个工作单位有计划的统一分配要调查的项目的具体的内容，并且很快的收集各个不同的材料来做成整何［合］的结论，使我们一切工作布置有根据的来分出步骤的做，这样不仅是可以防止形式主义的发生，而且可以转变一机□□的军事观点，及加强对群众的阶级的路线的认识和实际的执行。

（2）布置工作要根据当地的调查，提出要点分出步骤这才是有准备的有计划地做，每一步骤的完成决不能单纯的以□□为□□，主要是□□□怎样，如没有达到我们真实的要求，……而不能做□通知□那办法，□□还有发动等□□就接着做分出建立的□□工作□是□□机会主义，很明显的是不关心作群众工作，结果一切工作成了形式，必须严格的反对。

（3）加紧巡视工作、检阅工作。仅是在会议上听了报告来作成结论，是万分的不够，并且减少了作用，因为等工作过了来批评错误，不及当时指出的收获大。必须加紧在工作过程中的巡视工作，实际到群众里面去收集并搜集一切工作所表现的事实，及这些事实的来源，然后接到［着］召集干部开会，整个的来一次检阅并做成有力的结论，一定能够使他们工作上真正的转变，和加强各个工作人员及各部队的工作能力，来创造新的工作方式，同时指导工作本身也同样的得到实际化。

（4）加强由下而上对一切工作上的自我批评，来提高一般干部政治上的认识和阶级观念冲破过去那种和平的状态。如一切工作不根据实地的实际情形，提出具体或各别不同的意见，而只是遵照上级的计划当做命令一样的执行，结果一切工作成了形式，同时上级的指导得不着下级忠实的回答，因而指导工作也就停留在这一般的指导上，不能更实际的找出各别不同的指导，不创造新的工作方式，以致我们的群众工作形成了精致［静止］的状态。这一结果很显然的发生于上下级关系的不正确，只有加紧发动由下而上的对一切工作的批评、自我批评来执行国际战线的斗争，以达到我们工作上的忠实转变。

（5）动员所有的战斗员、指挥员参加实际工作。在每一连的单位内临时选择一批活动分子成立二个以上的工作小组，小组组长由排长副连长副政委中比较有工作能力的担任，并给其到指定地区和工作步骤及其详细的内容，但这必须先有充分的准备和详细计划，才来召集他们开会报告计划。其余的战斗员、指挥员则按照建制轮流指定参加各小组，去见习工作，每天各小组回来开检阅本日工作和计划第二天的工作会议时，必须找他们到场。连长政委除每天分头到各小组的会议，帮助作结论，这样不仅是扩大了工作的范围和收效，而且实际的训练了群众和干部以及转变个人路线的错误。

（二）白色区域群众工作改变与工作的步骤

1. 白色区域的群众工作改变

白色区域的群众工作是关于争取群众的工作，一定要根据当地的政治环境与经济关系以及群众的情绪来决定工作。还是一般的说来，如果不容许我们有长期的工作，则毫无疑问的发动工作，加紧宣传鼓动和分发豪绅地主及一切及反动派别领袖的财物，组织工作必然不是主要的内容，但不是完全放弃不做，而只来进行秘密贫农团及其中雇农小组和赤色工会的组织。游击队在群众愿意并可以跟我们走，或有其他单独□□的可能条件之下，必须建立。同时也只有这样才是实际的来开□白区群众组织工作。分田建立政权须要有□□群众热烈的起来斗争和认识了须［需］要，方能够进行，不是决不能有胜利的保障，□然或许我们有了一部分及斗争的积极工农分子来参加组织，结果非常孤军，红军去后必定马上要遭白色恐怖的镇压和严厉的屠杀，也同样的遭受失败并且影响到群众情绪的失落。只有在苏区交界的地形和有了强大的游击队的条件之下，可以进行初步政权的建立，革命委员会来号召群众进行分田的工作。但我们决不要企图可以找出例外来，因为已经得到了不少的事实教训，如广昌、石城的工作就是很好的证明，所以白区群众工作的转变是有［要］坚决的执行转变反对形式主义。

2. 工作步骤

工作步骤是根据环境的实际情形和我们工作整个计划来决定，但一般的原则可以分出三个大的步骤：

第一步：发动工作包括宣传鼓动散发豪绅地主及一切反动派别领袖的财物。①宣传是一般的如十大政纲，红军的任务、纪律，邻区苏区的现状，革命战争胜利的捷报，目前政治环境。②鼓动要从群众的实际生活上与当地的压迫情形来提出有力的口号联〈系〉到我们一般的宣传工作，发动群众的鼓动，须特别注意，工人雇农贫农基本群众的鼓动工作。③分发谷物要快，如一般群众不敢要的时候，则开始去找那些穷困的青年妇女来领取，因为青年脑筋纯洁而有积极性，妇女特别利益心重是容易发动，同时发动红军中的群众将谷物挑选〈送〉到贫苦工农的家里去，但不要一送即走，通〈过〉向他做宣传鼓动去掉他们的怀疑心和恐惧心。另外一种方法，首先把没收的农物一部分搬运汇集在适中的地点，但不要离土豪的房子太远了，须要望得到号召群众来散发，以引起他们大多数人一种不够失望的心理，接到加以鼓动直接领他们到土豪家里去挑取东西。这几件工作都要有计划的、有组织地去做，须几天。不要开群众大会，因为群众有的还未回来，同时必然召集不□结果空费时间，只进行各［个］别的或小群的谈话，一方面作一宣传，另一方面要从谈话中找出当地群众一般的……压迫情形，来做进一步的鼓动，宣传并发动他们去找回家里的人和左右邻近的贫苦工农。群众大会先以村为单位或乡为单位开，以后再来总的来开，次数不要太多要有东西散发。讲话的人和内容先一天准备好，并同时派出宣传员到处通知群众，说明明天大会有些什么事情在那［哪］个地点，什么时间，不要临时来打锣号召，讲话内容一定要有要点，再浅显易懂而又不太长。

第二步：进行组织游击队，秘密的贫农团、雇农小组、赤色工会和儿团的建立。

① 游击队

a. 游击队是脱离生产的地方武装，人数要看政府经济能力与工作需要及群众参加的情绪，不要强迫来当游击队员，如过去那从开大会选举的办法更是错误，须经过各［个］别的宣传鼓动自动的来参加，通常一乡以二十人至五十人。游击队是地方主要的武装，有了健全的武装，才能消灭地主的武装，进行分田废债与保障分田废债。而且在初起的地方每不容易建立革命组织，这就只有游击队里，训练地方干部，在游击队里建立党，因为游击队是集中的可以带走的，这就便于训练。新开地方工作的建立与恢复，每每靠在游击队身上，因此游击队是一件首先要集中力量去做的工作。

b. 游击队的队员一定要是雇农贫农工人的勇敢分子，游击队的队员不是一声喊，一把抓，只要有眼睛鼻子的就拉来。过去有一种极错误的论调，说是真正的雇农贫农不愿当游击队，原来的是不怕死的流氓，这完全是机会主义，懒去选择斗争分子的说话。实际呢，贫苦工农完全知道武装的重要，他们要求武装非常热烈，我们要从发谷发猪肉、作分田调查等斗争中，选择有阶级觉悟，对革命忠实的，没有脱离生产的雇农贫农工人分子来当游击队员。在开始时他们是不容易脱离生产的，这只有从领导他们肃反分田等斗争中正式与统治阶级对立，只〈有〉加紧他们的训练，才可逐渐脱离生产。一开始就要我入脱离生产的就容易收集无业流氓，是很错误的。游击队里如发现不好的分子，就要发动游击队群众去洗刷，游击队的训练，完全要在推动他们作群众工作去训练，要积极帮助他们训练干部，建立党，建立士兵会，建立纪律，建立工作路线、应敌战术，如侦探、扰敌、袭敌及退守战略等。

c. 要派很好的干部去帮助并发〈动〉相当的武装，反对过去把军队中不正确不积极的分子留到地方，须知地方群众工作的好坏与红军本身工作是有密切的关系，决不可狭隘的只看见红军看不见的地方。实际呢，派去的人如果是积极的，很快的就可建立群众工作，扩大红军，只有益处的。派去的干部要工作积极、阶级意识强，要特别告诉他工作方法与路线，把到地方去工作的积极意义告诉他；要建立地方工作，任务更是复杂严重，要真正作群众领袖，却不是到地方去安闲的；要说明在地方工作，环境更容易使他腐化、堕落的各种危险，过去许多地方腐化的失败；告诉他不但要与地方上的党和政府发生密切关系，还要经常与部队通信，反对过去简单的命令一个人去，不同他讨论的官僚办法。至于新发武装不要太多，乡有一杆至五杆，区有十杆左右配合梭标即可。

d. 估量政治环境不许可游击队存在时，就要把游击队随红军带走，决不能把其中的优秀分子挑选补红军或全部收编，仍要保存他的独立存在，只有一切工作甚至给养上尽力帮助他们。

② 秘密贫农团、雇农小组、赤色工会的建立

a. 贫农是农村中革命的主力军，雇农是农村中的无产阶级对贫农是领

导的，故进行贫农团的组织雇农必须参加进去并在贫农团内将所有的雇农，组织雇农小组起核心作用，领导贫农团去争取中农反对富农，以得到土地革命的实际利益，所以贫农团和雇农小组是农村中基本群众的组织。须特别注意成分上的真实，防止富农流氓的混入，同时中农不要参加贫农团，贫农不要参加雇农小组。

b. 在城市市镇中组织赤色工会，要是真正的阶级组织，店东老板自由职业以及工头都不能够要。须帮助他们提出斗争的口号来扩大组织，如公开时指导他们不要与农民发生打土豪的冲突，以及与政权机关的对立，应加紧他们对土地革命的领导作用与方式。

c. 贫农团雇农小组和赤色工会不是一声喊就组织起来，一定首先要经过详细的调查，从组织上宣传鼓动，并对各个分子的吸收，是要从分发东西调查土豪或增加工资、减少工作时间罢工的一切斗争中来物色组织后加紧他们干部和一般的训练，主要告诉他们工作的方式、斗争的路线，以及扩大组织等。如果没有到第三步工作的时间，不要公开都是秘密的组织。

③ 建立党和团

共产党要从斗争中建立，不是一下子的工夫，过去几天之内，从支部一直到区委县委县代表大会，都一套办得完全了，结果是毁坏了党。以后：

a.在分子上必须要仔细，从斗争中去考查，首先是经济地位，要是工人，雇农贫农分子；第二是社会地位，与土豪劣绅封建势力没有关系的；第三在行动表现上要最有阶级觉悟，最有工作精神与相当工作能力；第四就要在三十岁以下的壮年青年，合于这四项的才能介绍入党。

b. 在组织上，首先建立临时支部，一定要经过长期斗争与考察，经过批准，才能成立真实支部，区委县委更是要有下层的真实组织，才能成立，也须经过临时的阶段。青年团在开始时是不分开的，要经过党的领导加强了才行分开。党的组织是要保密的（宣传行动是公开的）。

c. 要告诉党的策略，以及介绍党员发展组织开会与上级发生关系、各种组织工作及秘密技术等。

第三步：须根据第一二步的工作成绩及当时群众对分田建立政权的要求，来决定分田建立政权的工作。

①分田

过去分田发生许多假分的，只分大路旁边的或只分祖田仍旧归地主的，及分得不平的疾病，这都是实际工作中的机会主义，必须纠正，才能真正的发动群众。依照青塘分田的经验，只须群众起来工作深入是可一次分好的，以后红军所工作的区域如有二十天以上的期间就要分田，否则只是宣传。特述分田步骤如下：

a. 发动群众

群众不发动必要不能分好田地的，群众不要求分田，勉强代替分田是没有用处的，因此分田的第一步骤，是要用尽各种方法去发动群众，用时要发谷物、猪肉，要注意发给贫苦工农以发动群众。在群众畏惧不见面应用帮助工作，如耕田等去首先接近群众，再用开群众大会、分组讲演、出政治机关报报告邻境斗争情形以造成份。

b. 开分田会议以乡为单位召集贫农委员或会员举行分田会议，热烈讨论分田分山分屋分牛废债各种办法并决定要开调查会等。

c. 开分田调查会：1.调查必须在会上要以农村为单位或一［以］乡为单位去开，每家必须一人到会，由贫农会或革命委员召集调查会以三十人至四〈十〉人为好。2.调查会要做的工作一是热烈讨论分田，将分田会议所决定的办法要详细报告讨论办法，并报告各地分田斗争的情形，鼓动群众的斗争情绪；二是填表须按总政治部所规定之分田调查表去调查，各部队开始工作时要准备够用的表，与教会工作人员填写方法（此表必填一份，留政府一份，须逐转送到政治部以作各部队工作之考察与整个农村调查统计）；三是造册作调查时还要另外用一本子写下列几件事：一人名，二人口多少，三田各上田、下田，四干谷石数，五应抽出数，六应补人数（这两项在会后算好去填）。

d. 实行分配，依据调查将田的多少肥瘦，按照人口平均分配，然后分头领导群众去实地察看，实地定出抽补用本子写起。

e. 发榜，经过调查与实地察看后，以乡为单位总和发榜，说明哪些人不许分田（地主家属不分田，房子全部分给贫农雇农，地主须搬进原来的房子，富农只有他自己耕种条件之下分给坯田；只有那些有租一二十担，但不以收租为主要生活，还要做其他职业，其全部经济形成破产状态的可以分田，因为这种人已经不是地主了），那［哪］些应分田若干、是何性，各从那［哪］处抽补并说明调查。如有不实，分配如有不公，一经查实，将要经群众会议更改，否则即□分定。榜要多写，各村至少要有一张，此榜政府要存底册。

f. 实行插标，标子要写三项：1.此田有谷多少；2.分归谁人管□耕种；3.分配的机关（贫农会或革命委员会要实行领导群众查明□数去审定）。

g. 焚烧契约的在调查分配过程中，就要宣传契约无效，发动群众搜集起来，在群众大会焚烧。

h. 举行庆祝分田胜利大会，大会要有准备：1.群众要到得多；2.必有当地群众出来出席演说；3.预先准备大会要做的工作，如焚烧契约的，宣布成立革命委员会及主要组织政府，宣布土地法，成立游击队杀决反动派等，这可看当时要做什么工作去决定。总之大会不仅庆祝，一定要有关于革命工作的讨论和决定，并于大会中派人分头征求群众对分田的工作有什么意见。

② 建立政权

a. 政权的认识。苏维埃政权是工农兵代表会议的政权，这一政权的建立，必须有二个条件：一、的确是工农群众的，这就要工农群众的斗争已经发动深入，工农群众已了解政权，需要政权；二、真正是开代表会选举与开代表会议的。过去组织政府，完全忽视到这两件事，表现太不慎重，随便拉拢几个凑数，甚至会拉的是富农、流氓、劣绅，结果会［今］日办起明日推翻。这样要模糊群众对政府的认识，减少政府的威信，使政权不易建立。政权不是轻易的事，应有下列的过程：

b. 首先建立革命委员会，农村中先建立区乡革命委员会（村不建立），城市先建立市或县革命委员会，革命委员会的委员可由政治部或高级政权机关指派最好的贫苦工农分子或红军中人员，但必须要取得群众的同意。革命委员会是临时政权性质的机关，因此他有一切政权机关的权力，可以做肃反、分田、废债等工作，同时要积极筹办苏维埃政府革命委员会。与苏维埃不同的地方：苏维埃是正式政权，已在群众深刻发动过举行代表会选举革委。就因为在开始工作的区域群众尚未发动，不能进行代表会选举的临时政权，却不能因为是临时政权，就可以随便组织，相反的要非常严格的选举群众领袖去组织。

c. 经过上级的批准，经过选民会议或代表会议选举委员决定各种革命工作与命令，方能正式成立政府。从革委筹备到正式苏维埃成立的时间，主要看群众斗争的□□，但一般说来，村乡政府须一月至三月，区政府须三个月至六个月等县政府则须有六个月至一年。村政府的成立至少须经过连政治委员的考察与许可或区分军委的批准，必须经过团政治委员的考察与许可或区县军委的批准，区则须师政治委员的考察与认可，县革委或县政府的批准，县政府则须要军政治委员的考察经过省政府的批准才能成立。

d. 政府委员资格。1.必须是雇农工人、贫农以及忠于革命的中农；2.最有领导能力、最有群众工作精神的而年纪要在三十几岁以下的壮年青年，因为老年人旧道理太多，不能勇敢的担任工作。那些流氓算八字的□□看地，教老书的、富农地主儿子、小劣绅（在地方上过去当过地保、办过公事的）绝对不许混入政权。

e. 指导工作政府建立了，一定要参加他们会议，指导分工定出工作计划，告诉他们工作路线。过去有好些新组织的政府，只弄成一堆人□起吃饭，不晓得工作如何进行，单纯的替红军找几个夫子，就认为是好的，这不是真正在建立政权。

f. 规定政府预算，指导政府筹款，与规定一定的用费，这是正式建立政权一个要紧的条件。过去没有帮助政府规定经济计划，持久斗争弄成一堆人吃闲饭，容易养成没有政权观念、腐化及乱反富农的弊病。要按工作需要规定工作人员在分田时，工作人〈员〉要多些，分田后村乡政府人员都要办到不脱离生产为原则，村政府无经常办公费，乡政府每月只三元至五元，区政府三十元至五十元。

g. 关于改造地方政权的方法，红军过去帮助地方改造政权，是没有运用群众路线，由红军一手改造群众，并不知道为什么要改造，甚至说“因为政府对待红军不好，得罪了红军先生”这样群众不负责的是无法改造好，而且改造不按一定手续，弄成这军到了改造一次，别军到了又改造一次，这是必须纠正的。往后遇着地方政权须要改造，必须经过下列步骤：

一、调查政府的工作，政府一切工作是否为着群众利益，平田废债的工作，是否彻底做到，政府经费如何收付，政府工作没有成绩的原因在哪里，是环境的障碍，工作人能力薄弱或是不做？政府委员是否贪污腐化，脱离群众？要一件一件具体的调出。二、鼓动群众批评政府，很适宜地将所调查的事，向群众宣布，指导群众批评，使群众认识现在政府工作人员要不得，说明只有群众起来负责，才办得好，鼓动群众改造政权的责任：这一鼓动工作要普遍，大概要经过一周左右的时间。三、召集代表会议改造召集的方法，最好的代表发动，要求政府召集会议，或由上级政府、红军政治部教员要政府召集，在会议重要检查过去工作热烈的加以批评，决定撤换委员或全部改组，正式选举新的委员并规定新政府应做的工作。四、尊重政府组织系统，红军帮助改造地方政权时，应该告诉他的上级政府要他派人来主持改造，如改造村政府应告诉他的区乡政府，只有得到上级政府的委托，或没有上级政府经政治部指派才能直接改造。在红军只经过，时间短促来不及改造时，就要把调查所得报告他的上级政府或省政府，不要草率。只有在发现政府内有反革命活动，又是非常紧急时期，不可等待时，红军为保障军事上的□胜利，应予逮捕，但必须向群众宣布。

敬告白军士兵（传单）

（一九三一年十一月十六号）

亲爱的白军士兵们!

你们原先也是贫苦的工农出身，因为没屋住没饭吃没衣穿，方才到白军去当兵，不知不觉中做了豪绅地主国民党军阀的工具，什么东征呀！北伐呀！都是驱使你们到前线去当炮灰，这是枪林弹雨的苦海生活，你们的官长总是坐在后面逍遥快乐，打胜了都是你们的官长升官发财，失败了又是你们的士兵的受伤丧命，不信吗？请睁眼看你们的官长吃的是山珍海味，穿的是西装外套，荷包里装袋了许多的银钱花边，你们呢？吃的是菜根糙米，穿的是破衣烂裳，自己一生辛苦，还是赤手空拳。

工农出身的白军士兵们，黑暗贫困的生活，你们已经饱受够了，现在你们总应该觉悟罢！为你们自身的自由权利，也只有积极参加工农民权革命，为苏维埃政权而战斗！

现在是时候了，中国的苏维埃运动已经是广泛的发展，工农红军亦是不断的胜利，你们要乘着这次来进攻革命的绝好机会，调转你们的枪口枪杀你们的官长投到红军中来，过那自由平等的快乐人生，你们此时再不要犹豫，再不要徘徊，我们正在高举鲜红的旗帜，欢迎着你们来当红军啊！

省苏北路办事处

一九三一年十一月十六号印

三次战争中国民党在永丰摧残的成绩（会文）

（一九三二年四月十五日）

龙岗区：

难民——一万六千三百五十九人

损失耕牛——一千九百五十一只

被烧房子——八千四百十七间（龙岗墟场全部被烧，在外）

损失粮食——五万七千零八十一担谷子

被白军捉去的人——五百零三人

被白军杀的猪——两千一百二十六只

损失被盍［蓋］——四千八百八十八床

损失衣服——八千九百十二件

损失锅子——四千一百五十十个

被白军杀了的人——三百十五人

现在计算，今年尚少谷——四万一千七百十石

尚少耕牛——一千八百三十八只

良村区：

被白军杀的人——六十一个

被白军烧的屋——四百二十间

损失耕牛——五百二十四只

损失猪—— 一千七百十九只

损失谷—— 一万两千四百零八担

损失衣—— 一万五千七百五十四件

损失被—— 一千一百三十六床

沙溪潭头两区：

难民——两千四百六十五人

损失耕牛—— 一千两百零六只

损失谷——四万八千零三十九担

被白军烧的屋——五百四十六间（外祠堂五栋，油榨坊七栋）

病死的人——三百五十九人

石马区：

难民——两百八十三人

损失耕牛——四十五只

被烧屋——两百二十七间（外祠堂七栋）

被抢去的谷——六百九十担

总计：

难民—— 一万九千一百零七人

损失耕牛——三千七百二十六只

被杀的人——三百七十六人

被烧的屋——九千六百十间

捉去的人——五百零三个

损失衣服——两万四千六百六十六件

损失被盍［蓋］——六千零二十四床

损失谷子——十万八千两百十八担

损失锅子——四千一百五十个

病死的人——三百五十九人

损失猪——三千九百零五只

注：这个统计是各该区苏维埃调查的，完全确实，并且还有遗漏的很多，实际损失的数目，当还不止与［于］此。

对俘虏兵宣传纲要

（一九三二年六月十九日）

中共一军团政治部

说明：

1. 争取白军兵士到革命□□□□里来，是我们目前主要工作之一。过去对于俘虏兵宣传，全然忽视，以致表现各种不好倾向和对革命的怀疑，这是非常严重的问题。我们应该坚决的纠正过来，加紧俘虏兵的宣传工作。

2. 俘虏兵有两个必经的阶级［段］，从火线上缴枪出来之后对红军非常害怕，后来了解红军制度和生活则又放肆骄傲。后面这一阶段，当然要在战斗结束后集中训练（从反军阀、反国民党、阶级对比再来加强他的阶级觉悟），第一阶段应□□这一宣传纲要对他宣传（个别或团体宣传），除去他恐怕心理□□□他的阶级觉悟。

3. 这一宣传纲要和方式应召集宣传员详细说明，使他在作战时能够达到这一任务。

4. 宣传员在每次宣传中需多举事实证明，使俘虏兵容易接受，宣传收效更大。

俘虏兵宣传纲要

（一）红军对敌方士兵的待遇

1. 不杀敌方士兵□□而且站在阶级的□□□□，□□优待，对敌方伤病士兵，特别对他医治保护。

2. 只有罪大恶极的、专门压迫士兵屠杀工农群众的反动白军官长，才执行革命纪律，予以处决。

3. 对敌方觉悟的革命的士兵同志，极端欢迎他们参加工农革命、参加红军打土豪分田地取得苏维埃政府的各种优待（优待条例）。

4. 俘虏过来的士兵如果因某种关系□□回家，红［军］坚决不强留工作，并且发给路条、路费□□他回去，沿途苏维埃政府同□□□□。

（二）揭破国民党军对他的欺骗

1. 杀人放火——红军决不乱杀一人，乱烧一栋房子，只有阶级敌人、豪绅地主军阀资本家坚决反动分子才把他杀掉，没收他们房子分给穷人住。国民党就专门屠杀工农群众、青年学生、革命分子，黄陂小布一带焚烧殆尽惨酷到了极顶。

2. 公妻——共产党主张婚姻自由，一夫一妻制，打破买卖包办制度（说明好处），只有资本主义社会里面才真是公妻，因为上海、汉口等处的姑娘，凡是有钱的都可以去公。将来革命成功再没有这种现象。

3. 土匪——红军是工人农人的阶级武装，为劳苦工农谋利益谋解放的军队，他有光明的主张革命的纪律，只有国民党才真是土匪，压迫穷人剥削穷人，屠杀穷人不是比土匪还更利害么?

（三）阶级的对比

1. 红军的阶级性——工农自己的阶级武装（作用发展）。

2. 红军的主张——主张打倒帝国主义，推翻封建制度，推翻国民党政府，建立苏维埃政府（特别要说明目前土地革命……）

3. 红军的生活和制度——官兵一律平等，官长不打骂士兵，以文化教育等，特别要讲□优待红军条例。

4. 白军的阶级性——军阀、豪绅、地主、资产阶级的军队（说明事实）。

5. 白军主张——勾结帝国主义，出卖民族利益，维持封建剥削，屠杀革命群众。

6. 白军生活制度——有将校尉的阶级起居饮食各不相同，官长可以升官发财，士兵受压迫剥削……（等。）

（四）白军士兵的出路

要觉悟□去参加工农革命，实行打土豪分田地，为得自由解放而战，为广大劳苦群众谋利益而战，为苏维埃政权而战。

—完—

告二十六路孙连仲部中下级干部书（中共宣传品）

（一九三二年八月十七日）

二十六路中下级干部们：

中国革命把二十六路分开了，我们大多数由宁都暴动进入革命营垒，你们少数还陷在反革命营垒里面。

在旧社会关系上，我们同你们是多年的旧同事，深知道你们都是西北贫苦农民出身，入军阀冯玉祥部当兵，苦熬了多年，总得到一个中级或下级军官，你们中间最大多数仍然是很穷，家里的父母妻子兄弟仍然生活不下去，就是赚了钱的，数目也不大，从社会阶级地位上讲，你们都出身于被压迫阶级，都没有反对革命的政治经济的基础，换句话说你们都应当赞成革命才有出路。

你们仔细想象你们自南口退却六七年来，参加过北伐，参加过甘肃剿围，参加过冯阎反蒋的军阀混战，你们的劳汗，你们的鲜血洒遍了长城内外，染遍了西北的黄沙白州［洲］，你们究竟得到了多大的利益？你们被蒋介石驱迫到江西“剿赤”。除了孙连仲高树勋先后赚了开拔费，月饷数百万以外，你们又得到了多大的利益？严格的说我和你从前在军阀军队里混了多年，不仅对自己没有利益，并且帮助了军阀造成许多罪恶，因为在军阀制度的军队里面行动是不由自主的，这是值得深自悔恨和反省的。

你们的不足轻重的官位，和有名无实的月饷，在你们长久陷在反革命营垒里面，为国民党军队牵连在一起，走上灭亡的道路，这是万分不值得的啊！

你们赶快觉悟起来罢，不要留恋了罢！

出卖东三省、上海、内蒙古，出卖民族利益，帮助帝国主义瓜分中国的国民党一定要灭亡。

领导苏维埃运动和红军实行土地革命，打倒帝国主义国民党的共产党一定要成功！

你们不仅要计算个人的利害，并且要把眼光放远大一些，看看世界革命和中国革命的趋势，何去何从？谁胜谁败？时间是很紧迫的，你们再不要糊涂过去了。

你们不要再有丝毫的害怕，丝毫的犹豫，不要相信国民党的欺骗，宣传说凡是白军军官被红军俘虏的都被杀了，不要相信宁都暴动过后有些不革命的旧干部坚决要求回家，反说红军不要他，反说红军的坏话，你们只看一看凡是二十六路的暴动过来坚决革命的干部，都在红军中担任重要职务，这难道还不明白吗？

你们赶快暴动过来罢！北方的革命现在大大的发展，鄂豫皖红军第四方面军接连得到八次大胜利，先后消灭了李鸣钟、陈调元、朱培德、张钫各部，陕甘成立了红军二十六军，陕甘和绥远都开辟了新的苏区，正待我们回去共同努力！

我们赶快过来当共军，我们高举着苏维埃红旗，等候和欢迎你们！

董振堂　赵博生

工农红军第五军团全体战士：欢迎二十六路孙连仲部全体士兵来当红军书（中共宣传品）

（一九三二年八月十九日）

亲爱的二十六路全体士兵同志们：

自宁都暴动以来八个月没有同你们见面了，我们当红军得到彻底的解放与自由以后，时时刻刻都在想念你们当白军的痛苦呵！

我们现在为要进行民族革命战争，首先要打倒出卖东三省上海内蒙古，出卖民族利益帮助帝国主义瓜分中国的国民党，最后直接与帝国主义作战驱逐帝国主义滚出中国，完成中国民族的解放统一与独立。

你们不幸站在反革命的国民党那一边，也可以说是站在国民党的主人帝国主义那一边。阻碍革命、压迫革命，我们要来同你们在战场上见面了，八月十七日乐安之战不到□点钟，消灭了小军阀高树勋师七十九旅劳一区、八十旅劳二区。这一面是红军的英勇，可以战胜一切军阀的军队，另一方面是该两旅士兵同志的觉悟，不愿再替军阀拼命当炮灰，可以有这样的结果。

同志们现在又要来宜黄抚州的战场上同你们见面了，我们万分盼望你们立刻觉悟起来，再不要受长官的压迫及命令，同红军作对，再不要同红军……

你们大部分的山东河南的同志们！是军阀孙连仲趁着水灾用欺骗的方法招募拉到南方的。你们入伍将近一年了，只领得一身军衣六元钱，汗衣短裤都要自己出价一元五角，饮食吃的很坏，硬算六元钱一月，每天除三操两讲外还要修筑工事，稍不顺长官的意，就要受残酷的打骂和禁闭，另有一部分还被强迫作苦工，修筑抚州宜黄的马路，以致逼出一个暴动，这是你们的同伴被压迫而发生的反抗和觉悟呵！

士兵同志们！不管你们入伍早迟，你们的月饷在哪里？你们当兵为着谋更好的生活，做到了没有？你们家里的父母兄弟妻子能够生活下去吗？你们为谁辛苦？为谁流血牺牲，你们只有立刻在火线上暴动过来，拖枪过来当红军，□能得到永久的解放！

我们是军阀军队里的过来人，痛定思痛，深知你们的痛苦，我们在苏维埃区域和红军中生活已经有八个月了，又深知道共产党领导革命的正确，中国革命很快就要成功，南方北方的苏维埃运动，都飞快的发展，全国红军不断得着伟大的胜利，你们一定听说过了，我们要引导你们脱离反革命的压迫，走上解放自由之路！

士兵同志们！赶快觉悟吧！赶快暴动过来当红军！我们诚心而又热烈的高举着红旗欢迎你们！

中国工农红军第五军团全体战士

白区宣传工作须知

（一九三二年八月）

写在前头

关于发动群众所必须的宣传鼓动工作，虽然近来引起了红军中政治机关的相当注意，但这一工作确还未能改进到我们所希望的必要程度，尤其是到了白色统治区域，更到处表露我们宣传鼓动工作的不足与弱点。因此对白区地方群众的宣传鼓动工作，必须更责成政治机关与政治工作人员加以全副精神的切实注意。

为了适应目前的急需，本部特编印这一“白区宣传工作须知”。这个东西就个人工作中的经验写成的，虽然不能成为很好的工作指南，但各政治机关若能切实的应用，特别是督促宣传工作人员研究补充，则此后对白区的地方群众的宣传工作一定能够得着进步。

最后希望全体政治工作同志，特别是宣传工作同志对这个小册子要多注意研究补充，并将意见随时寄交本部，以便收集液［腋］成裘之效，将这个小册子完成为很完善东西。

总政治部

白区宣传工作须知

（一）宣传前的注意点

1. 首先要了解当地群众对我们的认识，如对苏维埃和红军完全不了解，或知道一点，或对我们有认识，或受反革命的欺骗宣传，而对我们怀疑或仇恨。

2. 要知道反革命者在该地做了一些什么反动武断宣传，以及群众对反革命者宣传接受或怀疑。

3. 要知道国民党军阀靖卫团等在该地压迫剥削群众的状况，抽了一些什么苛捐杂税，以及本地的地租高利贷和一般的剥削情形。

4. 要知道当地的经济情形，群众生活如何，社会阶级的分化如何，何种人最多。

5. 当地的反动武装及反动党派团体的组织情形如何，首领人物群众对这些武装及组织的态度如何。

6. 什么问题是当地群众最感受痛苦的问题。

7. 该地过去有无受过军阀军队的摧残，何人部队摧残的，实际情形怎样，现在群众对这种摧残的痛恨如何。

8. 该地过去有无什么斗争，斗争的胜利、失败的经过情形，现在群众对这次斗争的感想如何。

9. 当地氏族制度的封建统治情况如何、群众对这种制度的统治是极端的重视或感觉不满。

10. 该地的土地占有情形及土地的剥削情形？

11. 该地有无到过红军及游击队，群众对到过的红军游击队的批评如何。

12. 我们到时群众有没有逃跑的，为什么逃跑，何种人跑的最多，跑到什么地方去。

（二）宣传的方法

1. 宣传工作的原则，是要切中群众的要求，所以要实际化、明确化、通俗化（但不是庸俗化），要绝对避免简单化（如只说红军自由平等）、原则化（如只说参加民族革命战争），及离开群众实际生活与当地情形不适合的空洞宣传。

2. 要绝对避免死板的长篇讲演，要用询问解答的方式，根据调查所得的群众所受的痛苦，及他们所提的问题去逐条详细解释并指示解放的出路。

3. 讲话时要特别注意群众的精神，如觉得群众很注意听则应将说话的材料加多一点，如发觉听众已厌倦了，则要转变方式，或问懂不懂，或发几个问题，或要听众提问题（群众提问题的方式最好，因为这样一方面可以把他们的怀疑点解释清楚，同时更可考察他们对我们认识的程度）。

4. 当要鼓动群众起来革命时，要多举苏区工农的解放以及生活改善与白区群众生活比较，并告诉他们怎样组织起来，怎样斗争来求的自己的解放。

5. 特别要利用有人嘲着我们的布告标语传单时，即趁机详细向他们解释。

6. 我们先头部队刚到达一个地方，开始即将红军的阶级性红军的纪律，及红军帮助什么人及反对什么人向群众说明，以安定其惊恐的心理，然后再作进一步的宣传（因为必须先安定群众的惊恐心理，然后进一步的宣传才容易收效）。

（三）宣传的内容

A. 关于苏维埃的

1. 要说到苏维埃是工农兵贫民的政权是保护贫民利益的。在苏维埃政权下广大人民群众都完全得到自由解放，苏维埃政府的办事人，都是工农贫民自己选举出来的。

2. 把苏维埃的各种法令（劳动法土地法经济政策等）的主要内容详细说明，并说到这些法令在苏区实行的情形。

3. 要说明苏维埃政府是唯一的彻底的反对帝国主义的。目前帝国主义进行彻底瓜分中国，武装干涉中国革命武装进攻苏联的时候，国民党已将东三省和上海出卖给帝国主义成为帝国主义瓜分中国的清道夫。苏维埃中央政府已宣布对日战争，号召全国红军与工农群众起来扩大民族革命战争，驱逐帝国主义出中国推翻国民党的统治，谋中国的独立解放。

4. 将全国苏区发展情形详细说明，使群众了解苏维埃运动现已普遍到全中国。

B. 关于红军的

1. 首先要说明红军是工农的武装，是为群众谋解放的革命军队。红军是在共产党与苏维埃政府领导之下来打倒帝国主义推翻国民党统治，实行土地革命帮助其他弱小民族求解放。

2. 因为红军是工农的武装所以他到处帮助工人反对资本家压迫、增加工钱待遇，帮助农民没收分配地主豪绅反革命者的土地财产，帮助工农及贫民取消一切借贷契约高利贷，取消一切国民党的苛捐杂税。帮助工农贫民争得解放。

3. 红军是坚决执行苏维埃法令的，对于反革命者地方豪绅靖卫团等是要彻底肃清的，对于资本家富农等是要坚决反对的，所以红军是保护工农利益的阶级武装。

4. 红军的纪律是极严格的，他不侵犯工农贫民的利益（可列借东西还、坏东西赔等作例）。

5. 说明红军目前正执行苏维埃中央政府对日斗争的训令，来反对帝国主义瓜分中国武装干涉中国革命，准备直接与帝国主义作战，驱逐帝国主义出中国。但国民党军阀在帝国主义指使之下，派兵来向真正反对帝国主义的苏维埃和红军进攻，阻碍红军直接与帝国主义军队作战，所以红军要得到直接与帝国主义作战，必须首先消灭国民党军阀，打碎国民党的统治。民众要达到打倒帝国主义的目的，也只有参加民族革命战争，与红军一致行动来推翻国民党的统治，建立苏维埃的中国。

6. 要说明目前全国红军发展的情形，特别要将各地红军的伟大胜利的实际情形详细说明。

7. 应说明红军中战斗员、指挥员政治上待遇一律平等，以及红军中的政治文化教育与日常生活的实际情形，优待红军条例亦要扼要说明。

8. 要说明全国工农群众对红军热烈拥护的情形，特别要说到白区工农群众募捐赠送飞机，赠送军用品及组织红军之友等。

C. 关于共产党和青年团的

1. 说明共产党是无产阶级的政党，是坚决为工农谋利益的，将十大政纲逐条详细的通俗的说明（绝不能只背条文）。

2. 说明苏维埃与红军是在共产党领导之下的，所以共产党的政治主张是完全实现的，要说明共产青年团的组织主张等，并告知一般青年要在青年团领导下面，求得劳动的解放。

D. 关于反对国民党的

1. 说明国民党是地主豪绅资本官僚的集团，是代表地主豪绅资本家的利益，来压迫剥削工农贫民的。

2. 指出国民党是帝国主义的工具，特别要指出最近无抵抗的出卖东三省和上海，在上海、南京、广州等各地解散反日团体，屠杀反帝群众，处罚自动抗日的士兵，以揭穿国民党投降帝国主义的真面目。

……

4. 国民党改组派过去曾提出“二五减租”的口号，企图欺骗农民来缓和农民为争得土地的革命斗争。这次蒋介石在庐山会议时也曾说“耕者有其田”“土地归原主”及“二五减租”。我们必须向群众说明，这全是国民党缓和革命斗争的欺骗法术，国民党用这种口号想把苏区农民已得到的土地还给地主，用这种口号来缓和农民为争得土地的斗争，因为国民党本身是地主豪绅资本家的集团，他们决不牺牲自己阶级的利益，来减轻对农民的剥削的。

5. 国民党也常欺骗说“不准军队扰害人民”事实上不但国民党军阀到处拉伕、封船抽捐、派饷闹得人民鸡犬不宁，并且到处屠杀工农群众。一九二七年广州暴动后，一星期内在广州屠杀六千多工人、贫民，现在各省的灾民因要饭吃也常被国民党屠杀。

6. 国民党常欺骗群众说共产党与红军到处杀人放火，但实际上共产党所领导的红军，只是对于压迫剥削工农兵的地主豪绅、靖卫团这些反革命分子要加以镇压与肃清。红军从来不烧屋子，要把地主豪绅、反革命的房子分给没有房子住的工农贫民住。曾经焚烧工农房屋的是国民党自己。这次战争中苏区工农被国民党军阀屠杀的不知有几多，而苏区数百里的房屋被烧得无存。

E. 关于反对帝国主义的

1. 详细的通俗的说明帝国主义统治中国的实质，特别要说明帝国主义经过地主豪绅资本家高利贷者来剥削中国的农村（如保护封建阶级的统治，地主豪绅资本家剥削工农的血汗去购用帝国主义的商品等）。

2. 说明帝国主义如何帮助军阀，制造军阀混战，加重一切民众的苛捐杂税及战争破坏的痛苦。

3. 详细说明自日本占领东三省后与上海间作自由市〈场〉后，帝国主义更积极进行彻底瓜分中国（如出资组织的国联调查团到中国各地实际调查，英国帮助西藏出兵川边、青海等）。特别说明帝国主义在进行瓜分中，更积极组织国民党军阀向唯一反对帝国主义的苏维埃和红军“围剿”，所以帝国主义是中国革命的唯一敌人。

4. 要说到帝国主义目前经济恐慌加紧战争准备后，更积极来武装进攻建设社会主义的苏联。要说到现在真正的彻底的反对帝国主义的，只有共产党苏维埃和其所领导的红军。

F. 对工人和农民的

1. 对工人、农民的宣传，除了上面所列的一些外，要特别分析资本家对工人剥削的实际情形（列举成年工人、青工童学徒女工等），以及工人阶级求解放的唯一道路，只有组织起来，反对资本家的残酷剥削与压迫，暴动起来组织自己的苏维埃政府。

2. 详细解释苏维埃劳动法的内容，并举出在苏区内实施的情形，以及工人在劳动保护法下所得到的生活改善的实际状况。

3. 要说明的国民党的工厂法主要内容是不准工人罢工及其他妨害资本家利益的行动，完全是保护厂主资本家的利益压迫工人，使工人不能反抗资本家的剥削和压迫。

4. 要说明农民所受的重重痛苦，地主的高税，军阀、靖卫团的苛捐杂税，高利贷的剥削，豪绅甲长族长的勒索，军阀战争的破坏，因国民党剥削压迫农村建设，又造成各种天灾，所以农民生活痛苦到极点。农民要想解除这些痛苦，只有暴动起来，推翻地主豪绅国民党的统治，争得土地，建立工农的苏维埃政权。

5. 将苏维埃的土地法的主要内容详细解释，并列举苏区农民现在所得到的实际快乐和生活情形。

G. 其他

1. 对商人要告以苏维埃的经济政策，要他们安心营业，但参加反革命活动及破坏苏维埃法律的要受严重处分，并告以苏区商人因取消了苛捐杂税，营业反较前发展。

2. 我们优待白军俘虏兵团丁的事实要向一般群众深刻说明，以便经过地方群众传达到白军士兵与靖卫团之中去。

3. 要特别指出三次战争及最近各次胜利成千成万放俘虏兵回去的事实，以打破国民党军阀说红军残杀俘虏兵的欺骗宣传。

4. 目前国民党统治的崩溃及全国革命发展的实况，要向群众详细说明。

—完—

红军军事委员会俘虏工作大纲①

（一九三三年三月二十二日）

第一　俘虏工作的重要

……

阶级的立场和战争的利益，决定正确的对待。

对于白军士兵群众，应当坚决的、耐烦地争取他们到革命方面来，严禁杀害俘虏兵伤辱俘虏兵，不准搜俘虏兵的腰包，要医治白军伤病兵。

士兵中工农出身的觉悟分子，应该尽量争取他们自愿的来当红军。如果像过去红十军一样，绝对不要一个俘虏兵当红军，这不仅是忽视争取他们到红军中来的工作，而且是对白军士兵群众革命性估计不足的机会主义。

应释放的俘虏，尽可能地经过相当时期的工作，给以充分的宣传鼓动。当然宣传鼓动的时间愈长，则所收的效果愈大，因为白军士兵群众觉悟的程度不是一样，并且会经受过国民党长期的反动教育与欺骗宣传，所以给

① 原文献缺一百四十二和一百四十三页。

以较长期的艰苦的宣传工作是非常必要的，可是要坚决反对籍［借］口时间短，而不进行耐心的工作的错误。

在白军士兵中，时常有一些是从苏区或苏区边境逃出的地主、富农及其子弟等反动分子，对于这种反动分子，就不能照普通士兵对待，而应把他逮捕起来，送回原籍苏维埃政府考察与办理。如果仅仅知道他们是苏区的人，而不知道他们是否反动分子时，亦应送回原籍，交当地苏维埃审查，以免反动分子漏网。不是反动分子，而是贫苦工农，则可由苏维埃给以土地，或争取他们当红军。

对于俘虏中的官长，必须采用各种方法（如找俘虏兵指明侦探等），查明立即与俘虏兵分离，下级（班、排、连长）官长，没有特别反动作用的，应给以宣传鼓动，释放出去，不宜留在红军中工作。

营长以上的官长，必须迅速查获出来，捕送上级政治机关依法惩办，但绝对不许自由放走和杀害。

西医、无线电、飞机师、修械员以及工兵、炮兵等特殊技术人员，红军非常缺乏，在目前国内战争中，还不能立即做到自给，所以必须努力争取过来，以应战争的需要。因此，对于这些技术人员，应给予很好的优待（同时需防止他们逃跑），使他们乐意在红军服务。

白军中的政训人员是最反动的份子，从宣传员乃至政训处长，均一律捕送上级政治机关侦查审讯，最后交司法机关惩办。

俘虏伤兵，应一律派人上药医治，经过适当宣传鼓动，发给优待费，就地向敌方送走。

第三　战时俘虏收容与安置

战时俘虏收容，完全由各级政治机关负责。各级政治部应按战时情况选定适当地点设立俘虏收容所。团（师）政治部所设立之俘虏收容所，应接近火线。〈师〉（军团）或军政治部的俘虏收容所，可设立在师（军团）或军的临时后方地点。

俘虏收容所的位置，宜靠近交通大道，但不宜与医院、无线电队、司令部等机关混在一起。

火线上的俘虏收容，除由团政治处（师政治部）派人负责外，在师政治部没有人来以前，应由缴枪部队的首长临时负责处理之。同时，所有红色指战员都有宣传俘虏，收容俘虏武装、查获俘虏官长、戒备俘虏捣乱、帮助政工人员进行俘虏工作的责任，虽然他们不能放弃本来的职任来专门担负俘虏工作。

在开始缴枪俘获俘虏时，最重要的一件事，是要注意从俘虏官兵中问的敌情，所以第一批俘虏，应选送几个送交参谋处去查。

在火线上俘获俘虏时应该注意：

1. 立即解除俘虏的全部武装。

2. 一面解除武装，一面像［向］俘虏宣传，并高声向他们喊着“优待白军士兵”“欢迎白军士兵当红军”等口号，并散发对白军士兵宣传品。

3. 立即注意清查官长。在火线上清查官长比较以后要容易很多，因为这时他们常常来不及化装，乱掉符号，与减去一切官长的形迹。

4. 如俘虏不多而又为战斗情况许可时，应在火线上举行对俘虏官兵的精密检查，以防止俘虏身上暗藏手枪及重要的军用器材，如枪柄、望远镜等，但绝对不许没收俘虏士兵的个人财物。但连长以上官长身上财物，应即全部没收交公。

5. 检查俘虏所获之敌方文件，虽片纸只字，亦须保存，勿令自放弃，并当按性质分别送上级军政机关审查。

6. 火线上俘获之俘虏，一律送师政治部俘虏收容所，已经审出之官长，应即刻把他们与士兵隔离，分别遣送，营长以上的官长应即刻拘捕，严防逃逸。

7. 如在火线上俘获俘虏不多，又因战斗情况不及举行精密检查，和派兵护送至后方时，则应将解除武装后，留适当的兵力监视所获俘虏于一处，并面报告政治部，从速派人来收容处理之。

俘虏到了师政治部的收容所后应该：

1. 派人向俘虏作宣传，散发宣传品，可能时并举行欢迎会。

2. 举行检查和俘虏姓名、职别、成份的调查。

3. 继续清查俘虏官长，并秘密派人化装混入俘虏中侦查，和奖励俘虏兵公开或秘密地举报关［官］长。

4. 按俘虏兵人数多寡，编队组织伙食单位，派定连长、指导员负责管理之。

5. 俘虏官长、政训人员、技术人员，经清出后，一律送上级政治部。

6. 饮食给养尽力做到及时的供给。

军团政治部（军政治部同）俘虏收容所，负责随时集中全军团的俘虏，编成俘虏团，集中管理训练，并举行盛大的欢迎会，发动地方群众参加，对有计划地订出对俘虏训练的短期计划，逐日实施之。

继续在俘虏中进行侦查官长和政训人员的工作，并注意从俘虏调查工作中，搜集兵运材料和敌方情报。

官长例行编队管理，营长以上的官长则送上级政治部，技术人员经过充分宣传鼓动，分配各机关服务，并给以优待。

各级政治部收容俘虏之数目及处理情形，应随时报告于上级政治部，使得上级政治部全部集中指示后，即送集中地点转送做长期的训练。

在战时收容俘虏，要非常敏捷，以便容易应付接连而来的战斗。同时对于俘虏的收容、集中与后送，要能适合战斗情况。即是收容要迅速，要不妨害部队的运动和进行次一个战斗集中俘虏地点要适宜，不要太接近了敌人，以免逃跑和发生意外。后送的路线要仔细选择，要注意沿途的安全。

第四　对俘虏兵的宣传鼓动

过去俘虏兵的宣传鼓动，一般的尚不充分，而且内容极不统一。许多对俘虏兵作宣传的同志，多半是想到一点说一点，事前毫无准备，甚至有错讲了的，有随便把红军中的机密事情，讲给俘虏兵听的，有的对于俘虏兵的驳问，不能答复的。这都是极大的缺点。

在这里，我们仅仅指出对俘虏兵宣传鼓动的内容，大要将来我们当另行拟发专门的材料。

1. 首先我们要注意祛除白军士兵对红军的一切怀疑和怨恨，对俘虏兵的态度必须亲爱和睦，我们要告诉他们，红军是工农的武装，绝对不杀害工农出身的白军弟兄，并且优待白军士兵，医治白军伤病兵，欢迎白军士兵当红军，国民党侮［诬］蔑红军为土匪和杀人放火，这是最无耻的造谣。

2. 要从白军士兵实际的痛苦生活中，去启发他们的阶级觉悟，引起他们对统治阶级的阶级仇恨。我们要告诉他们，白军士兵都是工农出身，都是因为受了地主资本家的剥削压迫和国民党军阀官僚的蹂躏，以致穷苦失业才来当兵。所以，工农是我们的弟兄，地主资本家与军阀官僚是我们的仇敌。白军豪绅地主资本家的军队，白军官长是地主资本家的子弟、反革命的组织者、屠杀工农的侩［刽］子手。他们一方面来说，并[①]压迫白军士兵拼命牺牲的，是残酷的剥削民众，镇压革命，另一方面又吞吃兵士的军饷，使广大的白军士兵陷于饥寒交迫、非常困苦的境遇中，总之这般万恶的军阀，用尽一切办法来牺牲工农兵士、劳苦群众的利益与生命，来维持他的统治。

3. 要集中火力揭破国民党束缚的、武断的民族宣传，唤起白军士兵真正民族自觉等，为中国的民族的独立解放而奋斗。

我们要指出，帝国主义进攻苏联，瓜分中国，进攻中国革命的严重危机，特别是帝国主义的先锋队，日本帝国主义占领东三省，及进攻华北的严重形势。我们要告诉他们，国民党是帝国主义的忠实走狗，对于帝国主义一贯的投降，并帮助帝国主义解散抗日会，解散义勇军，镇压反日运动，屠杀反帝群众，接受帝国主义命令，三番四次来攻打唯一反帝国主义的工农红军与工农政府（苏维埃政府）。

国民党为欺骗群众，掩盖他们投降帝国主义，出卖东三省，出卖全中国的罪恶，故无耻的侮［诬］蔑红军是苏俄赤色帝国主义走狗，捣乱他们的抗日后方，又讯“抗日必先剿赤”，来尽他们为帝国主义消灭中国革命运动的忠诚。

我们要把国民党这种反动宣传告诉白军弟兄，苏俄是无产阶级的国家，唯一反帝国主义的大本营，中国革命的好友。中国苏维埃政府，是唯一反帝国主义的政府，红军是唯一的反帝国主义的武装，共产党是唯一反帝国主义的领导者。苏维埃中央政府老早就宣布了对日宣战，最近又宣布了对日作战协定（内容详见中央政府宣言）。所以白军士兵弟兄，应该踊跃加入红军去打日本帝国主义，把一切帝国主义赶出中国去，拥护苏联无产阶级与中国工农的兄弟联盟，打倒投降帝国主义、出卖民族利益的国民党。

4. 要把共产党的主张详细向白军士兵解释，告诉他们共产党与国民党

---

① “并”为文献原文表述，应是多余。

有什么不同，共产党领导下的苏维埃政府与国民党政府有什么不同，红军与白军有什么不同。

要很广泛的在白军士兵中，宣传苏维埃的土地法、劳动法、经济政策与优待红军条例，要告诉他们红军产生的原因，红军组织的阶级性，红军任务的光荣，红军制度的特点，以及红军的伟大胜利前途——争取中国革命的胜利和世界革命的胜利。

我们在进行这些宣传时，要拿现在苏区的实际事实来做证明，如农民分了土地，工人得了八小时工作制，苏区取消了苛捐杂税，红军分得了田地，并受特别优待，以及苏区扫除了帝国主义和地主资本家的势力，建立了工农兵自己苏维埃政府。

最后我们要告诉他们，全国革命形势的进展与统治阶级的瓦解，以及帝国主义国民党最新的五次“围剿”与大举进攻的垂死挣扎，与不可避免的失败，以坚定他们对革命的胜利信心。

第五　争取觉悟的白军士兵当红军和释放俘虏

在俘虏集中训练时期，我们应努力争取白军士兵中的觉悟工农分子来当红军。关于这一工作的进行应该注意：

1. 争取俘虏来当红军，必须具备以下几个条件：（一）贫苦工农出身，（二）有相当的政治觉悟，（三）身体强健，无疾病与不良嗜好（如吸烟片），（四）年龄适当。

2. 注意在俘虏士兵群众中，吸收贫苦工农分子，特别是工人分子入党入团，建立党的支部指导党团员，领导士兵群众自动报名当红军。

3. 发动士兵群众中的思想斗争，对于各种反动观念，捣乱、阻碍白军士兵当红军的分子，要发动白军士兵群众中的进步分子自动批评他们、反对他们，以引起他们中间的分化。

4. ……当红军的分子要在群众中表……他们向大家宣传……的理由。①

5. 组织参观红军内部队的工作，以加深他们对红军的认识。

6. 组织参观苏区的实际情形的工作。特别注意指示他们了解苏维埃的

① 这里三个省略号为文献原文。

一切法令、政策，在苏区实现的情形和群众执行优待红军条例的热烈。

7. 发动红军中的指战员与赤区群众，慰劳他们，欢迎他们，并与他们共同举行联欢大会。

对于应释放的俘虏兵应该注意：

1. 释放俘虏兵时，应召集群众大会欢送，派人对他们做最后的宣传。

2. 印发白军俘虏兵的宣誓词（照本部拟发的翻印），领导他们高声宣誓，不打红军，不打苏维埃，不打工农。

3. 对释放的俘虏兵，应当向他们宣传，要他们把他们所见的、所听的散布到白军去，万一被压迫去当白军士兵，要他们托［拖］枪过来，向天打枪，自动缴枪给红军。

4. 与军事机关商量，选择适宜地线放走，以不妨碍我们的军事机密为原则。

5. 发给额定的优待费（三元）和路单宣传品。

6. 释放俘虏官长与士兵应分开送走，不要走同一路线或同一日期。

7. 释放俘虏时，应派适当兵力护送到赤白交界的地方。不要让他们自由跑回和逗留苏区。

8. 发动群众沿路列队，爆边[①]、唱歌、喊口号欢送，并告诉俘虏兵不要沿路侵犯群众利益。

9. 注意利用释放俘虏时机，建立对敌军的破坏工作。

一九三三年三月二十二日

告国民党军队的士兵书（传单）

（一九三三年八月十五日）

工农红军一再宣告，愿意同你们一同去打帝国主义，但是蒋介石和你们的官长对我们的宣告置之不理，认为这是红军示弱，调动很多队伍来打我们红军，来进行四次“围剿”。东黄陂的战争是红军给蒋介石最好的回

---

① 原文如此。

答：国民党三个师全部消灭，师长萧乾打伤了，师长李明打死了，师长陈时骥被我们活捉了。

蒋介石大败之后，更加无耻的投降帝国主义，签订华北协定，与日本帝国主义开大连会议出卖中国，调宋子文到外国大叫卖国，借了大批的钱，买了大批的枪械，不是来打日本，而是来打唯一反帝国主义的苏维埃与红军。蒋介石正在调兵编队，又要强迫你们来和我们打仗，来进行新的五次“围剿”。

士兵们！你们都是中国人，为什么要打中国工农红军！你们都是工农贫民，为什么要打代表工农为工农谋解放的红军？你们的官长说：“红军捣乱后方”，“抗日必先剿共”，你们相信他们的话吗？国民党卖国的事实是太多了：同日本订卖国的合约，开卖国的大连会议，把军队集中在江西，而不出一兵一将去打日本，又不肯同我们一起去打帝国主义，蒋介石最近宣布“言抗日者立斩无赦”，连抗日都不准讲了，去打日本更是“罪该万死”！正是因为红军是反对帝国主义的，正是因为蒋介石卖国，所以他们集中力量来打红军！

士兵们！下级官长们！亡国的危险是在面前，我们再向你们宣布，我们还是愿意同你们一同去打帝国主义，去救中国！你们官长要你们来打红军，不要听他们的命令，枪毙反革命的官长，选举自己的官长，来同我们一同去打日本帝国主义，去收回东北五省！

工农出身的士兵不打工农红军！

联合起来去打日本与一切帝国主义！

联合起来去打卖国的国民党！

中国工农红军总政治部

一九三三年八月十五日

在粉碎敌人五次“围剿”的政治动员中加紧白区白军宣传工作 中共江西省委宣传部通信第十号

（一九三三年八月二十四日）

在帝国主义国民党积极准备更残酷绝望的五次“围剿”时，党的任务是百倍的加重了，我们不仅要经过充分的宣传鼓动工作，来动员苏区广大工农劳苦群众更积极坚决的集中一切力量给予战争，完成粉碎敌人五次“围剿”的伟大的历史任务，而且还要百倍的加紧对白区白军的宣传工作，鼓动更广大的白区工农群众的斗争，与白军士兵的兵变兵暴配合红军的进攻，消灭进攻苏区的国民党军阀夺取中心城市，完成江西首先胜利。

很明显的白区广大工农劳苦群众在苏维埃红军胜利影响之下及在全国经济破产加上地主资产阶级国民党惨无人性的剥削的压迫之下，失业饥饿屠杀是更加威胁着广大的工农劳苦群众，特别是国民党无耻的出卖东北，投降帝国主义更加使广大工农劳苦群众起来为自己的生命利益和民族解放而斗争，白军士兵同样的认清了国民党卖国的真面目，及在苏维埃红军的影响之下，不甘军阀的压迫屠杀由动摇不满而日益革命化。这些事实是证明了，这是非常便利于我们进行白军白区宣传工作的客观条件，只要我们有组织的去进行在白区群众白军士兵中的艰苦工作，必然要掀动白区白军中更广大的革命潮流。但我们在粉碎敌人四次“围剿”时对白军白区宣传工作的忽视成为我们一切宣传工作中的弱点，因此各级党部必须严重的警觉起来，用我们最大的力量来开展对白军白区的宣传工作，造成□粉碎敌人五次“围剿”更优越的条件。

省委宣传部更具体的决定下列办法，各级宣传部必须一刻不放松的去积极进行：

1. 各级宣传部特别是边县边区宣传部应根据附近的白区白军的实际情形，制定个别的适合于他们的实际要求的宣传品（如传军标语）利用各种关系（如找亲戚朋友关系、贸易关系等）输送到他们中间去，如有党的组织及群众团体组织的白区，党应有计划的帮他们进行宣传工作。

2. 根据白区白军实际情形，依据另一个新的事变，提出适合于他们实际要求的口号来鼓动群众日常斗争联系政治斗争。如国民党军阀抽丁当兵及在太和城抽丁编保卫团，群众不愿即遭枪杀，在干［赣］州信丰限制群众使用铁器，每家只准用一把菜刀，强迫修马路，残酷的苛捐杂税都为群众切齿痛恨的。但是党必须据实际的提出口号，要求不要太高，如反对强迫修马路，首先是要提成修马路要发工资或增加工资，实行八小时工作，反对打骂……等，并告诉他们的出路与斗争方法。

3. 对白区白军宣传必须将国民党出卖中国投降帝国主义的罪恶用浅显的词句向他们解释，并揭破一切反革命武装欺骗宣传，将苏区工农生活红军胜利消息告诉他们兴奋他们。

4. 把帝国主义积极帮助国民党准备向红军进行绝望的拚命的五次“围剿”，是帝国主义企图经过国民党来使中国变为帝国主义公管的殖民地，国民党是帝国主义瓜分中国的清道夫，只有苏维埃才能救中国，要使中国不变为帝国主义的殖民地，只有粉碎帝国主义国民党五次“围剿”欢迎真正抗日的红军与日本及一切帝国主义打仗……等，向白区白军群众解释，并告诉他们只有加紧抗租抗债抗税抗粮反对修马路，组织游击队发展游击战争，白军士兵更大规模的举行兵变兵暴来反对帝国主义国民党五次“围剿”。

5. 各级宣传部特别是边县边区对于白区机密发行网的建立是一刻不容迟缓了，立即找定白区革命群众或苏区内可以到白区的党员或群众去负责白区发行网的工作，在附近中心城市如赣州、吉安、抚州等须应由于［赣］县、公略、南丰等县分别负责建立，永丰、南丰、永安、宣黄等县城，亦须由各县苏区党负责。这些发行网务须于九月十六日以前建立，好使我们的书籍刊物能输送到白区白军群众中去。

6. 各级宣传部应加强游击队等地方武装□□□□建立□□□与组织，使他们在游击区域内进行深入的宣传，当游击出发时应准备大批的宣传品交他们带去散发，并派得力干部去建立游击区域党与群众团体的组织。

7. 对于俘虏或自动过来的白军士兵，除发动群众欢迎慰劳他们外，还要派得力干部经常向他们宣传，启发其阶级觉悟，使他们从实际生活中了解苏维埃红军的好处，促使这些不愿留苏区工作的，经过适当训练后，释放回去是我有力的宣传队，因此各级党应特别注意这一工作，不要简单认为这是红军政治机关的事。

8. 省委宣传部责成边县边区宣传部应搜集附近白区白军的实际状况，对发生什么新的事件等材料经常的详细的报告我们，这个报告至少每日应有一次。

附：对白区宣传标语

1. 国民党是帝国主义瓜分中国的清道夫。

2. 去年水旱灾是国民党军阀制造成的，打倒制造水旱灾的国民党。

3. 国民党签订卖国的塘沽协定，是给了中国民众新的锁链，只有开展民族革命战争，消灭国民党，才能粉碎帝国主义的锁链。

4. 国民党屠杀反日反帝群众，进攻苏区红军，都是为了便利帝国主义瓜分中国，使中国变为帝国主义的殖民地。

5. 国民党对苏区红军的五次“围剿”是于帝国主义瓜分中国最凶恶的步骤，要使中国不变为帝国主义的殖民地，就要首先粉碎五次“围剿”。

6. 国民党阻止红军北上抗日，解散东北抗日义勇军，不准群众反日反帝，是国民党卖国的铁证。

7. 只有共产党苏维埃才是真正抗日反帝的唯一领导者，只有红军才是抗日反帝的工农武装。

8. 反对国民党抽丁当兵，强迫修马路。

9. 反对国民党抽丁苛捐杂税。

10. 反对食盐专卖。

11. 反对国民党强拆民房□□□□修□路。

12. 不当国民党军阀的兵，反对编保卫团。

13. 不替国民党军阀当挑夫，反对铁省队。

14. 不替国民党放哨守电话线。

15. 反对国民党广东军阀在干［赣］州信丰限制民众使用铁器。

16. 没有饭吃没有衣穿的灾民自动起来去豪绅地主家里分粮吃大户。

17. 要国民党拿钱来救济灾民，打倒吞没赔款的国民党军阀。

18. 白区群众！你们只有武装起来，组织游击战，发展游击战争，响应红军，消灭国民党，建立苏维埃才是你们的出路。

19. 白区群众团结起来实行土地革命。

20. 组织抗日义勇军，配合红军北上抗日，援助支持抗日义勇军，打倒阻止红军及群众北上抗日的国民党。

21. 不交租不还债，不纳捐税给豪绅地主国民党。

22. 拥护中国革命唯一领导者——共产党。

23. 拥护苏维埃政府。

24. 拥护工农自己的红军。（完）

告国民党军队的士兵兄弟们

（一九三三年九月七日）

国民党军队的士兵兄弟们！中国工农红军反帝拥苏代表大会的代表和新从十九路军新二师过来的几千士兵，今天在赤色的首都——瑞金开联欢大会，热烈的号召全国国民党军队的士兵兄弟们一致拥护中华苏维埃中央政府的几次抗日的宣言，反对日本和一切帝国主义的强盗侵略！

我们十九路军士兵会在上海为保护中国领土而与日本帝国主义作过英勇的光荣的战争。以后国民党蒋介石又把我们调到福建，开始蒋蔡向我们说是为的打日本的台湾，我们还以为是真的，还认为蒋蔡是抗日救国的英雄，还幻想国民党或者会反对帝国主义，我们还不相信苏维埃红军有多大的力量。

朋口的战争，十九路军遭到了空前的惨败，我们才认识了红军，并不像我们官长讲的那样没用，并不是什么“杀人放火的土匪”。到了苏区后，我们更深刻的了解，只有苏维埃红军才是真正反日反帝的领导者，只有苏维埃才能挽救中国的危亡。苏维埃中央政府过去曾经几次宣言，要同国民党军队订立作战协定，共同打日本去，但是蒋蔡军阀并没有将这些宣言告诉我们。他们讲的一切都是造谣，他们对于苏维埃中央政府的提议的回答，是出卖了光荣上海战争，出卖了我们十九路军的抗日士兵，把我们驱逐到福建来打真正抗日反帝的苏维埃红军。我们现在才知道，一年来被蒋蔡活埋，枪杀罚修马路的万千弟兄都是抗日反帝的健儿，然而一切反日反帝不愿当亡国奴的人，正是蒋蔡和一切国民党军阀所不能容忍的，因为他们都是日本及一切帝国主义的走狗啊！

现在我们到红军中来了，回到我们自己家里来了，我们得到了自由，我们加入了反帝的团体，到今日才遂了我们抗日反帝的愿心！

弟兄们，中国的命运更加危急了，帝国主义正加紧瓜分共管中国，国民党在无耻卖国条件下得到帝国主义更大帮助，组织向苏维埃红军的新的进攻，企图把中国完全变成帝国主义的殖民地。

这种可耻的企图必然将在红军英勇与群众的力量之下遭到惨败！

弟兄们！苏维埃中央政府抗日的提议，每个中国人都是应该赞成的。中国红军反帝拥苏同盟的盟员，和全体红色战士始终愿意同你们一起去打日本和一切帝国主义！

弟兄们！中国危急了，只有苏维埃才能救中国，杀死你们卖国的官长，不听他们的命令，同我们一起去！

打倒卖国的国民党军阀！打倒蒋介石南京政府！

驱逐日本及一切帝国主义出中国！

收复东北失地！

为独立自由与领土完整的中国而战斗啊！

十九路和新二师的四千士兵同启

一九三三年九月七日

告西北线上白军士兵的话（中共宣传品）

（一九三四年六月）

白军弟兄！

蒋介石占领赤色龙岗，建造龙岗到赣江封锁线，你们流了血，流了汗，你们得到什么？龙岗老百姓以前好好过日子，现在弄得死的死，逃的逃，妻离子散，家破人亡，这是你们亲眼看见。难道你们流血流汗、挨打受气就是为了这个吗？蒋介石现在更要你们大杀大抢大烧下去，你们当初也是老百姓，为什么老百姓打老百姓？

蒋介石把东北四省卖给日本，现在又把整个华北和福建出卖给日本，你们要打日本，蒋介石要杀你们的头，红军要打日本，蒋介石用一百万大兵挡住，还欺骗你们说“红军捣乱后方”，“抗日必先剿共”。弟兄们，眼看着中国就要亡国了，你们还相信蒋介石的鬼话吗？日本帝国主义和我们是势不两立。有血性的男儿，有良心的朋友，每个不愿当亡国奴的人都一起去打日本去！

红军是抗日的先锋，红军愿意和任何武装部队订立作战协定，共同打日本。弟兄们，再不要听信蒋介石狗屁话了，你们不要打红军，和红军一道开到北方打日本！

在堡垒内找个机会杀死狗官长，出来！打碎那牢狱堡垒！行军时拖大队，走不快。哗变起来！

打仗时不瞄准，放空枪，杀死督战阎王，到红军中来！

红军随时随地都欢迎你们成师成团过来，大家共同打日本，收复失地！赶走日本！民族独立！自由平等！

红军战士

一九三四年六月

纪念宁都暴动开展群众的瓦解白军工作——五分钟报告大纲

（一九三四年十二月十七日）

（一）一九三一年国民党把整个东北出卖给日本帝国主义，却调动东北的抗日兵士到南方来进攻苏区和红军，驻在宁都城二十六路军，也是被迫南下的部队，全军两万多士兵对国民党的出卖东北与进攻苏区表示极大的愤怒与不满，于十二月十四日在赵博生董振堂□□同志领导之下举行了伟大的兵变暴动，撕毁了国民党的青白旗，逮捕了白军官长□□□□□□□□两万多兵士一致加入红军，成了铁的中国工农红军第五军团。

（二）宁都暴动是中国革命史上空前的士兵暴动，宁都暴动向全中国白军士兵号令指出了争取自己解放的道路，宁都暴动之后，三年来□在全国各地，汹涌着白军士兵哗变暴动拖枪加入红军的潮流。由于国民党更加紧的出卖中国，投降帝国主义，由于白军士兵生活的日益恶化，白军兵士与中国工人农民分担着国民党财政破产所给予种种痛苦，由于国民党统治下悲惨的灾荒浩劫，把无数白军兵士的父母妻子兄弟送上死亡的道路，由于苏维埃运动的影响，由于白军兵士的阶级觉悟的提高，苏维埃政府和共产党对他们所提出的与红军共同抗日的号召，深入到白军兵士群众中了。在广大的白军中激［急］剧生长着对国民的愤怒与不满，特别是在进占中央苏区的白军部队中，兵士群众亲眼看见了苏维埃是工农自己的政权，看见了群众的力量，接受了革命的影响，拖枪暴动加入红军。这些情形说明白〈军〉士兵的动摇与日益倾向革命，大大有利于我们的瓦解白军工作和开展游击战争。

（三）在开展群众游击战争保卫苏区的战争中，瓦解白军工作有特殊重要的意义。国民党正在调动华北大批军队南下，更加残酷的消灭苏区，我们每个红色战士，每个游击队每个工农都应该担负起瓦解白军〈的〉责任，不放过每一分钟可能的机会去进行瓦解白军工作，广泛宣传共产党抗日五大纲领与苏维埃红军的抗日主张，以及土地革命和苏维埃的劳动法令，号召白军〈士〉兵是拖枪过来，共同反对卖国贼国民党；应该把瓦解白军工作成为群众的运动，动员所有的苏维埃公民，所有的革命群众进行一切宣传鼓动组织的工作；宣传白军士兵，不要来打抗日的工农红军，不要来打工农自己的苏维埃；采取各种灵活方法，运用各地瓦解白军工作中的宝贵经验，在战斗中进行对白军兵士喊话，利用俘虏兵，利用白兵的同乡关系，来宣传白军兵士，经过小贩，经过家在苏区的白兵团丁的家属与亲戚来接近白兵团丁与宣传他们；经过游击队的活动，把一切宣传品带到白兵兵士手中去，在各个路口、家屋、市镇中，布置生动明显的瓦解白军宣传品，利用唱歌、画壁等一切活泼的方法来宣传白兵团丁，发动白兵团丁要求抗日，要求发饷，要求发棉衣，要求改善伙食，反对进攻苏区与红军，反对做堡垒修路，反对官长打骂等等政治的经济的斗争，发动他们叛变暴动，争取他们加入工农红军。

（四）必须反对一切对白军兵士革命化的右倾的估计，坚信在全中国反日反帝斗争猛烈进攻的情形下，在全国红军野战军的胜利与苏维埃的日益广大的情形下，白军兵士中日益生长着反帝、反日、反地主资产阶级国民党的情绪，坚信在党的反日五大纲领，苏维埃共同反日的号召下，在这阶级斗争更加尖锐化的时期，将带动白军兵士中，更广大哗变暴动，加入红军革命抗日潮流。坚持这一信心，在白军兵士中进行宣传组织的工作，实际的揭露国民党卖国的走狗面目，揭露国民党是地主资产阶级代表的真相，把宁都暴动的事实告诉每一个白军士兵，号召他们学习二十六路兵士，暴动加入红军，瓦解消灭国民党军来纪念宁都暴动。

各级政委及政治机关：

这一文件虽然是纪念日已过去了，但你们还是要用上政治课方式来解释这一文件，这样来造成瓦解白军工作的群众运动，绝不要以为纪念节过去了就置之不理。

—完—

赣南军区政治部翻印

一九三四年十二月十七日

瓦解敌军工作揭破敌人欺骗宣传——给各区委宣传部的指示

（十月三十日）

少共兴国县委宣传部

根据省委宣传部的指示和兴国的战争环境给各区委宣传部的指示：

我们根据省委宣传部的指示及兴国的战争环境，对瓦解敌军工作和揭破敌〈人〉的武断欺骗宣传，是我们宣传部最重要的中心工作，这也就是我们彻底粉碎敌人五次“围剿”第一等的战斗任务，因此县委宣传部特有如下的办法指示。你们：

1. 我们进行这一工作应当成为广大群众运动要□，团内外各个组织系统中去动员起来，事先的，每个为宣传队每个支部及小组和每个团员与群众以及在多个游击队（组）和多个会议中去详细与清楚的解释瓦解白军工作的伟大意义与作用的重要，以及我们有瓦解白军哗变过来当红军的一切可能办法，去告诉其了解使每一个人都能灵活的来做这一工作。

2. 我们进行瓦解白军工作，首先应要了解某地驻的是某师某团，他里面的情形怎样与怎样对付我们群众和白军士兵的倾向为何，以及他们对反帝反国民党的情绪怎样，特别还要了解白军中的一切弱点（如压迫士兵修马路还要受打骂，食饭不饱等，饷发待遇不平等，到某地等，群众等），去灵活的对白军士兵谈话。尤其要每次组织三人至五人的喊话队，特别要在独立营游击队（组），或以班连为单位去组织之，准备打仗时在火线上对白军士兵的喊话。在喊话时要随时揭破敌军的武断欺骗宣传，将红军的生活等去瓦解他们拖抢到红军中来。

3. 对白军士兵的宣传及喊话要采用：他们当白军的痛苦和红军中官长士兵平等，不打人不骂人，尤其要把国民党卖国的罪恶和我们红军北上抗日的出动与胜利和共产党的反帝五大纲领以及中央政府对日作战的停战协定和瓦解白军的六大纲领，或者根据他的家乡在某处是否被蒋贼卖了等，去〈作〉瓦解白军的宣传材料。

4. 在瓦解白军的工作和揭破敌人的武断欺骗宣传工作中，对文字上的宣传同样是有效的，区委宣传部应尽可能的原则下去写出一些和做出一些宣传品（如写标语等），并且要根据党省委宣传部对瓦解白军士兵以及军区政治部所发出的标语口号多多的写起来，并且多个机关多个团体要组织七个人的画壁队去专门的做画壁工作，但是写标语的工作同样要成为广大的群众运动，要做到每个会写字的人至少要写五条瓦解白军的标语。

5. 写标语的办法用纸写的就不需要很大，交游击队（组）兵运小组有办法的带到白军中去或者丢到白军的堡垒中去，最好要用木板竹片去写插到岺［岭］上和钉到高一点的墙壁或树上去，大路上可以少插一点并且还可以把大的竹和树去削了皮来写，以及在屋内外多多的写起来，须写得高，使不容易被白军官长擦掉。

6. 瓦解白军士兵工作和揭破敌人的武断欺骗宣传，各区宣传部应负绝大的责任，特别高兴、文溪城市，上社、江背、丰林等区更要立即的实现起来。

7. 除执行上面指示外，可根据党省委宣传部瓦解白军工作和两个紧急动员的指示去执行，并要将白军士兵的生活和他们反帝反国民党的情绪以及我们瓦解白军工作的成绩，尤其敌人的欺骗宣传和我们怎样去揭破，要经常的向县委宣传部作报告。

布礼

少共兴国县委

宣传部

十月三十日

火线上对敌军喊话及对俘虏兵讲演的宣传材料[①]

这些材料可以作为火线上对敌军喊话及对俘虏兵讲演的文件。

一、反日反帝问题

1. 苏维埃政府和红军是真正反帝国主义的，中华苏维埃中央政府去年四月宣布对日作战。今年一月又发宣言号召全国工农群众与白军士兵与红军联合起来去打帝国主义。

2. 国民党是投降帝国主义的。十九路军士兵在上海自动抗日，国民政府说他们违抗命令，并派兵去缴他们枪。日本跑到上海的时候，蒋介石却统率二十余师军队向真正反帝的鄂豫皖苏区和红军进攻。现下日本占领山海关及热河，蒋介石却统率大兵来进攻中央苏区。在帝国主义瓜分中国更进一步行动时，国民党对苏区和红军的进攻又加紧一步，所以国民党是帝国主义瓜分中国的清道夫。

3. 国民党情愿把中国出卖给帝国主义，要全中国群众当“亡国奴”，受帝国主义的屠杀奴隶，但国民党还不愿让为工农谋解放谋利益的工农政权——苏维埃存在。

4. 红军现在正要去和全国义勇军联合一起，去打日本及一切帝国主义，但国民党军阀编派兵来围红军打红军，不让红军去打帝国主义，所以红军要达到直接与帝国主义作战，必须先打倒□□□的国民党军阀。

5. 苏维埃政府和红军现正宣言，不管任何部队任何现象，凡是能够执行：（一）立即停止进攻苏区和红军，（二）保证民众民主权利，（三）立即保证民众创立武装义勇军三个条件的，红军都愿与之订立作战协定，共同去打帝国主义。白军士兵们！不要再打红军了！我们一同去打帝国主义！

二、白军生活的痛苦

1. 国民党剥削士兵，不发饷，但喝兵血的国民党军阀每个人都存了几十万几百几千万钱在各国银行里，而国民党军队中特别党部的干事和政治训练员，他们都能每月按数领少校中校的薪水，所以国民党说“困难”，正

① 此标题为编者基于文章内容修改，文献原标题为“对敌军宣传的材料”。

是他剥削士兵的欺骗方法。

2. 国民党说要救国救民，欺骗你们替他拼命，但你们几个月没有饷银没有鞋子，抽纸烟钱都没有，你们家里还要向国民党政府交几十种的苛捐杂税，你们当兵未得到好处，而家中受尽了苛捐杂税与官僚豪绅地主迫压剥削的艰苦，所以国民党说救国救民完全是骗你们的鬼话，实际上是卖国殃民。

3. 国民党强迫你们来打红军，要你们背几十排子弹，工兵器具，四五斤米，斤把盐还有毯子包袱，全员有四五十斤，更强迫你们修工事修汽车路爬高山打仗，简直把你们作牛马看待。你们吃这样的苦，实际上你们得着什么！你们打仗吃苦送命，你们得不到什么！而是为了地主豪绅军阀资本家送命，你们为什么情愿这样干呢？

4. 国民党说“剿匪”，你们知道苏区里没有帝国主义的势力，没有地主豪绅，没有苛捐杂税，苏区的工农都得到了解放，农民分得了田地，工人只做八点钟工作，所以国民党说“剿匪”“救民”是救地主豪绅，是压迫苏区工农群众。蒋介石向进攻鄂豫皖苏区的白军下命令，苏区壮丁一律杀绝，苏区房屋一律火烧，苏区粮食一律烧毁。你们也是工农出身，为什么帮助地主豪绅军阀来打已得到解放的你们的弟兄呢！

三、反对白军的连坐法问题

1. 国民党军阀要强迫你们上火线拼命，却定出什么连坐法，不向前后左右退却的要枪决，用机关枪扫杀。这是要你们挡炮子。保护他们高级官长的狗命，你们为什么拿自己的性命牺牲去保护那些压迫剥削你们的高级官长呢，你们难道不知，红军对于你们士兵是优待你们的吗？

2. 如果你们一班人一排人或一连人怕连坐法，怕因打败仗回去被处罚，你们就可以一个人跑过来，单方面来，一班一排一连的跑回红军方面来。因为红军是绝对优待俘虏兵并且也欢迎白军下级干部的，欢迎你们当红军，不愿的发路费送你们回家革命。你们跑到红军中来，国民党军阀有什么办法处罚你们呢？

3. 国民党军阀因为怕你们已经觉悟了，不愿来打你们的弟兄红军，所以定出屠杀你们的连坐法，你们要认识这种连坐法就是要屠杀你们的东西，你们要想办法来反对这种杀你们的法令，最好就是跑到红军来，你们更要在火线上帮助红军打胜仗。红军的胜利也是你们的胜利，红军打了胜仗，你们就得了解放。连坐法就不能再对付你们了。我们并且就可活捉白军的团旅军长。我们捉他们就不是同对你们一样的优待了。他们怕被我们捉到，而你们被俘是没有关系的，所以定连坐法，要你们拼命来保护他们的狗命，白军弟兄们，打倒连坐法，自动缴枪给红军，到红军中来。

国民党军队中所谓“政训工作”①

红军是工农的军队，他的任务与利益与工农的任务与利益完全是一致的，所以他能具有这种的武器——政治工作。

国民党白军是地主资产阶级的军队，但它的士兵最大多数是工农，白军的反动任务与利益，是反对自己士兵的，反对工农群众的，反对红军的。所以无法具有这样的武装。

红军的政治工作是提高红军战士、地方工农群众以及白军士兵的阶级觉悟，他们的阶级觉悟越高，则对于红军越有利益。

对于白军，则这些人越无阶级觉悟，则越有利益。所以白军的工作，便是怎样更好的来策反他们的阶级觉悟，欺骗、造谣、污蔑、胡说，陷害白军士兵，来干反对他们阶级利益的事。这便是白军所谓的“政治工作”。

现在白军士兵更加动摇，苏维埃的影响更加深入群众，红军的胜利更加伟大。这更使国民党不得不加紧其欺骗——政治工作。这就是所谓“三分军事，七分政治”。

现在我们根据国民党总政治训练等的工作计划大纲，对白军政治工作作一简单评述。

---

① 这篇文章出自中国工农红军总政治部出版的《政治工作》第一期，作者落款为国平。据文中意思推测，应是共产党方面论述国民党问题，但又据文中书写的词句，应是国民党方面整理文献后重新写作的，而不是红军方面的原始文献。如“年来中央以雄厚的兵力”“不愿替我军（白军）当向导”等表述。为恢复文意，编者将文中“匪（？）势”“匪（？）情”“附匪（？）”“赤匪”等表述修改为“红军”或“共产党”。

一、对白军部队

白军政训工作是为了挽救军阀军队的崩溃命运的。所以国民党政训处的老爷们，在叙述部队的现状时，便对国民党部队的腐化、动摇、崩溃，做可怜的自白。

> 年来中央以雄厚的兵力、充裕的军实、周详的部署从事“剿匪”而历时三载，其结果反使红军势日涨，己困日深，剿共部队更崩溃堪虞，究其原因不外左列各点：
>
> 第一，多数部队经济不公开，内部不能团结，致下级干部及士兵团发生以下各种现象：一作战不利，二潜逃，三偷卖子弹，四投共。
>
> 第二，多数部队军风腐化废弛，致引起民众反感，而发生以下各种现象：
>
> 一不愿替我军［白军］当向导。二应付或虚构军［红军］情。三不愿替我军［白军］当夫子。四不愿借物给我军［白军］。五不愿卖东西给我军［白军］。六逃跑。七附红军。
>
> 第三，多数群众各怀“保存实力”观念，或存门户之见，不愿打硬战，不愿互相应援，致屡受红军暗算，而发生以下各种现象：
>
> A.在战略上有密切关系之各部队，互相猜忌、仇视。
>
> B.得不到国军救护的民众，一部分流离失所（按即国民党所认为难民的土豪劣绅之类），一部分被视为匪（按即革命群众）。
>
> C.怕红军。

在上面这段国民党悲痛的自述里，可以很显著的看到国民党军阀军队的动摇瓦解，和工农群众对白军的仇视，与对红军的拥护的情形。当然，这是国民党的必不可挽救的命运。这是国民党压迫革命，投降帝国主义，为保护豪绅地主资产阶级的利益而残酷的剥削群众、屠杀群众、欺骗士兵的结果。国民党命运是不可挽救的，但政训处的无耻之徒还企图来挽救。

怎样挽救呢？“救国救民”“抗日必须剿共”“攘外必先安内”，“消灭杀人放火的土匪”。这就是用以救命的宣传教育唯一内容。

无论政训处混蛋们造谣胡说的本能怎样，他们是万不能战胜铁的事实，何况这些混蛋们是吃官饭的寄生虫呢。

国民党出卖中国的面具，一天天在群众面前暴露。苏维埃的影响更深入于群众的心脑，共产党的主张得着更多群众的认识。国民党到处杀人放火的野兽行为，是不能为这些政训处人员所蒙蔽得住。红军之保护，求得群众之利益与解放之行动，也无法叫群众不相信。

但是我们要注意的，就是应当集中我们大力来打击国民党武断的民族宣传和无耻造谣。

国民党这种政训工作，在白军中究竟有几多收获呢？政训处的先生们当然个个都是地主资本家的走狗，对于工农出身的白军士兵的要求心理与情绪是格格不入的，所以欺骗的不好。他们自己招夫来“吹牛皮”“放大炮”“卖膏药”。此为一般士兵对政训人员之话语。“天不怕，地不怕，只怕训政处人员来讲话”，此为某师士兵唱的歌谣。由此，“知吾人过去之政工效果，不但不能达到任务，反让士兵使之厌恶”[①]。当然厌恶，再过几时，白军士兵更加觉悟起来，不但厌恶，还会来打倒和消灭这些走狗，来“优待”你们呢。

但是对于白军官长，政训处的先生们倒能尽其谄媚奉迎的职责。这是把保护者供称。工作大纲也大书特书“政工人员对于宣传之训练，应要熟悉人情世故，尤贵谆谆□□”，必知此方能引起官佐对于政治研究之兴趣，所以他们认为应该：一、与军官接近时，须对其性格能力学识之分别而因势利导之。二、须有诚恳谦和之态度。三、利用同学、同乡之关系籍此联络。四、见面时须礼貌周到，即遇到连排长亦不好先行，与同级长官同行时亦须让其先行。五、多于［与］长官亲信之朋友及官佐接近。六、与主官性情融洽，不妨与之结盟。七、不可常于军官之家接近，即遇亦不可多与周旋，以避嫌疑。八、主官参加各种会议及□会，可能时推其当主席，或让其出席讲演。九、在军官参加各种会议讲演时，须领导听众

① 这里引用国民党方面对于政工效果的表述。

鼓掌。十、多在报纸上发表主官写有价值之言论行动以彰其美。十一、常替主管官作文发表或□□□文对社会做有益事业，但须迎合其心理，征求其同意。十二、当民众前□扬主官之贤能。十三、当士兵前代主管官解释□□。十四、当上级派员视察时，当面颂扬其“贤能”，主人养了狗当然须要服事主人，政训人员的姿态就是如此。

二、对民众方面

国民党的所谓民众，分成两种，他们把赤区的革命工农分析为“匪奴”，把从赤区逃出的土豪、劣绅、富农、资本家分析为“难民”。匪奴，是他们要欺骗威胁以致于大批的屠杀。难民，是他们要保护，并帮助其武装的，以为“剿共”的先锋的。

红军是苏维埃革命的宣传者与组织者，红军是在共产党领导之下解放工农群众的。所以，对于群众的利益都是拥护的，并发动他们为解放而斗争。所以红军到处都得着群众的拥护。

白军到处抢掠，压迫摧残，以致于屠杀。到处受到群众的仇恨与反对，这不但在苏区如此，在白区也如此。这当然不是偶然的，这是地主资本家军队的本质。

政训处的先生们又怎样来对付这些群众呢？

对于苏区工农群众便是造谣污蔑的明说，来欺骗群众，拿着屠刀强迫群众自新自省，拿着“耕者有其田”的欺骗来把农民已得的土地还给地主。国民党在苏区大肆杀人放火的野兽行为，而这些地主资本家的死走狗——政训人员，反瞎着眼睛无耻的说共产党杀人放火。

对于地主富农，政训处则组织他们来镇压工农群众。一、办理保甲；二、组织“剿共义勇军”；三、组织保安队；四、组织农村复田委员会。

我们的任务就是充分的宣传鼓动，来揭破敌人的欺骗，激发群众的阶级仇恨，肃清反动的宣传，争取下层的群众，这样的分化、瓦解并消灭国民党统治下的一切反动组织，把红军占领的地方赤化起来。

三、对红军方面

国民党为了破坏红军，不惜处心积虑，想尽一切卑鄙下流的办法来进行反革命的活动。所以在他们政训工作中，破坏红军便占着很重要的地位，这是值得我们注意的，现在我们把他们破坏红军的阴谋一一揭穿如后。

1. 秘密拟出某领袖攻讦某领袖之传单，设法张贴。

2. 假借某领袖名义致某领袖信件，隐含攻击第三者之语意，故意使第三者获得。

3. 捏造某领袖投降我军之证据，故意使其他“匪首”获悉。

4. 假借某部分群众名义，而秘制拥护某领袖打倒某领袖之标语，而张贴之。

5. 捏造某领袖存款若干于某处之谣言，以煽惑“匪众”。

6. 捏造某部将缴某部枪械之谣言，使之互相猜忌。

7. 利用共产党政治路线之斗争从中挑拨。

8. 利用共产党集会时假借其大会名义张贴共产党认为反动之宣传。

9. 捏造红军某部在某处失利□□□□□压迫某处之壮丁全部充当红军之□□□□□□□□□□怨恨，以便乘机煽惑。

10. 捏造红军为维持红军□□□□□□□□男女全部屠杀之谣言，以引起□□□□□。

11. 捏造苏维埃政府决议，□□□□□□□□□中农之谣言，以促成富农中农之团结。

这便是破坏红军的无耻阴谋。为了粉碎这种反革命的阴谋，必须□□□□严密红军的组织，加强红军的无产阶级□□□□强起共产党的领导，深入布尔什维克的思想——马克思主义和列宁主义的武器，来解除一切反动派别的思想武装，粉碎一切反革命的武断欺骗宣传，彻底断送国民党及其他一切反动派别在群众中的政治生命。

用我们的政治工作来揭破政训人员的欺骗、造谣与胡说。

用我们的政治工作来发展红军，发动群众，瓦解白军，并消灭国民党和其忠实走狗——政训人员的造谣。

你们为了谁的利益拼着性命啊！（中共宣传品）

白军弟兄们，万恶的国民党军阀蒋介石、陈诚等，现在又强迫你们来进攻苏维埃区域的工农红军与劳苦群众了，想一想你们为了谁的利益拼着性命的啊！

士兵弟兄们，你们也是劳苦工农出身的啊，国民党军阀、官僚地主、资本家，使得你们破产失业，跑到白军去当兵。你们在白军中受尽了艰苦，几个月不发饷，冬天不发棉衣鞋被，还要挨打挨骂，你们家里的妻子儿女眼泪汪汪的流离失所，冻死饿死，但是你们的官长呢？个个靠着你们发了大洋财，个个长得胖胖的，讨小老婆住大洋房，天天是花天酒地。

士兵弟兄们，替万恶的国民党军阀拼着性命，来打你们自己的弟兄，请你们想一想，值得不值得呢？

士兵弟兄们，来吧，杀死你们的官长，拖枪到我们红军中来吧。我们这里有田地分，有土豪打，大家有吃的有穿的，大家都相亲相爱，我们都是劳苦的弟兄。我们要团结一起，打倒帝国主义，推翻全中国万恶的国民党统治，求得我们劳苦工农的解放啊。

中国工农红军第一方面军全体红色战士启

叛徒们的欺骗宣传与铁一般的事实

亮平[①]

在历史的急剧转变时期，当阶级斗争进到异常尖锐地步的时候，革命与反革命的分野，是愈益明白与显著，而不容有丝毫的模糊与混淆。以前隐藏在革命队伍中的一些动摇的投机分子，必然在这种残酷的斗争中显露其本来的面目，而投入于反革命的怀抱里。历史上的革命大车，在其突然转湾［弯］的时候，必然要遗落一些污秽的有害的垃圾，这些垃圾的遗弃，不但对于革命无所损害，而且还使革命车轮，能够更迅速地健全地往前

① 吴亮平（1908—1986），马克思主义翻译家、理论家。笔名吴黎平。浙江省奉化人。1922年起先后就读于厦门大学和上海大夏大学经济系。1925年参加了“五卅运动”，担任上海学生联合会的总务部长，并负责编辑学生运动专刊《血潮日刊》，同年8月加入中国共产主义青年团。不久，由党组织派往莫斯科中山大学学习。土地革命时期，在中国共产党中央苏区机关报《斗争报》中经常以“亮平”为名发表文章。

推进。

中国现在正处在这样的一个时期。在伟大的苏维埃运动，胜利地往前开展而阶级斗争进到血肉相搏的地步之际，以前在共产党内隐藏着的某些投机分子，必然要公开的叛变，而成为帝国主义与地主资产阶级的最卑污的血腥的走狗。徐锡根、余飞、胡均鹤、胡大海、袁炳辉、陈亨洲及朱宜之等的叛变，决不是什么奇怪的事，这正像叛徒徐锡根自己所说的，“老实说，我今日的自首，决不是偶然的”（见他的“告共产党党员书”）。

血腥走狗的叛徒们，自然要对领导革命的共产党作种种的造谣与污茂，以尽其反革命先锋的作用。中国革命的工农，是决不会受他们欺骗的，可是因为这些叛徒以前曾在党内负过某种要责，所以我们对于他们的造谣与欺骗的宣传，还是有彻底加以揭破与粉碎的必要。

（一）共产主义与中国

叛徒们异口同声地说“共产主义是不适宜中国的国情”。为什么呢?

在叛徒们的答复中，第一是否认阶级分化与阶级斗争。

“中国是半殖民地的国家，一方面受列强帝国主义的压迫，另一方面，还受封建残余的束缚，使中国政治经济，不能很迅速的上轨道。在国内既没有很大的地主，又没有很多的资本家。”（见朱宜之自述）

“虽然表现上有些是中国资本家压迫你们，而中国资本家就是受帝国主义指使压迫。”（见余飞书）

“迫切的消灭阶级斗争，使阶级间鸿沟一致填平（！）遇有劳资间纠纷发生时，必须采用调解方法，不使纠纷扩大，使劳资双方团结一致，努力生产。”（见胡均鹤等书）

叛徒们确然苦思焦虑地说出这样的话，可是并没有发现新大陆。国民党的老祖宗孙文已经说过，中国只有大贫小贫没有像西欧那样的阶级分化，孙文也是反对阶级斗争提倡阶级协调的。叛徒们跟着孙文喊道：农民们你们不要起来反对地主，因为中国“没有很大的地主”。工人们，你们不要起来反对资本家。因为中国“没有很多大的资本家”，而且有些资本家之所以压迫你们，是因为“受帝国主义指使”（可怜的走狗！），你们不要作阶级斗争，你们要和资本家团结一致，来甘心情愿地受他们的剥削，而且和资本家一起作帝国主义的走狗。

地主与农民、资产阶级与工人阶级的阶级对立，无论叛徒们怎样否认，总是存在着，而且往前发展着的。叛徒们只是告诉工农，要在帝国主义与地主资产阶级的残酷剥削之下，等着就死。好一个〈刽〉子手的“忠告”。

第二，叛徒们，否认中国无产阶级在革命中的领导作用：“他们（指中国共产党）根本没有看到中国与西欧各国的不同。他们天天高喊无产阶级领导中国革命，然而中国工人数量只有三百万，这三百万工人群众中还有最大多数没有脱离农村经济封建关系，这样微弱的力量，何能领导中国革命？这简直是玩耍中国革命。”（见徐锡根书）

这也并不是什么新奇的话，俄国的孟什维克和各国社会叛徒，早在好多年以前，这样地高声大喊了。早在一九〇五年，孟什维克籍［借］口俄国革命的资产阶级性质，要俄国工人阶级把革命领导权完全让给资产阶级，来做资产阶级的尾巴。列宁同志当时答复他们说，俄国无产阶级应该领导劳苦农民，彻底完成民主革命以便进一步转变到社会主义革命去。在一九一七二月革命至十月革命的过程中，孟什维克又高声地大嚷，看呵俄国是怎样落后的一个国家，工人阶级数量是怎样的少，怎样能完成社会主义革命呢？不是葬送俄国革命吗？可是俄国的无产阶级联合了贫苦的农民完成了伟大的光荣的十月革命，而且在革命成功后领导中农贫农获得社会主义建设空前的胜利，把孟什维克的俄国工人阶级数量少不能领导革命的谰言，丝毫不留地打得粉碎。列宁同志常时〈常〉给我们指出，俄国工人阶级数量在全人口中虽占较少部分，但是资本主义的生产，把他们集中地有纪律地组织起来，他们在同样的被剥削的地位上团结起来，他们是最彻底的革命的阶级，因为他们有这样的组织性纪律性觉悟性与革命性，所以他们数量虽然比较的少，可是他们能够领导更广大的劳苦农民群众，来彻底完成民权革命并进而转变到社会主义革命。铁一般的历史事实，完全证实了列宁的指示之绝对正确。

中国工人阶级在数量上，按叛徒们自己的话，也已达三百万（这是指城市的工人，可是叛徒却没有看到除此以外，还有广大的数十百万的农业工人）。中国无产阶级在历来的斗争上不但表现了他们英勇的革命力量，而且更明白地指示了他们伟大的领导作用。二七罢工、香港海员罢工、五卅罢工、香港〈省港〉大罢工、上海工人的三次暴动、广州暴动，各地工人反帝反国民党的英勇斗争，中国苏维埃红军中无产阶级领导作用的加强，无产阶级先锋队——共产党——在全国影响的急速增长……所有这些在中国革命史上占着光荣地位的事实，不但表示了中国工人的英勇斗争力量，而且更指出中国无产阶级是唯一的领导革命的阶级。中国工人阶级正在领导着劳苦农民，来进行推翻帝国主义国民党的斗争，来建立苏维埃新中国。这点只有丧心病狂的叛徒们才能加以否认，可是叛徒们的胡说，自然和俄国孟什维克的谰言一样地为历史的事实所打得粉碎。

第三，叛徒们无耻地颠倒黑白把中国经济破产工农痛苦加深的情形，归罪于共产党身上。“他们（指中国共产党——平注）天天在洋房里在亭子间内计划着所谓扩大苏区，组织农民武装农民煽动抗捐抗税抗债等运动，以进到地方暴动。结果如何呢？不是置农民于死〈地〉吗？”（见徐锡根书）

“再看他们所领导的城市工人斗争，组织所谓同盟罢工，总同盟罢工进到城市武装暴动，而结果又是如何呢？……对社会的影响是秩序愈加紊乱，工业愈加衰落，工人痛苦日益加深，失业工人有增无减。”（同上）

叛徒们说，农民的痛苦不是因为受地主高利贷商人的残酷剥削，受国民党军阀的无厌榨取及压迫，而是因为共产党领导他们斗争。中国工人的痛苦也不是因为帝国主义与中国资本家的剥削及国民党的领导的压迫而是因为共产党领导他们斗争，换句话说中国工农的痛苦，不是帝国主义与地主资产阶级的剥削与压迫的结果，而是中国共产党领导斗争的结果。这真是荒天下之大唐，难道世界上还有比这种污蔑更可耻的吗？

我们来看实在情形，工人为什么斗争？生活昂贵（帝国主义国民党加紧剥削的结果），工资低下，工时加长，生产合理化使劳动强度加紧，劳动条件恶化，失业增加，国民党与中外资本家的压迫推［摧］残，一天天更加厉害，使工人只有以坚决的斗争的方法，来谋自己的解放。农民为什么斗争？豪绅地主高利贷商人的残酷剥削（中国多小地主但小地主的剥削是更要厉害与残酷），国民党军阀的无厌的榨取（名目繁多的一百四五十种的苛捐杂税，四川有地方已完粮到一九六二年！），连年的军阀混战，帝国主义的剥削，上述种种原因所造成的各种水旱灾荒……在这样的情形之下，中国劳苦农民除革命的斗争外，还有什么别的生路呢？

正是因为中国工农处在这样痛苦的情形之下，所以他们的斗争，风起云涌地爆发起来（有些地方的斗争，曾是自发的），而中国共产党正是他们斗争的唯一领导者。叛徒们以为工农之所以痛苦是因为有了斗争的领导者，这好像有人说，人之所以生病，是因为有了制药的工人是同样的荒谬绝伦。

第四，叛〈徒〉们无耻地提出了他们的所谓“中国革命的任务”来迎合国民党的需要。

“中国革命的任务和他的性质是：第一反对（空口的反对！！）帝国主义者的压迫和剥削，第二消灭农村中封建势力，第三，铲除军阀的割据，真正统一中国，加强政府的领导，发展伟大工业，改良农村经济，提高农民购买力，这是中国革命的任务，这些任务很显明的指出中国革命是民族革命运动。”（见徐锡根书）

“在这样情况之下，只有实行民族主义，才能脱离帝国主义的羁绊，只有实行民权主义，方能完成德漠克拉西[①]的政治，只有采用节制资本平均土地的办法，才能使社会民众蒙其福利，换句话说，只有实行三民主义，才能建设新中国，才能使中国走向大同。”（见朱宜之自述）

叛徒们的这些话，只是为着积极拥护帝国主义与地主资产阶级的反革命的统治。

中国革命的领导者，共产党很明白地指出，中国是半殖［民］地半封建的国家，帝国主义不但在经济上掌握中国经济命脉，而且在政治上也操着控制的地位。在中国农村中封建关系占着优势。中国资本主义的发展虽受帝国主义统治的障碍，可是在历史的过程中，特别在欧战期内，民族资本主义，有了相当的发展，自然这种发展在现在是停滞了，而且有的已经非民族化了。此外，帝国主义为着适应自身需要并加紧他们对于中国经济的统治，也建立一些初步制造的工业。这样在中国就形成了三百余万近代

① 德漠克拉西是一个西方词汇的中文译名，意思是民主。1919年1月陈独秀在《“新青年”罪案之答辩书》中提出要“拥护那德谟克拉西（民主）和赛因斯（科学）两位先生”，并且明确宣告：“我们现在认定只有这两位先生，可以救治中国政治上、道德上、学术上、思想上一切的黑暗。”

无产阶级而成为中国革命的领导者。中国的民族资产阶级是密切地和帝国主义及封建土地关系相联的，这点决定中国民族资产阶级在初步参加革命后的叛变的必然性。

中国经济在帝国主义与地主资产阶级的血的统治之下，已达总破产的地步，中国工农陷于水深火热的状况之中，而帝国主义对于中国的侵略与瓜分，是日益加紧。所以中国工农为争取中国民族的独立领土的完整与生产力的发展，一定要:（一）推翻帝国主义在华的统治,（二）实行土地革命，肃清封建势力，（三）为着实现上述二大任务，必须推翻地主资产阶级的国民党的统治，建立统一全国的工农兵苏维埃政权。正因为地主资产阶级的国民党是帝国主义的忠实的走狗，而在帝国主义国民党统治之下，军阀的割据是不能消灭的，所以要真正统一中国，也只有在工农苏维埃政权之下才有可能，也只有在推翻国民党——帝国主义的清道夫——的时候，中国民族才能得到彻底的独立与解放，中国经济才能得到发展。所有这些，决定中国革命在目前是资产阶级性的民主革命，这一民主革命，只有在无产阶级领导之下，才能得到完成。

叛徒们用尽一切力量，来拥护帝国主义的走狗——国民党，而却在口上大〈嚷〉“反对帝国主义者的压迫和剥削”，叛徒们拥护地主资产阶级的统治，而却在口上大襄［嚷］“消灭农村中封建势力”，叛徒们拥护国民党军阀的统治，而却在口上大喊“铲除军阀的割据，真正统一中国”。他们想以这种卑污的手段来欺骗工农，天下无耻之尤，孰有甚于此者！

……

（二）“抗日剿赤”的真相与国民党的一贯出卖民族利益

在帝国主义万分加紧地瓜分中国的形势之下，全国劳苦群众的反帝反国民党的斗争，汹涌地发展起来。叛徒们企图掩护国民党出卖民族利益的事实，以移转革命群众的反帝视线，于是可耻的说道：

“国民革命的主要任务，上边已经说过是打倒帝国主义肃清封建残余，但这种伟大的任务，因为几年来中国共产党的存在及乱阻碍着，没有能够彻底的完成！”

“首先应当彻底肃清共产党所领导的所谓红军——‘赤匪’，因为‘赤匪’是国民革命过程中最大的障碍，特别是国难日趋的现在，这一大障碍若不彻底肃清，抗日及发展工业，经济建设是根本谈不上的。”

“必须先肃清扰乱后方牵制抗日力量的‘赤匪’然后才能去抗日。”（以上俱见胡均鹤等书）

“对反帝国主义问题，共产党在空喊‘打倒帝国主义’口号之下，来延长帝国主义在中国的统治，没有丝毫反帝国主义的实际工作。”（见朱宜之自述）

这正是重复无数次的为国民党卖国行为辩护的武断宣传。亲手出卖满洲与上海的蒋介石，也在无耻地说：“你们（指共产党），偏在后方极搞乱的能事，为民族反帝运动的死敌，你们不仅是中华民族的罪人，而且是苏俄联邦的仇雠，亦就是共产主义的叛逆。（哦！？）”

蒋介石及叛徒们的话是如此！我们来看事实是怎样的呢?

事实一：九一八事变，张学良毫无抵抗的把东三省奉送给日帝国主义，这一卖国勾当，是在蒋介石同意与指示之下进行的。蒋介石自己不能不厚颜地承认“前东北事变，中央为避免战祸保全国脉（！？）起见，故不惜忍辱负重和平交涉（听呵，卖国勾当的自供——平）沪案发生，对渠要求，且已茹痛接受（一贯出卖民族利益的自供的铁证——平）”。（见一九三二年一月三十日南京专电）

事实二：日本继续进攻上海，国民党已经完全接受了日本的要求，上海市长吴铁城接受日帝国主义要求于一月二十八日下令解散抗日团体，可是十九路军的革命士兵，在反帝运动的影响之下，自动起来抗日。国民党政府对于这些英勇抗日的士兵怎么样呢?

一九三二年二月六日上海专电：“宋子文谈……上星期五政府会议时，何应钦、陈铭枢、蒋介石、冯玉祥、李济深同谓：目前战线甚短，仅以一团兵力足矣，十九路有三师共十六团，无须援兵，尽可支持（！？）并决定无须援助，各军将士，未得军政部命令而自由动作者，虽出于爱国行为，也须受抗命处分”（为帝国主义作走狗来压迫自动抗日的士兵之口供）。

整个国民党政府，要以断绝接济的手段，使自动抗日的革命士兵，粉身碎骨于日帝国主义的枪炮炸弹与飞机轰击之下。

在英勇杭［抗］日的十九路军士兵坚持一月余以后，国民党政府深恐触犯帝国主义的主人，于是以机关枪扫射威胁士兵退却：“十九路军士兵，三次坚拒撤退令，主将以机关枪扫射，威胁始退，但极愤”（见三月四日上海电）。国民党政府于是与帝国主义签订了出卖上海的停战协定，而把英勇抗日的十九路军士兵，调到福建来进攻红军。

事实三：自一九三三年二月以来，日本积极进攻热河华北，在占据山海关九门口后，继续进占热河。国民党军阀汤玉麟在整个国民党的同意与赞助之下与日本帝国主义签订出卖热河的协定，置英勇抗日的士兵于不顾。于是承德陷落，“汤玉麟不战放弃热省”（见南京各界抗日会三月七日电）。就是国民党要人朱雾青也不能不承认“况前方尚有一部将领平日以扣馆扰民为能事，临时张〈皇〉失措，寇未至而先逅，致全军皆受牵动”。热河全省完全被日本占领，而汤玉麟“则现在何地尚不明，其子佑辅佑荣在逃大连，驻平人员亦皆星散，办公处寂无声息，私人重要财物，运存天津大连，托底外人”（中央社三月六日电）。这样的预先干好的卖国勾当，难道还不明白吗？这事发生于张学良统治之下，于宋子文莅平之时，他显然是在蒋张的指示与赞助之下，这难道难于索解的吗？于是东三省、上海、热河，以至山海关九门口等，都被国民党出卖了。这些还只是国民党无数件卖国勾当的一部分。国民党现在要更进一步出卖平律［津］以至全中国，要把全国民众，置于各帝国主义的直接的惨酷的奴役与宰割之下。这样的铁一般的事实，把叛徒们的造谣与污茂［蔑］，丝毫不留地打得粉碎了。

在这样的帝国主义瓜分中国的紧急关头，中国工农只有坚决的武装起来，进行民族革命战争，来推翻帝国主义及其走狗国民党的统治。代表工农利益的中华苏维埃中央政府在一九三二年四月十五日正式宣布对日战争，号召全国人民起来为中国民族的独立与领土的完整而斗争，中国革命的领导者，中国共产党发动广大的反帝运动，数十万人的反帝罢工罢课与盛大的反帝示威，组织群众的反帝团体。可是这些反帝的革命斗争，都遭受了帝国主义及其走狗——国民党的残酷压迫与摧残。

在日本及一切帝国主义加紧侵略中国瓜分中国之际，国民党非但不思所以抵抗，而且还在帝国主义的直接组织与指挥之下，以全部力量向中国唯一反帝的政权——工农苏维埃政权——大举进攻。苏维埃中央政府与中华革命军事委员会特别发表宣言，主张“在下列条件之下，中国工农红军准备与任何武装部队，订立作战协定，来反对日本帝国主义的侵略，（一）立即停止进攻苏维埃区域，（二）立即保证民众的民主权利（集会结社言论罢工出版之自由等），（三）立即武装民众，创立武装的义勇军，以保卫中国及争取中国的独立统一与领土的完整”。这一提议绝对不是表示苏维埃与红军的懦弱（英勇的工农武装在历次伟大胜利中证明了自己伟大的力量）而正是表示工农政权的反帝的坚决。可是国民党军阀对于这一号召的回答，只是加紧用一切力量来进攻苏区，特别是中央苏区，而在热河则放开门户让日本占领并且还要进一步出卖华北。

国民党一贯出卖民族利益作帝国主义清道夫的事实，难道还不明白吗？只有丧心病狂的叛徒，才能否认这样明白的事实。

中国工农只有在共产党的领导与苏维埃政府的号召之下，积极发展民族革命战争，才能获得中国民族的独立解放与领土的完整，同时这也就是武装保护苏联的最实际的工作，这正是中国工农的当前最重大的任务。

—未完—

对白军喊话纲要

中共兴国政治部

这个喊话材料是针对着白军十四、九四、七九师的特殊情形编的，各部队同这些白军部队接近或作战时，连指导员要根据这个材料，指导宣传队，领导战士进行喊话工作。另外，要侧重到士兵反帝情绪和启发他们的阶级觉悟。

七九师的白军弟兄们：

一、你们被蒋介石压迫到江西来打红军已经五六年了。在吉安、吉水、永丰许多的地方都同红军打过战，你们士兵死伤很多，究竟得到了什么。就拿你们粮饷来讲，在去年仅发到九月份，今年才发到二月份。最近在广昌一带，你们的生活更是苦不堪言，几天领到一两百斤米，一天两顿稀饭都不够吃！

二、你们多数弟兄是北方的老乡，你们知道你们家里的情形吗？现在日本帝国主义已经占领了华北。你们家里老母妻子都变成了亡国奴了，日本帝国主义的奸淫掳掠残杀，过亡国奴的悲惨生活，这都是卖国头子蒋介石不让你们抗日，让你们来打工农红军的结果！

三、你们想想早先一连有一百四十多人，现在只到六七十人了，他们都往哪里去了？看看你左右的邻兵十三师的老弟兄还有几个？他们不是都为卖国贼蒋介石丢了性命么？他们的老母妻子在家里为孤儿寡妇，对你们夜深人静的时候躺在席褥内想想吧。

四、北方的老乡们，你们都是有血性的好汉，我们深信你们是誓死也不愿当亡国奴的，决不愿受日本鬼子欺负的，要学习东三省的义勇军，自己举起反日的旗帜。北上去打日本，那［哪］个不让你们北上抗日，那［哪］个就是卖国贼，那［哪］个就是你们的死对头，就要打倒他！老乡呀！干起来吧！我们红军是时刻准备着，配合你们的行动去开展神圣的民族革命战争。把小日本和一切帝国主义赶出中国！

十四、九四师白军弟兄们：

一、还记得么？原来在教导第三师于山东河南同阎老西、冯玉祥打了半年多，当兵的死了几万，结果蒋介石这小子又同阎锡山小军阀去开和平会议在一块大吃大喝！小走狗们也大得到赏犒大发洋财！当兵的得到了什么？只是得到了死亡残废。

二、一九三零年蒋介石在武汗［汉］把豫东战争剩下的老弟兄及从河南山东抽丁来的新兵改编为十四师，就调到江西来进攻工农红军，在赣州、枫山铺、彭家渡、浒湾以及最近在东华山[①]都同我们打过，每次伤的死的，拼命流血的都是谁呢？最近东华山的战斗九四师三营一营人仅剩下八十几个！你们看看左右邻近的弟兄还有几个，他们都往那［哪］里去了？

三、你们去年从江西到福建，蒋介石欺骗你们说“要去打日本”？到

① 东华山位于今江西省抚州市黎川县华山场洲湖村。

了福建又无耻的说，红军阻止他抗日军，现在你们又从福建开江西往返几千里路，时间几个月，在这几个月的当中，日本更凶的侵占我们中国北方五六省的土地，并且又要独占福建。蒋介石不但不抗日，而且下命令谁要抗日，就要杀谁的头！

四、你们每天两餐，有时还吃不饱，并且没菜吃，卖国头子蒋介石和蒋介石的走狗陈诚还要用合作在［再］来剥削你们，每件汗衣单衣，要扣你们一两块？你们中间的弟兄受不了他的压迫和剥削，有的自动开小差回家。蒋介石的死走狗李树森、霍揆彰下命令，开小差的抓住就杀！小军阀霍揆彰在三次战争时，因为怕红军捉到开小差到南昌去享乐，蒋介石连个屁都没有放。弟兄们，两湖的白军士兵们，你们家里已经有了红军，有了苏维埃，或者你们的老母妻子，或者你们亲戚朋友，有的已经分到了田地，得到了自由，你们为什么还安心在这里受军阀的压迫剥削呢？快快觉悟起来吧！竖起革命的旗帜组织暴动，将队伍拖到两湖去创造巩固你们家乡的苏维埃，同红军去打日本及一切帝国主义，只有苏维埃才能救中国！救你们自己，只有苏维埃才能反对帝国主义到底，你们相信我们的话么？请给我你的答复？

兴国政治部

六月二十五日

对法西斯的欺骗宣传的答复

各连指导员要将这个材料，在红色战士中做深入的传达和解释，使每个红色战士有彻底的了解，百倍的提高阶级的觉悟，在白军士兵面前粉碎法西斯的欺骗，揭穿他的鬼脸！

（一）法西斯最得意的欺骗是说我们没有盐吃，没有衣穿

答：法西斯党徒们，我们现在吃的盐比以前要贵些，穿的比以前难买些，日用品比以前缺少些，这并不是我们没有钱买，是因为你们地主资产阶级的国民党对我们的经济封锁。想把我们得了土地和自由的工农和红军来饿死冻死！这是你们的毒计造成我们这些困难，这只会增加我们对你们

这些阶级敌人的仇恨！粉碎五次“围剿”的决心！只有打倒帝国主义和国民党，争取苏维埃的新中国，才能解决我们的困难！

法西斯们：不要吹牛吧，老实讲，白区有东西卖，白军有衣穿，白军官长有钱买东西闹阔气，白军士兵没有钱鼓起眼睛看看买不成？最近你们在广昌、建宁，每天二顿稀饭都吃不饱！发一套军衣给白军士兵，还要他妈的扣一两块，还要被你们强迫轻装前进弄丢了，今年三月间在□□山上冻死一二百，你们记得么？我们吃贵盐穿贾布，红军到［倒］没有受到这个艰苦！

（二）法西斯说“我们没有飞机大炮”

答：法西斯的党徒，蒋介石的走狗们，我们很知道你们有飞机，有大炮，并且有帝国主义的飞机给你们开，有帝国主义军事家当你们的顾问。你们的卖国头子蒋介石最近把黄河以北的十个省完全都卖给日本去了，你们这些卖国贼的小老狗，应当羞死，还有脸来夸口你们有飞机有大炮吗？这些更证明你们的卖国和投降。

老实告诉你们，不要夸口你们有飞机有大炮罢，将来你们一切的飞机大炮还不都是我们的么？看呀，现在我手中的步枪、自动枪、照明弹，都是蒋介石运输大队长送给我们的。

（三）法西斯欺骗我们说“拖枪过来有二十块大洋”

答：法西斯的党徒们，我们都是阶级的战士，我们是工农的儿子，我们当红军是为了保障工农自己的苏维埃政权，我们痛恨国民党拿卖国的赃物来夸自己有钱，这不但不能丝毫动摇、欺骗、利诱我们，只增加我们对法西斯国民党的仇恨。

（四）法西斯无耻的说：“他们卖国没有挂招牌，我们卖国是挂招牌”，说我们是“赤色帝国主义的走狗”

答：法西斯党徒们，你们自己承认卖国，只是没有“挂招牌”，这正是国民党秘密卖国的不打自招。

同时要告诉你们，因为苏联是反对帝国主义的大本营，是中国苏维埃的好朋友，是世界无产阶级及弱小民族求得解放的帮手。所以我们工农红军，应该要大喊特喊，“拥护苏联，武装保卫苏联”的口号。这是证明我们阶级的觉悟，只有你们代表地主阶级的法西斯的国民党才会改变我们的口号的内容，武断诬蔑我们卖国，我们在中国卖了什么地方？你们能够指出来吗？你们说苏联是“赤色帝国主义”。这更是自欺欺人，不要脸的话。你们想想，华北是苏联吞并的吗？西康、云南、贵州是苏联占领的吗？白色区域每个大小城市，是不是有苏联的租界和军队？你们自己来讲，只有投降帝国主义的国民党才会诬蔑苏联是“赤色帝国主义”。

—完—

军团政治部

六月二十八日

告陈诚部下的士兵同志（中共宣传品）

同志们，你们来江西打自己的红军有三四年了，除了东拖西跑到处筑工事修马路，害得很多弟兄患吐血病，此外还要在山坑里驻营，别的好处是没有的唉！你们这样的生活到底是为谁的利益呢？

这种痛苦，我想你们老早就一定感觉到不能忍受了，可是因为一时受反动官长的压迫和欺骗，却又不得不暂时忍受而不敢动作。老实说，如果再这样继续下去，的确不是拖死，便只有累死的。一条路，你们真的就愿意这样吗？好了，现在工农自己的红军与你们接近了，你们要不生吐血病要脱离白军的地狱统治或者要回家，就只有马上组织士兵会向官长要求不打红军回后方去治病，报告官长不答应，你们便一致的暴动起来杀掉陈诚□□□黄维□□芳李树声……等这般吃兵血的反革命的狗官长，自己举出官长来成立红军，来彻底的解除自己的痛苦。

要不患吐血病，就只有暴动起来当红军！

要想回家的只有拖枪到红军中来！

中国工农红军全体红色战士发

看谁杀人放火?(中共宣传品)

士兵弟兄们!

蒋介石真是杀人不眨眼的刽子手呀!

你们看，蒋介石在南昌行营第一五八五号的训令上说:

“亟应变易方略，先从肃清匪民下手，将匪村尽烧之，国民屠杀之，不数月则匪区可完全恢复矣。”

弟兄们，这是什么话?

这就是要你们向工人农民开刀。把已经得了解放得了自由得到了土地的工人农民杀完。蒋介石不让你们和我们一起去打日本，逼迫你们来杀自己中国的工农弟兄，蒋介石真是帝国主义的走狗!

弟兄们，你们也是工人农民出身的呀！工人农民不打工人农民。不要打工农自己的红军，你们应当和红军联合起来，一起去打帝国主义，进行反日反帝的民族革命战争，首先打倒屠杀工农的国民党头子蒋介石!

白军士兵歌(中共宣传品)

正月里来梅花香，官长们天天打麻将。花姑娘房里□抬酒，够我们弟兄们三年粮!

二月里来兰草花儿开，官长们搂着个姨太太，一□□机子七八块，弟兄们穿的是破草鞋!

三月里来杨柳梢儿青，小厨房的伙食爱□人！弟兄们一天两餐饭，两个月吃不到一次儿荤!

四月里来油菜花儿黄，官长们叫我加入国民党，乱七八糟照了一个像，一个月扣去三分大洋!

五月里来石榴花儿香，蒋介石弄了个法西斯党，哪一个敢讲把日抗，立斩无赦命遭殃!

六月里来开差满头汗！翻山过岭无尽头！精疲力倦不敢掉队，泪珠儿抹着汗珠儿流!

七月里来秋风凉，好容易发了个六成饷，七扣八扣东扣西扣，三个月发他妈的两块大洋!

八月里来泪满□，升不了官来发不了财，蒋介石卖了我们的命，上火线替他去当炮灰!

九月里来恨难中，日本兵占领了东三省，蒋介石一枪不叫我们放，逼我们弟兄们来打自家人!

十月里来北风飘，冻手冻脚挖战壕，官长们张口骂混蛋，做完了工事又要上操。

十一月里来恨难忘，官长们逼我们上战场，弟兄们在前他在后，个个都拿着小手枪。

十二月里来大雪纷，为着谁来把命拼，弟兄们要想找出路，来掉转你的枪头当红军!

四月十一日

红军政治部

拥护红军抗日先遣队伟大的胜利!（中共宣传品）

占领水口! 逼近福州!

日本海军陆战区登岸备战!

国民党调兵遣将阻挡红军对日作战!

白军官兵弟兄们!

抗日救国的红军抗日先遣队调出以来，在全国民众热烈拥护之下，节节胜利。七月二十一日，破大田城。二十九日占尤溪口，三十日在闽江南岸漳湖坂，消灭保安师二连，渡闽江后，于三十一日清晨进至黄田。

击溃保安师余部，“八一”傍晚，乘胜占领离福州一百余里之水口，先头部队继续向福州挺进，一路线获胜利品无数。现福州全城大起恐慌，日本帝国主义的海军陆战队，已经登陆布防备战。卖国的国民党，把开往宁德的八十七师白军调回福州，帮日本来打红军抗日先遣队，福州的日本侨民，听说红军抗日先遣队来了，纷纷逃往台湾。福建的地主资本家，听说红军抗日先遣队来了，纷纷向上海香港逃命。

只有福建广大的工农劳苦群众，听说红军抗日先遣队来了，人人欢喜，个个高兴。他们纷纷起来斗争，要求加入红军，一同去打日本帝国主义和汉奸国民党。

红军抗日先遣队的胜利，就是中国民众对日本帝国主义的胜利。不能让日本帝国主义把血手伸到福建来。我们一定要把日本帝国主义赶入东洋大海去！弟兄们！起来反对国民党派兵打红军抗日先遣队，拥护红军抗日先遣队直接对日作战，不打红军，联合起来到福建到北方打日本帝国主义去，真正愿意打日本的白军弟兄们！□□□□红军中来！

红军战士

八月七日

中国工农红军总政治部告白军弟兄书（传单）

亲爱的白军士兵弟兄们，你们和我们不都是工人农民出身嘛，中国工农红军就是工农自己的军队。我们正是为着自己的解放来同帝国主义国民党军阀作战，我们相信你们的心坎中是绝不愿意来打工农红军的，你们应也是反对帝国主义国民党，是与我们一样，不过你们因为生活痛苦投入白军里当兵，被国民党□□强迫你们到战场上来进攻革命。

国民党说什么红军土匪，说什么“杀人放火”，你们真正相信吗？这完全是国民党诬蔑我们的鬼话，要晓得苏维埃——即是工农兵代表会议政府——底下的工农，才真〈从〉帝国主义和豪绅地主资本家的压迫和剥削得到了自由和解放，工人每日只做工八点钟，农民分得了田地房屋和森林，政权是工农自己的，你们过去到过苏区的就会知道这些实在的情形。只有苏维埃政府和红军是最彻底反对帝国主义和封建势力的，为中华民族谋独立，为工农谋解放的。

国民党政府恰恰相反，它是代表豪绅地主资本家的利益，勾结帝国主义压迫中国的工农。你们看那样多的苛捐杂税地租高利贷失业种种的剥削和痛苦还能够再忍受么，更把你们不当弟兄的不当人，长期欠饷不发，稍一反抗就加上“共匪名义杀头”！

无耻的国民党，他最近把上海和东三省完全卖给帝国主义，日本出兵瓜分中国压迫革命，国民党不仅是毫不抵抗，你们知道吗？他□□□开枪扫射同日本军队作战的第十九路军英勇士兵弟兄，强迫他们从火线上抽调下来，进攻反对帝国主义已经宣布对日作战的苏区士兵！

这种实际情形，还不难看出谁是革命谁是反革命吗？只有国民党才真是屠杀工农的侩［刽］子手，□□□□□去做帝国主义的走狗呵！

帝国主义国民党最怕的是工人农民起义革命，所以他们拼命向我们苏区和红军进攻，去年，一连二次进攻革命，都被我们工农红军把他击溃！今年第四次革命的“围剿”，又再次受了惨败，我们湖□河□安徽的红军，全年打了六七个大胜仗，收获了三四万支枪，活捉许多师旅团长，江西红军最近又击溃了广东军阀十几团，这些，不是展示了苏维埃和红军是不可阻挡的革命和力量，展示了帝国主义国民党日益走向死亡吗？

亲爱的白军士兵弟兄们，你们的苦楚，我们都知道，都能原谅你们，你们现在被帝国主义国民党赶来进攻工农红军的革命，你们家里的父母妻子正在那受帝国主义豪绅地主资本家国民党军阀压迫剥削，饥寒交迫呵！你们千万不要听国民党那些“爱国”“剿赤”的宣传，他说“爱国”却真是卖国，他说“剿赤”真是屠杀工人和农民！

我们红军里有很多白军过来的弟兄，去年孙连仲的二十六路军就有两万多弟兄暴动来当红军，□□成为红军有□的□□□，我们希望你们在此觉醒起来，认识自己的真正敌人，掉转枪口向官长们打，□二十六路弟兄暴动起来，杀掉压迫你们的上级官长，来当红军，不要相信你们官长说什么被红军捉去就要挖肠破肚的鬼话，这些全是恐吓欺骗你们的。

亲爱的白军士兵弟兄们！国民党统治正在一天一天走向死亡，苏维埃政权一天一天巩固发展！觉悟起来，来解除你们自己的痛苦，赶快过来当红军呵！

中国工农红军总政治部

冬天来了，要棉衣穿！（传单）

（十二月二十三日）

白军弟兄们！

天气渐冷起来了！官长们有的是狐皮大衣、毛线绒衣，弟兄们呢？天天守着高山上的堡垒，到现在穿的还是单衣，山又高，风又大，冷起来真难过！

狼心狗肺的官长，还要天天压迫着你们去修马路，做工事，病了无人理，死了无人埋！

弟兄们！团结起来！向官长要棉衣！不受雨打风吹！不修马路！不做工事！病了要到医院去！

弟兄们！红军有广大群众的拥护，红军战士已经发了棉衣。当红军真光荣！当白军，苦到底！哗变拖枪到红军中来，打日本，救中国去。

红军政治部

打倒法西斯蓝衣社！（传单）

白军士兵弟兄们：

你们听说了么？第十师五十九团八连的一个弟兄说了一句“我们是当兵的，不是修马路”的话，便被人捉去暗杀了。

你们知道这是谁做的？这就是法西斯蓝衣社做的。法西斯蓝衣社，是国民党蒋介石的死走狗，专门屠杀和欺骗工农和士兵的。他是用公开屠杀、暗杀、活埋的白色恐怖，来镇压工农士兵的革命斗争，来维持他要倒台的统治。

你们队伍里的便衣队，跟在你们队伍附近的别动队，都是蓝衣社的组织，他们是专门监视你们的行动，压迫和屠杀你们的！

你们大家都要认识清楚，法西斯是屠杀工农士兵的侩［刽］子手！

士兵弟兄们：法西斯的血手，在你们面前了，起来，消灭□法西斯同盟，要求说话自由，开会自由，看书看报自由，组织士兵会的自由！

赶走蓝衣社的社员!

打倒法西斯蓝衣社!

打倒蓝衣社的头子蒋介石!

不打红军，和红军联合起来!

红军政治部

红军北上抗日先遣队告白军官兵书（传单）

白军官长士兵弟兄们!

日本兵又杀到北方来了，杀到福建来了，张学良何柱国的军队从北方已经撤退，蒋介石把北方又卖给日本了，北方的同胞正被日本兵屠杀，北方的姐妹正被日本兵奸淫，村庄里炸了，山林火烧了，连祖坟也被日本兵挖掘了！同样的命运马上就要落到福建同胞的头上，蒋介石把十九路军消灭，把福建军队统统调来打红军，已经给日本兵扩开了路，日本的军队大批大批开到福州厦门来！日本的野心是无边无际的，他想把福建变成台湾，把北方变成满洲，把全中国变成高□，四万万同胞面前摆着亡国灭种的危机。

红军早已下了紧急动员令，通电对日作战，红军早已向全国武装部队提议，只要（一）立即停止进攻苏区，（二）立即保证民众的民主权利（集会结社言论出版罢工的自由），（三）立即武装民众创立抗日义勇军，愿意共同联合去打日本。但是蒋介石口说“中国无力抗日”，却用几十万大兵挡住红军，用所有枪炮与十万万大洋来进攻苏区的工农，蒋介石是卖国的汉奸!

现在是中国四万万同胞生死关头，如果不打日本，中国就要被日本灭亡，红军不能坐视北方与福建灭亡于日本，不能坐视北方福建同胞被日本烧杀，所以从蒋介石四面包围中，杀出一条血路，已经出兵北上抗日，红军誓死要为救北方几千万同胞而战！为保卫福建而战！为收复东三省而战！为收复失地而战！为大中华民族独立自由与领土完整而战!

北方弟兄们，日本兵炸你们的家园，屠杀你们的父兄，奸淫你们的妻妹，挖掘你们的祖坟，你们家里父母兄弟亲戚朋友，天天都盼望你们回去，救他们性命，一刻也不能迟疑□□□□快同红军联合起来，开到北方打日本，救你们家乡救你们父兄！

南方弟兄们！北方亡了，日本把福建和华南也想变成北方一样。日本的炮口正瞄准福建南方的同胞，不能让着日本来杀我们南方同胞，不能让着日本来灭亡中国，再不能给蒋介石流血卖命了！中国人死也再不打中国人，同红军联合起来，为保卫福建保卫华南而战，开到北方去打日本！弟兄们！不要再替蒋介石个人牺牲，不打红军，不打北上抗日的先遣队，暴动过来，加入北上抗日先遣队，到北方去救你们的家乡，救国家，救家乡，死也光荣！

弟兄们！日本的刀枪打着四万万同胞的脑袋，亡国奴的锁链，要把每个同胞的颈项套住。是死是活，全靠中国四万万人齐心抗日。枪炮在你们的手中，快快暴动起来联合红军去抗日。我们有力量打日本，愿意联合起来一致抗日的，都是我们同胞，阻挡我们抗日的是汉奸，是四万万人的公敌，中国民族的罪人。打倒出卖北方福建的汉奸蒋介石、张学良！同红军联合一起去打日本！

红军北上抗日先遣队

七月一日

问问你（传单）

白军士兵弟兄们！

你们是工人农民出身，有的才出来当兵，有的当了很久，你们得到什么？几年来沦落得个穷光蛋！

家中父母妻子呢？在盼望着你们寄钱回家，专靠你们来养活，但是饷银没有发，米津被扣除，连黄烟剃须钱都没有，怎么有钱寄回家呢！

好吧！要使父母妻子有饭吃，唯一出路暴动起来革命。杀死你们的狗官长，竖起红旗当红军，打土豪，分田地！

红军战士

六月三十日

与工农红军一同去打日本鬼子（传单）

白军士兵弟兄们！

日本鬼子早先占领了我们东北四省，现在卖国能手蒋介石又把整个华北双手都奉送掉了，狗娘养的日本鬼子在那里强奸我们妻女姐妹，占据我们房屋，准备以山东山西为根据地，积极再向南进。

蒋介石以百万大兵来进攻工农红军，来阻止工农红军不去打日本鬼子，反说："红军捣乱后方"，欺骗你们"抗日必先剿共"，严禁抗日，"言抗日者立杀无赦"。这是蒋介石卖国的凶恶行为。

中华苏维埃政府，最早提出下面三个条件，与任何武装部队，订立作战协定，都一同去打日本及一切帝国主义：

一、立即停止进攻苏维埃区域；

二、立即保证民众的民主权力（集会、结社、言论、出版、罢工的自由）；

三、立即武装民众创立武装的义勇军队以保卫中国，争取中国的独立与一切领土的完整。

红军是工人农民的军队，是真正去打日本鬼子和一切帝国主义的，不要信蒋介石的狗屁，立即在堡垒内、在宿营地、在行军中，不论任何时候，寻求机会杀死狗官长。哗变起来，竖起红旗当红军。与工农红军弟兄一同去打日本及一切帝国主义。

红军战士

六月三十日

告白军士兵弟兄[①]（传单）

白军士兵弟兄们！

蒋介石占领赤色建宁，建筑建宁里心封锁线，你们流了血，流了汗，得到什么？天天在山上露营，买柴买水不到。四方八面有我们的工农群众

① 标题为编者加。

紧紧包围，不敢出来一步。从前建宁的老百姓过好日子，现在弄的房子被拆掉做柴烧筑堡垒，猪鸡被抢光，妇女被奸淫，死的死，逃的逃。这些你们亲眼看到的。现在蒋介石又要你们大烧大杀，你们当初也是老百姓出身，难道愿意做么！为什么老百姓打老百姓！

日本鬼子现在占领了整个华北了，在那里大筑军事营房，增兵北满，测绘地图，准备以山东山西为根据地，再积极向南进。英帝国主义，扩充其向新疆、青海、康藏的进攻，法帝国主义积极向云贵广西发展，不但华北连中国都要被帝国主义瓜分完了。

弟兄们，不要进攻苏区和红军，不要打自家的工农弟兄。

杀死你们的官长，哗变过来当红军，一同去打日本鬼子及一切帝国主义。

和红军打仗，枪不瞄准，放空枪。

红军和工农群众随时随刻欢迎你们整团整师过来！

红军战士

六月二十八日

为谁打仗！？（传单）

白军士兵弟兄们！

几年来打自家的工农红军弟兄，天天爬山做工事，不管晴雨，日夜在出工露营。稍不如意，即受官长压迫打骂，病了不到卧床不起时，仍不准入院，就得入院，也往往因药员少无人照料，而不得活命。所以正像五十六师弟兄说的：生人进去死人出来！打仗的时候，法西斯在后面督队，你们亲眼看见的在建宁之新桥，太宁之太阳山，把打死打伤的弟兄们堆成肉堡垒，当做泥巴来抵炮子，真是千古未有的残暴行为！

弟兄们！我们不是人吗？为什么替军阀来打自家的工农红军弟兄？！日本鬼子占领了我们的华北了，帝国主义在瓜分中国了，大家都要变成亡国奴了！起来吧，一同去打日本鬼子及一切帝国主义！

杀死督队阎王——法西斯！

杀死狗官长，哗变过来当红军！

认清自己是工农出身，不要打自家的工农！为谁打仗？！不要替军阀国民党来打自家的工农！

红军战士

六月三十日

全国大水灾！老百姓遭殃！（传单）

国民党罪大恶极！

白军士兵弟兄们！

怕人的全国大水灾又来了！请看下面这些电报吧！黄河水大涨，河南陕西都受水灾，淹死老百姓无数。湘水大涨，淹没房屋田地极多，灾民达数十万！襄河水涨，彭市岳口被水淹没，损失千万以上。长江水位高一丈多，水灾马上就会到来。卢沟桥以北回龙潮水位高一丈二尺，平汉路絮河附近路被水冲坏，沿岸变成水地。

陕西大雨，老百姓田禾房屋均被冲坏，损失在一百万块以上。运河水涨！河北永定河水也涨了！灾象已成！

从上面这些电报来看，今年水灾又普遍到湖南、湖北、安徽、河南、陕西、山东、河北十几省以上，受灾老百姓又是几千万几百万！水灾从哪里来的？这是国民党的罪恶，国民党把老百姓从血汗中拿出来修理河堤的钱完全移做打红军的经费和装到军阀官僚们腰包去，根本不修河堤，因此，河水一涨，便成大水灾！

在苏维埃区域，推翻了帝国主义国民党统治，农民分了田，修理河堤保护田禾，收成大大提高了，正因为打倒了国民党统治，所以苏区没有一点水灾，没有一个灾民！

弟兄们！你们家乡里田地房屋正在被大水淹没，父母妻子，还不知是死是活，这是一刻不能忍耐的，起来！反对把修理河堤的钱用做进攻红军的经费，不打红军，要求把进攻红军经费，全部拿来救济受苦受罪无食无住的灾民，拿来做抗日的经费！组织士兵援助灾民同盟会援助灾民斗争！

只有苏维埃才能消灭水灾和一切灾难！打倒制造水灾的罪魁国民党！

弟兄们！哗变到红军中来！

红军战士

七月十八日

你们这样当兵值得吗？（传单）

第十师的白军士兵弟兄们！

你们从打湖北河南安徽红军的火线上，又开来打我江西福建的红军已经一年多了，你们得到了什么好处呢？

你们打黄安名义上得到一万元的赏犒，实际上却被李默庵拿“移作雨衣费”的名义装在他自己腰包里去了，你们是一个铜板都没见到。

你们开到江西打红军五个月已经没有发饷了，一个月分到四五角伙食钱，还不够官长克扣。七角一件的汗衣发给你们，就要扣一块大洋。

李默庵还在你们队伍里，成立杀工人农民的法西斯蓝衣社，来监视和压迫你们。你们五九团三营八连的一个弟兄不是只因为说了一句“我们是当兵的，不是修马路的”就被蓝衣社抓去暗杀了吗？

你们这样当兵值得吗？

要想不受国民党军阀的压迫和剥削，只有团结起来，组织士兵会，要求发清欠饷！反对克扣！反对修马路！反对修堡垒！反对压迫士兵！反对法西斯暗杀士兵！反对打红军！

暴动哗变过来当红军，同红军一齐去打帝国主义国民党，是你们唯一的求解放的道路。

红军政治部

实行六大纲领救中国（传单）

白军兄弟们！

国民党在三年之内卖掉了半个中国，完全亡国的危险就在眼前！红军已经派了抗日先遣队去打日本，枪炮在你们的手里，你们起来实行六大纲领，中国就不亡，我们就能把日本帝国主义赶出中国去。

快快起来！实行六大纲领救中国！

一、要求北上抗日，立即停止进攻苏区，实行中国人不打中国人，不打红军，枪口向日本帝国主义与汉奸放。

二、要求士兵抗日的集会结社言论行动自由，组织士兵抗日联合会，决定抗日大事与士兵本身问题。

三、改良士兵生活和待遇，要求发清欠饷，反对打骂，反对法西斯压迫和屠杀。

四、约定红军，双方互派代表，订立抗日作战同盟。

五、杀死不准士兵抗日的官长，哗变到真正抗日的红军中去！

六、不烧杀苏区工农，反对国民党压迫民众抗日运动，联合全国同胞一致抗日。

告进攻红军的白军士兵（传单）

白军士兵们！

日本帝国主义占领了东三省，上海也被国民党出卖给帝国主义了，国民党军阀不准你们去打帝国主义，反强迫你们来打你们自己的红军，你们为什么就愿意来？

你们替国民党军阀打了许多年仗，你们得着了什么？还不是几个月没有饷发，而且天天受官长的打骂压迫吗？你们应当知道你们的唯一出路只有暴动起来，来当红军。

现在各省都有了苏维埃政权，全国数十万红军都不断的打胜仗，你们要赶快的觉醒过来，杀死打骂压迫你们的官长，拖枪来当红军，来在苏维埃旗帜下来分得田地，求得解放，来打倒帝国主义，打倒国民党！

士兵不打士兵，欢迎你们来当红军！

中国工农红军总政治部

告诉白军士兵到红军中来的办法（传单）

白军弟兄们!

国民党军阀是日本的傀儡，你们要想抗日，只有脱离白军哗变拖枪到真正抗日的红军中来!

国民党军阀是出卖中国的大汉奸，你们要想救中国，只有脱离白军，哗变拖枪到真正抗日的红军中来!

国民党军阀是制造灾荒的罪魁，你们要想从饥饿死亡中把家里人救出来，只有脱离白军，哗变拖枪到坚决为工农群众谋解放的红军中来!

国民党军阀是压迫你们“喝兵血”的魔王，你们要想解除自己的痛苦，只有不打红军，哗变到工农兵自己的红军中来!

弟兄们！我们告诉你们到红军中来的办法：

一、官长压迫你们守堡垒时，你们杀死堡垒里的反动官长，把堡垒烧掉，大家一齐背起枪到红军中来!

二、乘着放哨或当采买的机会，带着你的同伴，拖枪到红军中来!

三、行军时你假装落伍，趁机拖枪到红军中来。晚上行军更好办，寻个机会把官长打死，号召弟兄们拖枪到红军中来!

四、打仗的时候，你们造谣风，趁着自己部队紊乱的机会，打死督队的法西斯官长，领导弟兄们缴枪到红军中来。

五、退却的时候，你们故意掉在后面，拖枪到红军中来。

六、被红军包围时，更是你们到红军来的好机会，不打红军打死督队的军官，拖枪到红军中来。

七、你们哗变和拖枪到红军中来的时候，到处的红军游击队和苏维埃政府都可以去接头，到处都会一样的欢迎和优待你们。

弟兄们！你们手中有的是枪，红军离你们很近，压迫你们打仗的法西斯官长只有几个，只要你们下定决心，随时随地都有你们到红军中来的好机会。

弟兄们！苏维埃红军十二万分的欢迎你们，优待你们。你们到了红军以后，愿意当红军的当红军，愿意回家的送你们回家去。

弟兄们！你们要救中国救自己，不再受国民党军阀的欺骗和压迫，就只有大胆的干起来，哗变拖枪到红军中来，我们等候着欢迎你们，同你们一块儿打日本去！

红军政治部

号召白军士兵对日作战！（传单）

（一）白军弟兄们！国民党把北方卖给日本了，宣统皇帝快要进关，中国军队已经撤退，中国要亡国了，马上开回北方去打日本！

（二）白军弟兄们！日本的飞机大炮正在你们的家乡，中国人不打中国人，开回北方去打日本！

（三）白军弟兄们！打日本是为国家死也光荣！打红军是中国人打中国人白白牺牲，弟兄们！联合红军去打日本！

（四）白军弟兄们！中国人要做日本的亡国奴了，“养兵千日，用在一朝”掉转枪头打日本！

（五）白军弟兄们！国民党打红军不是保国卫民，分明是让日本把中国灭亡！真正保国卫民就要把日本从北方东三省打出去，你们快快联合红军打日本！

（六）白军弟兄们！红军早就要打日本，随便哪个部队，只要真正抗日，都愿联合一起打日本！

（七）白军弟兄们！红军早要打日本，决不是红军“捣乱后方”，倒是国民党卖国不抵抗，打倒卖国的国民党，我们联合去打日本！

（八）白军弟兄们！日本要把中国灭亡了，国民党还说抗日先要“剿共”，国民党就是日本的开路先锋，打倒国民党，联合红军打日本！

（九）白军弟兄们！国民党说中国打不过日本，这是假话，中国有三百万军队，还有警察民团、义勇军，难道打不过一个小日本？不听国民党鬼话，联合红军打日本！

（十）白军弟兄们！中国有四万万同胞，大家武装起来就算人比人，百个中国人难道打不过一个日本人？何况日本工人农民是同我们站在一起，不听国民党鬼话，联合红军打日本！

（十一）白军弟兄们！打日本不怕没有枪炮！全国所有枪炮拿出来，前线用飞机枪炮，后方可以用梭标大刀，白军弟兄们，联合红军打日本！

（十二）白军弟兄们！打日本不怕没有军费，只要对日本绝交开战，立马没收日本银行，工厂商店，就值大洋四万万元，不听国民党鬼话，联合红军打日本！

……

（十四）白军弟兄们，四万万同胞个个愿意打日本，只有国民党不肯打日本。反而强迫你们打中国人，打倒国民党这个汉奸，联合红军打日本！

（十五）白军弟兄们，枪炮在你们手里，只要你们大家齐心，自动开回北方去打日本，不但蒋介石没有办法，四万万同胞都要拥护你们，弟兄们，自动开回北方打日本！

（十六）白军官长士兵弟兄们，不愿做亡国奴的热血好男儿，马上不打自己同胞去打日本！

（十七）白军官长士兵弟兄们，中国要亡国了，养兵千日用在一朝，给蒋介石打天下遗臭万年，好男儿去打日本！

（十八）白军弟兄们，我们大家不打枪，两边大家派代表商量，联合去打日本！

（十九）白军弟兄们是良心的好男儿，死也不打中国人，枪弹朝天放，不听蒋介石这个汉奸来杀中国人！

总政治部印发

白军士兵弟兄们！（传单）

看看法西斯的国民党，蒋介石用了他屠杀工人农民的手段来对付我们士兵，因为蒋介石永远没有忘记士兵是工农出身。

三月二十四日白军八九两师同红军在太阳□作战时，蒋介石的军官不但强迫士兵来打工农红军，还要下命令把死伤的弟兄拿来构筑肉堡垒肉工事，让这些死伤的弟兄在死伤之后还受着这样的苦行！让没有死的负伤弟兄在肉堡垒中去呻吟，然而这是值不得法西斯军官们的怜悯与同情的！

在新桥的战斗中，法西斯的第四师军官也用了机关枪来射杀退回的士兵。死伤二三百人，这是何等惨无人道的行为！

好凶恶的国民党法西斯呵。他们把我们士兵比牛马不如的看待，像粪土一样的摧残。工农红军是他们的仇人，白军中的士兵也一样是他们的仇人。

士兵弟兄们！同样的苦行将加在你们自己的身上，你们将看到同营同连的弟兄在肉堡垒中的悲惨与呻吟，或者死于法西斯的机关枪下！

你们只有反抗，只有打倒法西斯国民党，打倒国民党蒋介石这般万恶的军阀。只有哗变暴动当红军，才是自己的出路。

起来！兄弟们：

调转枪头，杀死你们法西斯的官长！

用你们的枪刀来回答法西斯军官们的残暴！

打倒卖国的法西斯蒋介石国民党！

同红军一同打帝国主义去！

红军战士

四月二十日

告白军弟兄书

白军弟兄们！

你们的出路在这里！

东三省早已是日本鬼的天下，日本兵天天在那里奸淫掳掠，大烧大杀，可怜东三省的老百姓，没有一天不是过着地狱般的亡国奴生活。

在一个地名叫做海隆的地方，驻扎着满洲国的一团军队，该团弟兄们，看到日本人在东三省这样横行霸道，又是气愤，又是难过，心里都想当义勇军，大家抱着：宁愿抗日死，不当亡国奴。团长王世杰，在日本人面前，奴颜婢膝，活像走狗。在弟兄们面前张口骂，出手打，如同阎王。弟兄们是再也不能忍受了，有一天晚上，一个团连长和一个弟兄悄悄跑到团长住的房子里，用手枪把王世杰这个日本走狗和他的姨太太打死。弟兄们听到枪声都从睡梦中起来，这两个英勇的抗日战士就集合弟兄们讲演“王世杰是日本的走狗，压迫我们当亡国奴，我们把他打死了，不愿当亡国奴的弟兄们，大家当义勇军去，好不好？”大家异口同声喊道“好”！当场就举出义勇军支队长，高举着抗日旗帜，从海隆出发，参加抗日的游击战争。

白军弟兄们，这团弟兄两个人把团长打死，全团弟兄便都参加了抗日的义勇军，这是你们最好的榜样和出路，不要怕，大胆干起来！在火线上或堡垒里，坚决把压迫弟兄抗日的狗官长像王世杰一样打死，只要有几个勇敢的弟兄这样干，弟兄们个个都会跟着干起来的。

弟兄们手里有枪，还怕走狗官长。

杀死压迫士兵抗日的官长，哗变到红军中来，北上抗日！

红军政治部

告白军弟兄们！

我们部队里的病号不是一天一天的增加么？病死在马路上的弟兄不是没有人掩埋吗？这是谁的罪恶？这完全是国民党军阀的罪恶。万恶的国民党压迫你们打红军，强迫你们天天修马路做堡垒，把你们弄得面黄体瘦，肥的拖病、病的拖死。你们病了，官长不理不睬，让你们病死在马路上。有时病就是进了医院但是医院对你们当兵的是看不起的，没有好药给你们，没有好菜饭给你们吃，也没有好的看护招呼。结果你们许多的弟兄冤枉死在医院里了。行军作战病了，更是糟糕！穷凶极恶的官长们，不但不派单架抬你们，反面要打骂你们装病掉队，把你们的军衣脱掉，枪支、子弹拿去，抛在路旁不管你们的死活，甚至把你们杀掉！

弟兄们！在红军中就完全不同！红军是工农的军队。指挥员战斗员都非常亲爱。在连上病了，有人护送他，医生马上来看病上药，不做勤务，安心养病；行军中病了，有人替他背枪支，背包袱，走得动的有人在背后招呼他，走不动的有担架抬，病稍微重的送到医院去；在医院中招呼特别好，伙食费加倍，还有修养费发，地方上群众，也不断的来慰劳，比在自己家里还舒服。病好了，归队时开欢送会，送他到前方去。

弟兄们！你们自己比一比看吧！当红军与当白军，不是又有天堂和地狱之别吗？因为白军是喝兵血的军队，红军才是工农自己的军队啊！

弟兄们！你们都是爱国男儿大丈夫，白白替卖国贼蒋介石拼命而病而死是不值得的。快点哗变拖枪到红军中来，大家一起北上抗日去。为全中国民族争生存争光荣而病而死，才是最光荣的！

工农红军政治部

告白军九十师十四师的士兵（中共宣传品）

告白军九十师十四师的士兵弟兄：

国民党军阀陈诚周至柔压迫你们来打□□□□工农红军，你们为什么就愿意来呢？你我同是工农兵一家人，我们是□□□分不愿意打你们的，你们深想一想□□□冲锋□□□□战死几个月的饷没有发，修马路的工资被官长□□□，你们现在连洗衣剃头的钱都没有，过新年你们□□□的大洋钱票回家，他们吃西餐大菜抱姨太太过了快活的新年。你们不但没有分文寄回家给老母妻子买过年米面，你们自己也仍然吃的是粗菜淡饭，修马路做工事受苦，你们这又是为了什么呢？

□□□□□□渡的战争周至柔吴奇伟打了大败仗，你们负伤了，这种牺牲和负伤又为了什么？……我们实在是痛心呦！国民党军阀为了要……要维持他的剥削压迫群众的地位……但他仍是死不甘心又将你们收容起来，驱使你们再来打为工农谋解放的红军，使你们来……替他当炮灰，弄的你我工农打工农……①

弟兄我们已很好的替他医治，特别的发了优待费，优待他们，并且我们有很多红色战士都买东西来慰问他们，现在将他们已安全的送回抚州去了，有许多缴械过来的弟兄也受着了红军中的优待，受着了工农劳苦群众的欢迎与慰问并且都发了路费，欢送他们回家去了。弟兄们！国民党军阀

① 这段话中多次省略是因为原文献较模糊，无法识别。

欺骗你们说：红军捉到白军弟兄会杀头破肚，现在铁一般的事实已把他这种骗人的鬼话打得粉碎了，白军士兵弟兄不但没有被红军杀头破肚，并且还受到红军的特别优待，同志们！大概你们也明白了吧！

亲爱的白军士兵弟兄啊！红军你们见过了，你们对红军也有认识了，赶快觉悟起来吧！不要一辈子做军阀的牛马，团结起来向军阀算清欠饷，反对官长的打骂和压迫，暴动起来，杀死反革命的官长，拖抢来当红军，才是你们唯一的出路！

现在日本帝国主义又强占了山海关和九门口，并且正在疯狂的进攻华北，国民党军阀更在进一步的出卖中国民族利益，不准你们去打日本，压迫你们来打真正反帝的工农红军，尽其清道夫的作用。你们应同红军团结一致去消灭投降帝国主义、出卖民族利益的国民党军阀。暴动起来，将白军变做红军，我们一路去打帝国主义，把帝国主义从中国赶出去，谋得中国民族的真正解放。

欢迎白军士兵弟兄拖抢来红军中一路打帝国主义去！

中国工农红军总政治部

你们的出路在哪里？（中共宣传品）

白军弟兄们！

日本帝国主义的军队进攻平津以后又在侵占察哈尔了，国民党决定执行无抵抗的撤退帮助帝国主义瓜分中国，取得帝国主义的欢心，整个华北数省的中国民众将被国民党全部送为日本帝国主义做奴隶了！

在这最惨痛的亡国灭种大祸已到来的时候，蒋介石反说："有言抗日者严重处罚捆起来杀。"这就是国民党卖国的阴谋毒辣手段，国民党不准你们去打帝国主义，强迫欺骗你们来打真正反帝的工农红军，这是国民党想把领导全国民众抗日反帝的苏维埃和红军消灭，好让日本及一切帝国主义来瓜分中国。

因为苏维埃政府早已对日宣战，红军早已摩拳擦掌的要去直接与帝国主义作战。但受卖国贼的国民党紧紧包围着，不能出去，而各地工农劳苦群众都积极拥护苏维埃对日宣战的宣言。坚决反对国民党不打帝国主义来打红军，因此国民党□□□苏维埃的军队，到处受到群众的仇视，受到红军的打击。你们省在前线上与日本军队作战的义勇军，得到全国民众的拥护帮助；同苏区来打工农红军的白军，到处受群众的仇视反对。封锁给养，你们现在没有油盐吃，连饭都吃不饱，成□□□放哨做工事，累的要死，晒得要死。这些痛苦都是国民党骗你们来打自己弟兄□□所□的坏！

弟兄们，你们的出路在那［哪］里呢？唯一的出路只有暴动起来与红军一齐击打帝国主义！

弟兄们！我们在准备着欢迎你们，欢迎你们暴动过来，开小差过来，拖枪过来，我们一齐击打帝国主义和卖国贼国民党。

反对国民党压迫士兵做工事、进攻红军（中共宣传品）

白军九十师的弟兄们：

你们从□□出发到今天不是修马路，便是筑碉楼，不是□□□就是爬山跑路，每天从早上四点钟起来做到黑，黑了□□□□天晴也要做，落雨也要做，做病了也要做，总是做个不停，做得伸不得腰，喘不得气。有的做病了，有的做死了，没有做得好还要挨打。

弟兄们，你们的官长压迫你们来打自己的兄弟——工农红军，压迫你们修马路，筑碉楼，压迫你们拼命，你们甘心吗？

弟兄们反对做工事，修马路，筑碉楼，进攻红军。脱离这种痛苦生活，同红军联合北上抗日去！

工农红军政治部

告白军九十师士兵（中共宣传品）

九十师的士兵同志们：

你们为着汪精卫、张发奎，忽而反蒋忽而拥蒋，南征北战跑了十多省，吃了说不尽的苦，你们几万人拖到现在只剩了几千人，你们弟兄打死了、病死了几千人，他们是为的什么？你们生的又得到了什么？

你们在广西出发时群众都热烈欢送你们去打帝国主义，但是汪精卫、蒋介石、吴奇伟却强迫你们来打为工农谋解放的真正反帝国主义的工农红军，不准你们打帝国主义。你们看清楚了吧，国民党是投降帝国主义，反对中国工农兵得到解放的。

你们不要误认改组派比国民党要好些，汪精卫、张发奎比蒋介石要好些，实际上改组派的汪精卫、张发奎同蒋介石是没有什么分别的，不过多会欺骗人罢了。你们看汪精卫现在又假装到法国养病时中代表蒋介石去和国际联盟订结共管中国的条约了，所以汪精卫、蒋介石、张发奎他们都是一样投降帝国主义，出卖中国民族利益的。

红军是为工农谋解放的，革命武装要消灭投降帝国主义的国民党军阀，要以武力把一切帝国主义赶出中国，求得工农兵的解放，求得中国的自由独立。

你们要想求得自己解放，要想达到反帝的目的，只有暴动起来，来当红军。

欢迎白军士兵参加红军，打倒帝国主义去！

中国工农红军总政治部

告周浑元部的老弟兄们（中共宣传品）

五师和第九十六师的老弟兄们！

我们就是今年从黄狮渡缴枪来当红军的。

我们当红军完全是为了工农和自己的利益。

没有人再来打骂压迫我们，我们得到了解放和自由。

苏维埃并且分给了土地。

弟兄们，今天我们老弟兄在战场上见面了。

我们不忍你们还要受国民党的压迫，来打自己的红军兄弟！

现在就是你们解放的最好机会。

希望你们一齐来为工农、为自己去打倒国民党和帝国主义。

黄狮渡过来当红军的红色战士

可怜的白军士兵（中共宣传品）

伤心我遭受非人奇惨。

伤亡士兵拉着一堆做工事并连炮弹放火焚烧。

白军兵干还去□□□?

军阀陈诚、罗卓英驱使你们来进攻苏区，十月十一日你们由河东一带进攻□□□□等地区，遭遇红军的打击，这还不算什么一回事。

可怜你们在阵线上受伤的、打死的拉着一堆做工事□还用死伤□挡炮弹□□用，连死伤的士兵和枪弹放火一烧□□受伤的士兵在火堆里叫着哎呦！国民党年年向［像］这样的惨毒，还能当白军吗?

当红军呢？那就与你们当白军有□□□□□起战来打工农□□有担架在旁候，候受伤的随即抬到后方去，而且我们的官长都会抬伤员到□后方工农群众热烈送药……在战线上在医院里面牺牲的均有抚恤金给于［予］家属□□□，这是何等的无私。

白军士兵们，……来当红军吗？已到了红军面前，赶快拖枪过来吧，不要受国民党军阀这种非人的荼毒吧！

中国共产党/青年团广昌中心县委员会

四月十五日印

告四十三师的弟兄们（中共宣传品）

弟兄们！

我因为要找自己的出路，所以我才乘着放哨的机会，开小差到红军来。

□□□□国民党军阀，不把我们当兵的当着人，每天一餐饭，一餐稀饭，还要我们修马路做工事，抬百把斤的砖石，休息不过五分钟，使我们连腰都伸不起来。

几个月没发饷，一年不能吃到三次肉，分下几个伙食钱，还要被扣下强迫我们买军工厂的衣服鞋机［子］，钱是要的，东西合不合身他们是不管的。

咱们北方人到南方水土不服，时常生病，只叫你要跟上队，吊［掉］了就用棍子打，死了把你身上的符号一扯就了事。

弟兄们，白军是地主资本家的武装，我们工农投军的小□当然是受压迫的。你们看，当大官儿的有几个不是地主资本家出身呢？本来白军就是用来压迫工农兵的，我们不另找出路，就只有死路一条。

前年在白沙我被俘到红军，才知道红军是工农的军队，是反对帝国主义的力量，所以我才有把握跑过［到］红军来。

我到了红军，红军的弟兄热烈的欢迎我，随我自己的意思，回家也可以，当红军他们更欢迎。

老是［实］告诉你，我是不愿意就回家的，我们要在红军里干［打］土豪分田地，打国民党（卖国的家伙），用我们红军的炸弹刺刀把帝国主义赶出中国去，那时我就回北方去分田享福。

弟兄们！红军真好，我是不骗人的，你们我［有］机会快到红军里来呀！

四十三师一百二十九旅二百五十八团二营四连
赵德山
三月二十九日

在火线上对白军第五六九六师喊的口号（中共宣传品）

（壹）白军弟兄们！你们想回家，就要拖枪到红军中来！

（贰）白军弟兄们！你们想要抗日，亦要到红军中来一同去北上！

（叁）白军弟兄们！你们被强迫和捉来当兵，家里的老母妻子不会冻死饿死吗？

（肆）白军弟兄们！你们每日只有的餐饭吃，肚子里不会饿吗？你们的官长吃的穿的是和你们一样吗？

（伍）白军弟兄们！你们六七个月没有发饷了，连吃黄烟穿草鞋的钱都没有，你们的官长呢！不但吃得好，而且还有许多钱寄在银行里。

（陆）白军弟兄们！你们不但没有饷发，发一顶帽子还要扣大洋贰角五分。一块油布扣六角五分。这样的干下去能找到出路吗？家里的老母妻子又怎样过活呢？

（柒）白军弟兄们！红军中指挥员战斗员穿吃一样，待遇一样平等！

（捌）白军弟兄们！红军家里不但同样分得田地，苏维埃政府还有优待呢！

（玖）白军弟兄们！红军打仗是为自己谋利益谋解放，你们打仗是为官长升官发财啊！

中国工农红军政治部

告白军弟兄（中共宣传品）

士兵们！下级官长们！中国亡国的危险是在面前，我们再三向你们宣布，我们是愿意同你们一同去打帝国主义，去救中国！

你们官长要你们来打红军，不要听他们的命令！枪杀反革命的官长，选举自己的官长，来同我们一同去打帝国主义，去收回东北五省！

联合起来去打日本与一切帝国主义！

联合起来去打卖国的国民党！

红军政治部

告白军士兵（中共宣传品）

白军士兵们：

国民党说抗日必须“剿共”这是国民党的鬼话，这是国民党投降帝国主义欺骗你们来攻打工农红军！

国民党真正抗日吗？你们看吧：东三省已经出卖给日本了！上海出卖给国际帝国主义了。国民党不但不肯去抵抗帝国主义，反而帮助帝国主义来压迫反帝运动，解散反帝团体，屠杀反帝群众，派兵去缴自动抗日的十九路士兵的枪械，强迫抗日的士兵撤退，这不是国民党投降帝国主义出卖中国的铁的事实吗？

国民党为什么要投降帝国主义来打工农红军呢？因为工农红军是共产党和苏维埃政权所领导指挥的工农军队，他要用武力来推翻国民党和帝国主义，解放工人农民求得中国的独立与统一。国民党是地主资本阶级军阀官僚的集团，他是压迫剥削和屠杀工农群众，他为了挽救他们就要倒台的统治，所以更无耻的投降帝国主义，更拼死的来进攻。为工农谋解放的，真正反对帝国主义的苏维埃和红军。

白军弟兄们！你们是工农出身，不要再受国民党的欺骗，不要再来打已经得着解放的苏区工农和红军了。弟兄们，觉悟呵！同红军一齐来推翻帝国主义国民党！一同为工农兵的解放而奋斗！

中国工农红军总政治部

告进攻红军的白军士兵书（中共宣传品）

亲爱的弟兄们：

你们以工农出身为什么替军阀背枪？向工农瞄准，说来不独你们伤心愤恨，我们也同样伤心愤恨！

亲爱的弟兄们，你们总是为了饥寒的逼迫与驱使被军阀国民党的欺骗□威吓，做了自己阶级敌人的工具，这不是你们自觉的过错，我们是很懂得。

亲爱的弟兄们，你们回想回想，替军阀打了多少仗？流了多少血？你们所得到的是一些什么？还不是打骂压迫、忍气吞声、离家别妻莫［没］法照顾吗？

亲爱的弟兄们，国民党军阀欺骗你们说“红军是土匪”，你们决不要这样相信！

红军是为工农谋利益的，红军是为了帮助农民分得地主的土地，帮助工人反对资本家的剥削与压迫，红军是根本要消灭帝国主义与国民党军阀，彻底求到工农兵解放的革命武装。

你们要□得真正解放只有暴动起来，打死压迫你们的反动官长，拖枪过来当红军。

亲爱的弟兄们，赶快觉悟起来，我们是很热烈的伸手欢迎你们！

中国工农红军第一军团政治部

打倒投降帝国主义的国民党（传单）

（二月二十七日）

亲爱的白军士兵兄弟们：

日本帝国主义占领了东三省，现在又占领山海关进攻热河，整个的华北都要快被国民党军阀双手送给日本帝国主义，整个的中国快要被帝国主义瓜分了。

国民党军阀把你们的老家都送给帝国主义，热河山海关的工农群众，一批一批的被日本帝国主义的飞机大炮所屠杀，侥幸未死的也挨饿挨冻，流离失所。你们为什么不去打日本帝国主义，掉转枪头去打卖国的国民党，反来打脱离帝国主义国民党的苏维埃，自己的红军！

苏维埃政府和红军是真正反帝国主义的，在苏维埃区域已将帝国主义一切势力完全铲除了。你们记得吗？红军在长沙漳州，在长江两岸，都和帝国主义的兵舰打过仗。假使国民党军阀不来阻挡我们，那我们老早就配合着全国反日反帝的工农义勇军及自动抗日的白军士兵，和帝国主义打仗了。

国民党军阀无耻得很，他想拿“抗日”必先“剿共”的欺骗口号，来掩盖他出卖中国投降帝国主义的罪恶，但是把东三省山海关、热河送给日本帝国主义，不准自动抗日的白军士兵和帝国主义打仗，解散反日反帝的群众团体，屠杀反帝群众、反自动抗日的白军士兵，拼命进攻唯一能打帝国主义的苏维埃红军……这不是国民党军阀投降帝国主义的铁证吗？

你们再不要受国民党军阀欺骗了！赶快暴动起来！杀死反革命官长，到红军来与日本帝国主义打仗去！

（一）打倒投降帝国主义的国民党！

（二）白军士兵到红军来与日本帝国主义直接作战！

中国工农红军江西军区政治部

二月二十七日

不要替军阀白拼命！（传单）

第五师第九十六师士兵弟兄们：

国民党压迫你们来打红军，流血拼命，小军阀周浑元、陈雷却去报功，他们升了司令师长，花边装起千千万，弟兄还是死受穷，流血拼命一场空！

阵亡了的弟兄，骨头都变了灰，饿着肚子的老母妻子，还苦苦望着你们回家！

弟兄们呀！要觉悟了，和红军联合起来！

不要放一声冤枉枪，不要替军阀白拼命！

红军战士

活捉马变祸首许克祥，完全消灭周浑元吴奇伟的增援队（传单）

英勇红色战士们！

我们已经干脆消灭了周浑元两师人，取得了粉碎敌人五次“围剿”第一战的伟大胜利！

现在我们应该继续发展胜利的进攻，乘胜夺取硝石猛打猛攻，干脆消灭白军第二十四师，活捉许克祥，完全消灭周浑元、吴奇伟的增援队伍。

英勇的同志们！

冲锋号响了！敌人在我们面前发抖了！前进呀！拼命杀敌呀！勇敢冲锋呀！为着彻底粉碎五次“围剿”而战呵！为着争取独立自由的苏维埃新中国而战呵！

东方军政治部

同红军共同去抗日！（传单）

打倒出卖中国的国民党！

白军士兵们！

停放！捆着压迫你们，欺骗你们的官长，撕破卖国辱国的青天白日旗，投入真正抗日救国的工农红军，同红军共同北上抗日！

谁压迫你们北上抗日，谁就是你们的敌人！

谁压迫你们进攻真正抗日的工农红军，谁就是卖国贼！

要抗日救国，就要打倒卖国的国民党！

中国工农红军“开”政治部

九月

揭破许克祥的欺骗！（传单）

许克祥对你们说：

一九二七年马夜事变[1]，共产党怀恨在心，捉了二十四师的士兵，搜肠刮肚不留情！

其实这是欺骗你们，许克祥是工农的仇人，我们对他不客气，二十四师的士兵弟兄却是不相干，不要担心，红军向来优待白军弟兄。

当然也欢迎二十四师的弟兄来当红军！

反对许克祥喝兵血！（传单）

许克祥剥削士兵利［厉］害的很，想起一件事，讲给你们听，去年你们从南昌运来棉衣，许克祥假说：“没运费”，把几万运费扣干净！

你们想：当兵穿衣服还要贴运费！

天下哪有这样无脑事情！

组织士兵会，□□许克祥的□！

打倒喝兵血的许克祥！

---

① 马夜事变，即马日事变。1927年5月21日夜，驻守长沙国民党反动军官许克祥率军捣毁了“湖南总工会”“农民协会”“农民讲习所”等中共控制的组织革命机关、团体，解除工人纠察队和农民自卫军武装，释放所有在押的土豪劣绅，共产党员、国民党左派及工农群众百余人被杀害。事变后，许克祥与国民党右派组织了“中国国民党湖南省救党委员会”，继续疯狂屠杀共产党人和革命群众。因为事变这天中文电报用韵目“马”字代表21日，所以称这一事件为“马日事变”。

暴动当红军！

红军政治部

刀匪头子是国民党地主资产阶级的忠实走狗（中共宣传品）

被刀匪头子欺骗的群众们：

刀匪头子是国民党地主资产阶级的忠实走狗，他欺骗和压迫你们当刀匪说：在苏区每个人都要当红军，不当红军用□□去，开了小差就要杀头，这都是欺骗你们的鬼话。很明显的事实，在苏区当红军的都是自动去的，开小差的同样要用教育说服的精神，使他自动归队，并无丝毫的强迫。我们欢迎你们回来参加革命，看看我们苏区工农群众生活怎样。在刀匪这边始终是不能解放你们的，而且天天受压迫，都是为反革命派做事。到了苏区能够得到分田胜利，婚姻自由，言论集会结社自由等多么光荣呵！

告靖卫团丁书（中共宣传品）

团丁弟兄们！

你们不是受土豪豪绅的压迫剥削，难谋生活痛苦难忍，无奈去当团丁吗？或者是再不忍受土豪劣绅的压迫剥削，想求报仇，跑去当团丁吗？现在你们的痛苦解除了吗？□敌报□么？你们家里的父母妻子还是受土豪劣绅重租重苛捐杂税的剥削、无理的压迫，自己受着靖卫团总团长的打骂欺骗。弟兄们，警醒呵！告诉你们的出路。

苏维埃政府之下的群众，已从豪绅地主压迫剥削之下解放出来了，农民分得了土地，工人实行了八小时工作制，工资增加，红军士兵也分得土地，家属有人优待，待遇平等，到处受着工农群众的慰劳拥护。

弟兄们！我们的工农红军在湖南、湖北、安徽、河南连打了五次大胜仗，活捉了几个师长，缴的很多的枪炮、子弹，在福建打下了漳州、龙岩，缴到兵工厂、飞机。现在红军正在前线消灭国民党军阀，帮助劳苦群众谋利益，求解放。弟兄们！起来，响应红军。

我们到来，是为你们谋利益，求解放，找出路，你们不要受豪绅地主的工具——靖卫团总团长的欺骗，觉悟吧！学宁都城二十六路军暴动的精神，杀死欺骗压迫你们的反动团总团长，拉起红旗子来，组织游击队，建立自己的政权苏维埃政府，打土豪，分田地，这样才能解除痛苦，才是出路。

我们高呼：

学习二十六路军的精神是暴动起来！

杀死反动的团总团长，拖枪来〈当〉红军！

建立自己的苏维埃政府！

打土豪分田地！

中国工农红军江西军区第四分区政治部

一九三二年七月二十二日印

中国人不打中国工农红军（中共宣传品）

广东的士兵兄弟们！

你们当兵不是为了弄几块毫洋来养家过日么？但是四月份以后的饷银，你们不是没有领到手么？你们每星期只能借到六毛毫洋，连零用都不够，哪里还够养家过日呵！

你们的军官不是常说红军杀白军士兵么？但是去年水口战争时，你们负伤的士兵弟兄们，我们不是代［给］他们上药么？你们缴枪的士兵弟兄们，我们不是很好的让他们回去么？你们应当明白了吧！你们的军官是欺骗你们的！工农红军对于工农出身的白军士兵弟兄们，不管是哪一省人，都是很优待的，我们热烈的欢迎你们，拖枪哗变当红军！

你们的军官不是常说要“抗日”么，但是却集中军队在赣南，占据我们的苏区，而不派一兵一卒去北上抗日，反而来攻打中国工农红军，这是什么道理？你们要知道：工农红军是反对帝国主义的，所以陈济棠和蒋介石一样，都要强迫你们来打工农红军！

广东的白军弟兄们！工农红军一再宣言，愿意同你们一同去抗日反帝，但是蒋介石、陈济棠和你们的官长都对我们的宣言置之不理，反而说什么“抗日必先剿共”，来打真正反帝国主义的工农红军。你们应该掉转枪头，杀死反革命的军官，来同我们一块去打日本帝国主义！

工农出身的士兵不打工农红军！

打倒压迫你们的反革命军官！

同红军联合起来去打日本帝国主义！

中国工农红军总政治部

八月二十日

对靖卫团宣传口号

（有大刀会的地方，可以加上写“大刀会”——换过名称亦适用）①

（1）靖卫团丁们！你们都是工农出身，不要替豪绅地主来进攻苏区，屠杀工农！

（2）靖卫团丁们！工农是你们的弟兄，豪绅地主是你们的死敌人！

（3）推翻国民党的统治才是你们唯一出路，靖卫团丁们！你们不要受豪绅地主反革命的欺骗压迫到苏区来牵牛杀猪，抢粮食劫东西，屠杀工农！

（4）靖卫团丁们！你们的父母妻子受尽豪绅地主剥削压迫在家挨饿，为什么你们还甘心为豪绅地主拿枪来屠杀你们兄弟工农呢？

（5）靖卫团丁们！白军靖卫团大刀会是豪绅地主进攻革命、屠杀工农的工具，红军游击队是工农的武装，靖卫团丁弟兄们，你们不要去当豪绅地主的武装——靖卫团，赶快来当工农自己的武装！游击队红军好。

（6）靖卫团丁们！你们只有快暴动过来当红军，消灭豪绅地主，推翻国民党统治，才是你们唯一出路！

（7）靖卫团丁们！红军的伟大胜利，苏维埃运动的大大发展，快要葬

① 原文献如此，意思是可以把文中的“靖卫团”写成“靖卫团大刀会”或者“大刀会”，以此作为存在大刀会势力的地方的宣传口号。

送豪绅地主反革命到坟墓中去！

（8）靖卫团丁们！你们要使父母妻子有饭吃，就要赶快暴动起来当红军。

（9）欢迎靖卫团丁拖枪来当红军和游击队！

（10）欢迎靖卫团丁实行土地革命，回家来打土豪分田地！

（11）欢迎靖卫团丁暴动起来，消灭豪绅地主，推翻国民党统治！

（12）欢迎靖卫团丁暴动起来，与你们兄弟工农团结起来，消灭阶级敌人去！

（13）欢迎靖卫团丁暴动起来，实行民族革命战争，反对日本及一切帝国主义瓜分中国，进攻中国革命！

（14）只杀靖卫团首领，不杀靖卫团丁！

中共黎川县委员会印发

五月三日

附录 《石叟文库》目录

1–1

1. 工农报 第十三期 一九三四年三月一日

（1）为出版工农报给各地工农兵通讯员的信

（2）发刊工农报的计划

（3）怎样写工农报的通讯

（4）第二次通讯员研究大纲

（5）通讯员的新的便利

（6）光荣的红匾

（7）我们的邮箱

2. 列宁青年 第一期 一九三四年七月十日

（1）少共国际关于共产国际十二次全会的决议

（2）青年之法西斯化和军事化与共产青年团的任务——少共国际关于十三次全会的决议

（3）关于青工运动的问题——少共国际来信

（4）关于白区团的组织问题——少共国际来信

3. 红旗 第一期 一九□□年十一月十八日

4. 小报 第一期 一九二八年十一月十九日

5. 努力 第五期 一九三三年八月六日

6. 红校斗争 第五期

（1）□文栏

1）准备我们的“八一”

2）怎样去完成竞赛工作

（2）军事栏

1）怎样建立军事研究组的工作

2）手榴弹的研究

（3）党团的生活栏

1）七月六日的活动分子会

2）谁忽视青年工作就是削弱政治工作

（4）红板与黑板栏

1）自我批评三则

2）高兴区印象记

3）编辑部启示

7. 红星　第三十一期

1–2

1. 突击　第二期　一九三四年二月十六日

2. 江西工人　二十一期（一九三四年六月一日）、第十三期（一九三四年六月九日）

3. 南方周报　第八期（一九五一年二月二十四日）、第十一期（一九五一年三月十七日）、第十七期（一九五一年四月二十八日）

4. 苏区工人　第五期（一九三三年十二月二十五日）、第十一期（一九三四年三月二十五日）、第十二期（一九三四年四月）、第二期（一九三二年五月二十五日）、第三期（一九三二年六月十一日）、第二十期（一九三四年六月十五日）、第二十一期（一九三四年六月二十二日）、第二十五期（一九三四年七月二十五日）、第二十六期（一九三四年八月四日）

1–3

1. 时刻准备着　第一期至第十八期（不全）　一九三三年十月五日至一九三四年七月二十五日

2. 铁拳　第二期至第四期　中国工农红军第一方面军政治部　一九三三年十月二日至十一月一日

3. 火光　第一期　一九三三年五月三十日

4. 新闻汇报　河排政治部

5. 无线电日讯　第一六九期至一九六期

1–4

1. 赣东战线　第一、二、四、五、六期　中共宁都县委　一九三二年七月一日——一九三二年八月二十一日

2. 三师生活　第一、二、四期　红军独立三师政治部　一九三二年一月九日——二月十七日

3. 瑞金红旗　第七期至第十三期（不全）　中共瑞金县委　一九三一年十一月三十日

4. 红色江西　第四期至二十期（不全）　江西省一级机关报　一九三四年六月二十六日

5. 红的江西　第二期至第十八期　江西省苏维埃政府　一九三二年十一月七日

6. 红色中华主要名词的解释　中央教育部编　一九三三年六月

7. 红色闽赣　第三期至第八期（不全）　闽赣省一级机关报　一九三四年二月

8. 红色闽北　第二十六期至二十九期　一九三二年十一月十五日

9. 赤色儿童　第一期　江西省儿童局机关报

10. 猛攻报　第六十四期

11. 艰苦斗争　第二期　中共公略县委

12. 拂晓　第三、六期

13. 战士　第六十九期

14. 火线　第一二二期至一三一期　一九三四年四月十三日

1–5

1. 无线电日讯　第二三二号至二四八号

2. 战士副刊　第十四、十七、十八期　一九三二年七月

3. 红星画报　第一、四、五、十二期

2–1

1. 八路军斗争四字经

2. 党内讨论大纲之一：什么是共产主义（一九三二年二月十五日）

3. 共产主义的ABC　布哈林著作　一九三二年

（1）资本主义制度

（2）资本主义制度的发展

（3）共产主义与无产阶级专政

（4）资本主义发展怎样达到共产主义革命（帝国主义战争与资本主义的崩坏）

（5）第二国际与第三国际

4. 新民主主义的政治与新民主主义的文化　毛泽东著作　一九四〇年一月十五日

5. 论新阶段　毛泽东著作　一九三八年十二月

（1）五中全会到六中全会

（2）抗战十五个月的总结

（3）抗日民族战争与抗日民族统一战线发展的新阶段

（4）全民族的当前紧急任务

（5）长期战争与长期活动

（6）中国的反侵略战争与世界的反法西斯运动

（7）中国共产党在民族战争中的地位

（8）召集党的七次代表大会

6. 论抗日战争的形势及其教训与胜利的关键——毛泽东与梅杰·堡脱兰谈话① 一九三七年十月二十五日

（1）共产党与抗日战争

（2）中国的外交政策与国际和平阵线

（3）抗日战争的形势及其教训

（4）在抗日前线的八路军

（5）抗日阵线的投降主义

（6）民主与抗战

（7）其他问题

7. 毛泽东与中共社等记者谈话

8. 论目前抗战形势　周恩来著作　一九三八年十月二十五日

2–2

1. 江西省委宣传部通信　第五至十四号（不全）

（1）宣传队的组织训练及工作方法　通信第五号　一九三三年七月九日

（2）粉碎敌人五次“围剿”的宣传动员工作　中共江西省委宣传部通讯第七号　一九三三年八月十五日

（3）国际青年节拥护国际反帝非战代表大会宣传工作　中共江西省委宣传部通讯第八号　一九三三年八月十六日

（4）在粉碎敌人五次“围剿”的政治动员中加紧白区白军宣传工作　中共江西省委宣传部通信第十号　一九三三年八月二十四日

（5）关于十月革命节宣传工作　中共江西省委宣传部通信第十一号　一九

① 即英国《每日先驱报》特派记者贝特兰（James Bertram，1910—1993），1937年10月25日贝特兰在延安采访了毛泽东。

三三年十月十一日

（6）十月革命节宣传工作初步检阅 中共江西省委宣传部通信第十二号 一九三三年十月二十九日

（7）广暴宁暴纪念宣传工作 中共江西省委宣传部通信第十三号 一九三三年十一月十四日

（8）怎样准备宣传鼓动员训练班工作 中共江西省委宣传部通信第十四号 一九三三年十一月二十一日

（9）怎样去领导俱乐部列宁室工作 中共江西省委宣传部通信第六号 一九三三年七月十二日

2. 东委通信 第二期 一九三一年四月二十三日

（1）为提高同志政治水准加强团的领导力量给万安各级团部的信

（2）少共万泰河东委员会

3. 东河通讯 第二号 青年团工作问题 一九三〇年十一月十日 兴国县行委翻印

4. 党的工作 第一至七期 中国工农红军总政治部出版 十三军三十六师政治部翻印

（1）党的工作 第一期 发刊词 一九三二年十月

（2）党的工作 第二期 怎样编小组 一九三二年九月十六日

（3）党的工作 第三期 党的领导问题 彭祜[①] 一九三二年九月二十六日

（4）党的工作 第四期 一九三二年十月三日

（5）党的工作 第五期 一九三二年十月十三日

---

① 彭祜，1926年加入中国共产党。曾在中共宜章县委任交通员、组织干事。1927年冬任中共宜章特别支部组织干事，年底担任中共宜昌县委组织部部长。1928年1月参加湘南起义；4月随朱德部上井冈山。在红四军先后任连党代表、营党代表、中共第二十九团团委组织委员。当选为中共湘赣边界特委委员、红四军军委委员。参加了巩固发展井冈山革命根据地的斗争。1929年先后任红四军政治部组织科科长、第二纵队第五支队党代表、第二纵队党代表兼中共纵委书记。在中共红四军八大上当选为前委委员。12月出席古田会议。1930年夏调任红四军第一纵队政治委员兼中共纵委书记；6月成立红一军团，担任红四军政治部主任兼组织科科长。同年冬改任师政治委员。1932年担任红一军团政治组织部部长兼中共军团党务委员会书记。1933年秋调任闽赣军区政治部主任，并任中共闽赣省委委员，闽赣省苏维埃政府政治保卫局委员。1934年10月中央红军主力长征后，留在原地。1935年5月8日，在福建大田紫山被俘叛变投靠国民党反动当局。后入国民党福建省反省院，写出《误入歧途与悔悟归来》自首反共文章。1937年5月被释放归乡。1941年加入国民党。1949年湖南解放后重新混入革命队伍，在湖南省民政厅工作。后被湖南省委书记黄克诚发现，逮捕归案，1953年被人民政府以反革命罪处决。

2–2[①]

1. 澈［彻］底转变党的工作　五军团政治部　十一月三日

2. 党的工作　第七期

（1）开展红军中党内的思想斗争

（2）小组会讨论大纲——开展反倾向的思想斗争

（3）团的工作青年化与工作方式的转变

（4）怎样健全支部工作与改善支部生活?

（5）总直属队十月份支部工作竞赛的总结

3. 党的工作　第八期

（1）动员党团员进行政治工作

（2）三军党的工作状况

（3）在转变中的廿二军党的工作

4. 省委政治通讯　第一期

（1）安徽政治状况及党的工作方针决议案（省委通告第二号）

（2）政治宣传问题（省委通告第三号）

（3）反帝国主义问题（省委通告第四号）

（4）省委致皖北特委信（一）（二）

（5）省委致六安县委信　附六安县委报告（一）（二）

（6）省委致怀宁县委信

（7）省委致寿县县委信

（8）省委致潜山县委信

（9）省委致郎溪同志信

（10）省委致无为县特区委信

（11）济南事件与反日行动大纲

（12）济南事件宣传大纲（中央宣传科）

5. 党团是什么（不全）

6. 党的建设问题的决议案

（1）全部工作的检阅

（2）造成这种不健全的总原因

（3）全部工作的转变问题

（4）加紧两条战线斗争实行党的转变

① 文献有两册，都编为“2–2”。

（5）团的工作问题

2–3

1. 党的建设讲义

2. 党的建设讲授提纲

3. 共产党党章　中国出版社出版　一九三八年八月

4. 中共六中全会决议和宣言　中华日报馆　一九三八年十二月

（1）抗日民族自卫战争与抗日民族统一战线发展的新阶段

（2）告全国同胞　全体将士和国共两党同志书

（3）关于召集七次全国代表大会的决议

（4）致蒋委员长电

（5）致东北义勇军及全体同胞电

（6）致八路军新四军电

（7）致日本共产党电

（8）致西班牙共产党中央电

（9）致各国共产党电

2–4

1. 共产党宣言

（1）一八四七年共产党宣言

（2）恩格斯共产主义原理（恩格斯的共产党宣言初稿）

（3）一八七二年恩格斯马克斯［思］宣言合序

（4）恩格斯一八八三年序

（5）恩格斯一八九〇年序

（6）马克斯［思］雇佣劳动与资本

（7）恩格斯两封未发表的信

2. 中共宁都县委通知第十六号　发展党的组织，加强党的领导　一九三二年六月十日　附：各区在六月份扩大红军和发展党的数目表

3. 关于建立支部机关报的问题　红军五军团政治部通知　一九三三年四月十日

4. 江西省行委紧急通告第六号　实行阶级决战的动员问题　一九三〇年十一月二十四日

5. 关于国际青年节的工作指示　红军总政治部　一九三二年八月二十五日

6. 党的组织问题　新党团员训练材料之一

7. 少共永丰县委紧急通知第二号　关于发展团的运动工作

8. 建立军中各级党部并宣布成立师委　师委通告第一号

9. 巩固党的组织——小组会讨论提纲　中共江西省委宣传部　一九三四年三月十二日

10. 少共苏区中共局关于冲锋季中发展团和改造团的具体计划

11. 省委三个月组织工作计划

12. 南广县委通知　关于几个组织问题

13. 七月份关于组织部　工作计划给各区委的指示信

14. 中共黎川县委常委会通过组织工作计划　一九三三年四月三日

15. 对组织工作给各级政治部及党的委员会指示信

16. 中共宁都县委通知第四号　关于执行中共局与省委三个月的组织工作计划的动员

17. 关于区委的组织与工作

18. 关于改选支部、区委的决定

2–5

1. 党的组织状况　中共江西省委印　一九三三年九月三十日

2. 四五师党政委员会通知　一九三二年六月二十七日

3. 中共县委通知第十五号　六月七日

4. 县委常委会通过关于处分□□□同志的问题　少共黎川县委　九月十八日

5. 团中央关于□□□同志的决议　一九三二年一月十日

6. 团中央决定开除□□□同志团藉［籍］的决议　一九三二年二月十日通过

7. 中共广昌中心县委撤销□□□同志甘竹区委书记的决定　四月二十六日

8. 开除团籍问题　少共公略县委

9. 中共宁都县临时委员会通知第八、十二、二十二、二十三号党纪处分

10. 第一军团党务委员会通知关于党籍的决议　七月八日

11. 关于征收团费问题　团中央局组织部

12. 万泰党县委党费问题通知　六月二十日

13. 一二两月动员工作计划　中共永丰县委

14. 十月份工作检查与十一月份工作大纲　红军江西军区政治部印　一九三二年十一月六日

15. 省委目前巡视工作大纲　一九三一年十一月十六日

16. 目前巡视工作大纲　中华工农红军第三集团军总政治部印　一九三一年

十二月十日

17. 目前的政治形势与建黎泰党的任务 中共黎川县委

18. 省委接受中央局对“目前政治形势的分析与苏区党的紧急任务”的决议 中共江西省委印 一九三二年三月十五日

19. 中央局通过关于红五月工作的决议案 四月二日

20. 关于红色五月工作决议 中共资溪县委印 一九三三年四月二十七日

21. 今年“红色五月”工作问题 中共万泰东委员会翻印

22. 红军中党的工作 中国工农红军总政治部出版 一九三四年五月十日

23. 白区团的任务 团中央 九月五日

（1）在革命危机增长中白区团的任务

（2）青年义勇军组织条例

（3）团号召青年工人和劳苦群众斗争纲领

（4）中央关于斗争纲领的决定

（5）在失业工人运动中团的任务

（6）在组织上海纱厂工会中团的任务

3–1

1. 支部工作改造大纲 中国工农红军三十八师政治部印 一九三二年十月二十五日

2. 支部工作摘要 中共资溪县委组织部印 一九三三年五月十六日

3. 中国共产党军团政治部训令 关于九月份的中心工作 附：粉碎五次“围剿”宣传大纲 一九三四年九月二日

4. 坚决的最后的澈［彻］底粉碎五次“围剿”宣传讨论大纲

5. 少共苏区中央局决议 十月革命纪念节中团的工作 江西军区政治部翻印

6. 扩大会关于进行五六七三个月工作计划的决定 少共江西省委印 一九三四年四月十二日

7. 军区直属队总支部 对十月份工作总结和近日工作计划 中国工农红军江西军区政治部印 一九二二年十一月一日

8. 总政治部党务委员会通知 永远开除□□□的党籍

9. 关于党的组织工作给各级党部及突击队的一封信 闽赣战地委员会

10. 松滋特奸案秘密文件 共党组织系统和工作检讨纲要 民训会抄呈

11. 中共中央政治局通过 关于统一抗日根据地党的领导及调整各组织间关系的决定 中华民国三十一年九月一日

12. 东北救亡总会训练部编订　对国民党工作八项纲领与发动武汉人民大革命计划原案及东总周年改组原则

13. 中国共产主义同盟筹备宣言　一九三六年二月十日

14. 中国共产党中央委员会　为抗战四周年纪念宣言　中华民国三十年七月七日

15. 各类宣言及告民众（战士、工友、弟兄）书

16. 党团各项统计表格

17. 团员登记与每月组织报告表

18. 几个政治问题讨论纲要　中国工农红军第一军团政治部　一九三二年六月九日

19. 党员须知　中共苏区中央局宣传部印

20. 关于苏区新团员入团手续的决议　少共苏区中央局　一九三二年五月一日

21. 接受中央局和省委关于征收团员运动给各级团部第二封指示信　少共黎川县委

22. 目前行动的报告大纲　红军总政治部

23. 目前巡视总领与支部工作报告大纲　中国工农红军第一军团政治部印

24. 会昌工作教训　中国工农红军第三军团总政治部印　一九三一年十一月

25. 中共宁都县委通知　第十九号　出席党代表大会选举法　一九三二年六月十二日

26. 全县党的活动分子会议　各区竞赛条约　中共黎川县委印　一九三三年六月二十一日

27. 中共苏区中央局通过关于党的发展问题决议案　江西军区政治部翻印　一九三二年十月十日

3–2

1. 宁都全县各区分组革命竞赛条约　中共宁都县委印　一九三二年六月三十日

2. 建立政治委员制度

3. 新党员训练大纲　中央革命军事委员会总政治部编　一九三二年一月

4. 关于红军中共党的工作训令报告大纲　中国工农红军江西军区政治部翻印　一九三二年十月三日

5. 支部工作报告大纲　少共中央局组织部印　一九三三年九月二十七日

6. 十二月份工作报告大纲　少共广昌中心县委

7. 关于青年干部训练

8. 关于开办训练班的问题　闽赣省革委会训令第三十二号　一九三三年九月

十三日

9. 江西省教育部命令第二号　一九三三年七月二十九日

10. 国家政治保卫局闽赣省分局训令第一号　纠正过去工作中的错误　一九三三年十一月二十日

11. 红军中共产青年团员教育纲要　中国工农红军总政治部编印　一九三二年六月

12. 党的组织状况　中共江西省委印　一九三三年九月三十日

（1）发展与巩固党的组织状况

（2）支部工作

（3）区委工作

（4）干部问题

（5）边区新区党的组织状况

（6）地方武装党的组织状况

13. 中共宁都县委通知第十七号　关于建立宣传鼓动工作的问题　一九三二年六月十一日

14. 关于红五月动员的宣传教育工作计划　中共江西省委宣传部　一九三四年四月八日

15. 中共江西省委宣传部通信第三号　关于党的教育工作　一九三三年六月十三日

16. 中共宁都中心县委通知第三号　关于开办第一期实习班　七月五日

17. 团员教育纲要　一九三二年五月十五日

18. 青年团员读本第一册

第一课　为什么要读这本书

第二课　共产青年团是什么

第三课　共产青年团的主张

第四课　共产青年团的组织

第五课　支部工作

第六课　怎样才算是模范团员

19. 共产党共产青年团儿童团讲授大纲　中央教育部编　一九三三年五月出版

20. 内部训练材料摘要　江西红色第四分医院院委翻印　一九三一年八月二十九日

第一节　怎样做个CP党员

第二节　怎样做支部工作

第三节　怎样开支部会

第四节　秘密工作须知

第五节　党的组织系统

第六节　党的组织问题

第七节　训练问题

21. 瓦解敌军工作揭破敌人欺骗宣传——给各区委宣传部的指示　少共兴国县委宣传部

22.“二七”纪念宣传大纲　苏区中央局

23. 五日宣传鼓动训练纲要　八月二十八日

24. 列李卢纪念周宣传大纲　红军第四军政治部翻印　一九三二年一月十三日

25. 列李卢纪念报告大纲　红军大学政治处翻印

26. 中国工农红军总政治部通知关于列李卢纪念周

3-3

1. 猛进　广暴宁暴纪念专号　中国工农红军总政治部　一九三三年十二月十日

2. 对医院的十天工作计划——十二月十九〈日〉起〈至〉二十九日止　红军五军团政治部　一九三二年十二月十八日

3. 宁都兵暴周年纪念宣传大纲　中国工农红军五军团政治部　一九三二年十二月十日

4. 为广州暴动宁都暴动的纪念　中国工农红军总政治部　一九三二年十二月四日

5. 为纠正党员过去坏的现象与指示今后中心工作　安徽临委通告　六月六日

6. 向怕苦动摇群众斗争　红军总政治部

7. 庆祝红一方面军一九三三年的两次大胜利的宣传大纲　中国工农红军总政治部印发　一九三三年一月十三日

8. 关于庆祝克复［服］赤面寨宣传纲要　一九三□□十一月□日

9. 庆祝克复［服］石寨举行全县地方武装誓师大会　中共宁都县委　一九三二年七月二十九日

10. 广州暴动五周年纪念宣传大纲

11. 广州暴动六周年纪念报告大纲　中共中央宣传部印

12. 十月革命（活报）

12. 广州暴动四周年纪念宣传大纲　中共中央宣传部印

13. 为宁都广州暴动的纪念　中国工农红军总政治部　一九三二年十二月四日

14. 告国民党军队的士兵兄弟们　十九路和新二师的四千士兵同启　一九三三

年九月三日

15. 告白军弟兄书 红军政治部

16. 对白区工农的宣传纲要 第一军团政治部

17. 白区宣传工作须知 红军总政治部

18. 各种纪念 中央局宣传部编印

19. 纪念十月革命与拥护全苏大会宣传大纲 中央革命军事委员会总政治部 一九三一年十月二十四日

20. 纪念宁都暴动开展群众的瓦解白军工作——五分钟报告大纲 赣南军区政治部

21. 纪念赵博生同志

22. 纪念巴黎公社特刊每周宣传纲要第七期 中国工农红军总政治部中共苏区中央局宣传部 一九三二年三八节出版

23. 收集公粮谷宣传大纲 中共广昌县委

24. 第二次各区宣传部长联席会决议 少共广昌中心县委

25. 准备上海暴动与巴黎公社纪念节的工作 中共苏区中央局

26. 宣传鼓动中心工作 政治部宣传科

27. 宣传教育工作报告大纲 江西苏区省委

28. 中国共产党宣传员工作日记

3–4

1. 安福县委宣传工作的指示与标语口号 公函 第六号 中共安福县委印

2. 宁都暴动两周年纪念宣传要点 方面军政治部 一九三三年十一月二十九日

3. 宁都兵暴周年纪念宣传大纲 红军五军团政治部 一九三二年十二月五日

4. 写贴标语口号注意事项 红军总政治部 一九三二年六月八日

5. 对受伤战士宣传要点 中共一军团政治部 一九三二年六月十九日

6. 对白军喊话纲要 中共兴国政治部

7. 对俘虏兵宣传纲要 中共一军团政治部 一九三二年六月十九日

8. 苏联十月革命十二周年纪念宣传大纲 一九二九年十月三十日印

9. 十月革命十五周年纪念节工作大纲 红军江西军区政治部 一九三二年十月二十日

10. 中央局关于准备十月革命十五周年纪念节工作决议 中央局 一九三二年十月五日 江西军区政治部翻印 一九三二年十月十四日

11. 十月革命十五周年纪念节宣传大纲 苏区中央局 一九三二年十月五日

12. 中央局宣传部关于十月革命十六周〈年〉纪念及中华苏维埃临时中央政府两周〈年〉纪念的宣传鼓动工作给各省委县委的信

13. 苏联十月革命十六周〈年〉纪念讨论大纲　中央局宣传部

14. 十月革命十七周年中共中央政府成立三周年纪念宣传大纲　中/少共兴国县委　一九三四年十月二十八日

15. 鼓动作战要点　一九三四年七月二日　军团政治部印发

16. 中共宣传品

（1）中国共产党江西省委员会告全省模范营战士书

（2）告陈诚部下的士兵同志

（3）看谁杀人放火?

（4）红军士兵歌

（5）拥护红军抗日先遣队伍的大胜利!

（6）占领水口！逼近福州!

（7）日本海军陆战队登岸备战

（8）国民党调兵遣将阻挡红军对日作战

（9）告西北线上白军士兵的话

（10）告国民党军队的士兵兄弟们

（11）中国工农红军总政治部告白军弟兄书

（12）告七十九师弟兄书

（13）红军北上抗日先遣队告白军官兵书

（14）你们这样当兵值得吗?

（15）实行六大纲领救中国

（16）告诉白军士兵到红军中来的办法

（17）号召白军士兵对日作战!

17. 中央儿童局为怎样来纪念今年的十月革命节给各省县区儿童局的信

18. 中共苏区中央局关于五一劳动节的决定　中国工农红军总政治部翻印　四月十八日

19. 构筑赤色堡垒粉碎敌人五次“围剿”宣传大纲　东方军政治部印　一九三三年十月二十九日

20. 最近部队中的宣传动员要点　中共“为”政治部印

21. 最近（八月）对部队中的宣传鼓动大纲，中共“奋”政治部[①]印发　一九

①“奋”政治部，指红三军团政治部。

三四年八月五日

22. 关于国民经济总崩溃的扩大及白区工农斗争的开展问题的表解，红校政治部印

23. 国际青年节宣传大纲　少共苏区中央局

24. 五一国际劳动节宣传大纲　中央苏区反帝拥苏总同盟会　一九三四年三月二十九日

25. 目前政治形势宣传纲要和材料　红军一军团总政治部　一九三二年八月十日

26. 目前作战宣传鼓动材料　红军一军团政治部　一九三二年六月五日

27. 关于目前几项宣传鼓动工作　中共宁都中心县委　七月十六日

28. 全军团以上宣传会议决议案　红四军政治部印

4–1

1. 怎样做宣传鼓励工作？一九三二年四月十五日

2. 八一纪念的标语

3. 八一纪念的口号

4. 中共兴国县委宣传部通信　第三号、关于党的教育工作及扩大两个工人师和少共国际师的宣传鼓动工作的决议　一九三三年六月二十八日

5. 少共江西省委　告劳苦青年群众们

6. 中国共产党中共决议案　讨论纲要　红军第四军政治部宣传科编

7. 中共闽赣省委紧急通知　关于庆祝红军胜利大会

8. 积极准备红五月军事政治大检阅的运动大会

9. 中国共产党黎川县委员会　为澈［彻］底消灭AB团等一切反革命告工农群众书

10. 中国共产党广昌中心县委员会为告大刀会弟兄们几段话　一九三三年十二月二十二日

11. 在苏维埃选举运动中央进行下列的革命竞赛

12. 中共宣传品

（1）苏区台湾朝鲜民族代表告白军军官和士兵弟兄书

（2）告白军士兵歌

（3）少中共苏区中央局　告工农劳苦群众与红色战士书

（4）纪念八一告全军团红色战士书

（5）中国共产党苏区中央局　告前线红军战士书

（6）告白军士兵传单

13. 共党宣传品

（1）致前方红军战士电

（2）少年先锋队江西省队部　为土地，为自由，为苏维埃政权告全省队员书

（3）闽赣军区少队部与武装保护秋收　告全省少先队员的书

（4）加强少先队中无产阶级的领导——青年工人雇农一致加入少年先锋队

（5）我们是中国工农红军抗日先遣队

（6）为树立少共国际师无产阶级骨干而斗争

（7）中国人不打中国工农红军

（8）纪念九一八粉碎帝国主义国民党的二次“围剿”

14. 九一八纪念的标语

15. 广昌县苏通知第三号　关于拥护全苏大会问题

16. 胜利党团县委　为自由为土地为苏维埃政权告全县工农群众书　一九三四年十月十一日

17. 少共赣西南特区委通告第二十一号　少队儿童团的组织与工作　一九三一年四月二十日

18. 少共赣西南特区委通告第二十一号　少共万泰河东委员会翻印

19. 余泽鸿编　省委审定　怎样组织群众示威　一九三二年一月二十一日

20. 组织材料之一　少共江西省委组织部　一九三三年三月八日

21. 白区的群众工作　红四军军政治部印　一九三一年十月十八日

22. 群众工作决议　军团政委以上工作人员会议通过

23. 关于群众工作指示的一封信　中共工农红军第三军团政治部

24. 群众工作中几个重要说明　中国红军第三军团总政治部　一九三〇年十二月十七日

25. 论学生运动目前的形势　中共安福县委员会翻印　一九三三年二月

26. 区书联席会议决议案大纲　中共公略中心县委

27. 团小组会三个月讨论材料　红军四军政治部编印

28. 团的小组讨论大纲　中共工农红军总政治部印发

29. 中共江西省大会政治决议报告大纲　中共江西省委　一九三三年十月十二日

30. 中央局组织部为召集省代表会议　县区代表会议支部大会的问题给闽粤赣三省党部的信　一九三三年七月八日

4-2

1. 政治讨论会讨论大纲　三一师政治部

（1）为什么会来个四次“围剿”？

（2）四次“围剿”的组织者？

（3）国民党的军事动员怎样？

（4）四次“围剿”与三次“围剿”的不相同

（5）四次“围剿”的最大困难为什么是在于反革命力量大大削弱，工农民众革命力量大大增加

（6）四次“围剿”的结果会怎样？

2. 列宁小组讨论大纲　第二册　江西军区政治部编印　一九三二年八月

（1）目前的政治形势

（2）目前政治的中心任务

（3）中央苏区从三次战争胜利后犯了些什么右倾机会主义的错误

（4）怎样去做地方团和青年工作

3. 五中全会决议支部讨论大纲　中央宣传部编　一九三四年三月五号印

（1）四中全会以来革命形势的发展

（2）党在四中全会后三年中得到的一些成绩

（3）党目前最紧急的战斗任务

4. 五中全会决议支部讨论大纲　中央宣传部编　三月五号　中国工农红军总政治部翻印　三月十三日

5. 一切为了保护苏维埃的讨论提纲　总政治部编印　十月五日

（1）一年来我们保卫苏区得到了那些伟大的成绩

（2）我们党如何正确的运用了列宁主义的斗争方式的原则而得到了伟大的成绩？

（3）开展反机会主义的斗争保证党的总的进攻路线的胜利

6. 党的小组会讨论大纲　江西军区政治部印发　一九三二年十一月六日

（1）战争紧急动员的意义是什么？

（2）为什么要加强党在紧急动员中的领导

（3）我们应该怎样来紧急动员

（4）为什么要加紧党的两条战线的斗争

7. 党的小组会讨论大纲　苏区党第一次代表大会总结　中央革命军事委员会总政治部编发　一九三一年十二月二十八日

8. 省委来信与县委接受省委指示信的决议　中共宁都临时县委　一九三二年六月二十七日印

（1）省委来信

（2）县委接受省委指示信的决议

9. 对于目前肃反工作与消灭团匪土匪刀匪工作的决定　中国广昌中心县委　一九三四年四月十日印

10. 中央局给苏区各级党部的指示信——关于动员群众参加革命战争执行后方工作的问题　一九三二年三月八日　中共瑞金县委翻印

11. 少共永丰中心县委关于经济法权部工作给各区委一封信　一九三三年九月二十七日

12. 省委对资溪县委的指示信——关于资城事变问题　中共闽赣省委

13. 给独立第六师政治部的一封信　江西军区政治部　一九三二年三月十日

14. 中央局给各级党部的信——关于反AB团及其他反革命派别的斗争问题　中华工农红军第三集团军第二师政治部翻印　一九三二年一月四日

15. 扩大红军问题决议案　三集团军第二师政治部翻印　一九三二年一月八日

16. 为青年运动致各级党部的信　中共宁都临时县委　一九三二年六月十日

17. 中共宁都县委为转变工作方式致各级党部的信　六月三十日

18. 苏维埃区域少年先锋队的性质与今后工作——少共苏区中央局对苏区少先队第一次代表大会提案之二　一九三一年十二月二十九日

19. 关于赤少队突击运动给各级党部的指示　中央组织局　三月二十六日

20. 国家政治保卫局江西省分局训令新编第一号——关于强大赤少队　一九三四年三月八日

21. 青年队的组织与工作方法　中国工农红军江西军区政治部编印　一九三二年十月三十一日

22. 青年工作大纲　中共宁都临时县委印　一九三二年一月二十五日

23. 各军执行三个月青年工作竞赛条约总报告大纲　中国工农红军总政治部印发　一九三二年四月十二日

4-3

1. 红军中团与青年工作　凯丰编译　青年实话丛书第十四种　青年实话编辑委员会印行　一九三四年

（1）上篇　青年团在红军中应当怎样

（2）下篇　团在红军中的工作

2. 关于红军中团与青年工作的冲锋季的计划　中国工农红军总政治部印　一九三二年八月十七日

（1）团的工作

（2）团员的发展与清洗

（3）对青年群众的特殊教育

（4）领导方式的转变

（5）参加反帝拥苏的工作

（6）参加列宁室俱乐部工作

（7）帮助地方上的青年工作

3. 关于红五月青年工作检阅与以后青年工作的指示　一军团政治部　一九三二年六月十七日

4. 三军四军十二军三军团的团与青年工作的竞赛条约　一九三二年

5. 劳动妇女代表会议组织及工作大纲　苏区中央局　中国工农红军第三军团政治部翻印

6. 公略县各区第一次妇女生活改善委员会主任联席会议决议案

7. 宁都县妇女运动工作计划　少中共宁都临时县委印　四月廿一日

8．中共苏区中央局通告第十四号　准备“三八”纪念节并纠正妇女工作中的错误　一九三一年二月二十六日

9. 召集全省女工农妇代表会议的决定　中共江西省委　一九三三年十月十一日

10. 赣县苏维埃政府训令第十号　为纠正过去对妇女工作忽视问题　一九三二年十月二十日

11. 中共宁都中心县委通知第七号　发动劳动妇女反封建压迫的斗争　中共宁都中心县委

12. 中央通告第七十四号　五月工作与妇女运动　中央特委　一九三〇年四月三日

13. 广昌中心县委各区妇女部长联席会议决议

14. 洛口县苏为加紧肃反工作给各级苏维埃的指示　洛口县苏　八月十五日

15. 给各级团与少队同志们一封信　闽赣战地委员会　六月卅日

16. 中共金南特区委各种紧急通知合订

17. 江西省苏维埃政府通知第五十五号　发动群众自动便宜卖东西给红军　九月三日

18. 少年先锋队闽赣省队部给铺前黄泥铺[①]两区模范少队队员们的信　闽赣省队

---

① “铺前”：今福建省三明市建宁县濉溪镇在苏维埃时期分属城市区、铺前区。“黄泥铺”：今福建省三明市建宁县黄埠乡黄埠村，第二次国内革命战争期间，在黄泥铺建立了升东区苏维埃政府。

部　九月十五日　建宁县队部　九月十七日翻印

19. 召集田心乡群众大会　一九三三年八月十七日

20. 政治课材料　关于拥护第二次全苏大会　中央军政治部印　一九三三年九月三十日

21. 政治课材料　拥护第二次全苏大会　红军第一方面军政治部印　一九三三年十月十日

（1）二次全苏大会的意义与两年来的胜利

（2）怎样参加选举运动

（3）红军中的选举

4–4

1. 四月份团与青年工作报告

2. 雪枫回复志民同志关于五团六团的来信

3. 中共南丰县委二十一日的答复

4. 中共南丰县委并转宣传部同志——答复三十日来信

5. 七团工作情形的报告　七月二十日

6. 书信集

7. 少共驿前区委常委会会议记录（包括三月到六月记录）　一九三四年三月二十四日

8. 中共零星通令与通知

9. 什么是托洛斯基主义和托洛斯基派

4–5

1. 中国少年儿童队工作手册　中国新民主主义青年团华南工委会少年儿童部编　一九五〇年八月

（1）中国新民主主义青年团中央委员会关于建立中国少年儿童队的决议

（2）中国少年儿童队章程草案

（3）青年团中央委员会关于建立中国少年儿童队的几个问题的说明

（4）培养教育新的一代——冯文彬在全国第一次少年工作干部大会上讲话的一部分

（5）提供给小学教师的几点意见——冯文彬同志在北京市小学教员入团仪式上的讲话纪要

（6）教育部与青年团中央联合发布加强教育行政部门与中央少年儿童队的联系

的决定

（7）少年儿童工作问答

（8）中国少年儿童队队旗

（9）中国儿童少年队队歌

（10）中国少年儿童队队礼

（11）中国少年儿童队队员标识

（12）中国少年儿童队入队誓词

（13）中国少年儿童队口号

（14）中国少年儿童队队员入队仪式

（15）中国少年儿童队队员表

（16）中国少年儿童队辅导员聘请书

（17）关于队旗、队歌、队员标志、队礼等几个问题的说明

（18）附件：取消童子军组织

2. 实行全苏区援助上海罢工工人的募捐运动　省委通知第二十三号　一九三二年六月七日

3. 少年先锋队组织法与章程　中国工农红军第三军团总政治部印

4. 中央苏区反帝总同盟　第一次代表大会特刊　一九三二年七月

（1）大会的总结

（2）大会的宣言

（3）大会通电

（4）大会决议案

（5）反帝运动斗争纲领

（6）反帝大同盟章程

（7）反帝青年部报告

（8）大会的经过

（9）编后

5. 中央苏区反帝大同盟章程　中央革命军事委员会总政治部编　一九三一年十月十九日

6. 苏区少先队各级队部组织条例　一九三三年三月二十三日

7. 团中央关于苏区少年先锋队决议　少共苏区中央局翻印　一九三二年六月十日

8. 关于继续反日运动　省委通告第六号　五月十五日

9. 政治课材料　反对帝国主义瓜分中国　总政治部编印　一九三四年五月七日

10. 中国共产党史略　李致工　一九四〇年九月
（1）序说——关于中国社会和中国革命的简略说明
（2）第一时期——政党的形成（民九——民十二）
（3）第二时期——联合国民党（民十三——民十六）
（4）第三时期——暴动和苏维埃（民十六——民二五）
（5）第四时期——抗日民族统一战线
11. 中国共产党组织沿革及分裂系统表
12. 反对国民党总登记　省委通告第十一号　九月一日
13. 反帝拥苏通讯　第四期　一九三三年九月十九日
14. 反帝拥苏通讯　第九期　一九三三年十月一日
15. 国际反帝非战大会在上海开会情形　方面军反帝拥苏同盟
16. 省检委关于进行节省与借谷运动以及向富农征发粮食与捐款给各县检委的指示信

4-6
1. 红军中共产青年团员教育纲要　中国工农红军总政治部编印
2. 苏区少年先锋队章程　中国工农红军五军团政治部翻印
3. 省委给各级党团部的信　关于加强对少先队工作领导问题　中共江西省委　一九三三年一月二十七日
4. 团特通知　第十一号　团与少先队的关系问题　少共赣西南特区委　一九三一年四月六日
5. 少共江西省委通知　关于坚固团与少先队的组织问题　一九三三年三月八日
6. 关于少先队的政治训练问题　苏区少年先锋队江西省队部印
7. 苏区团第一次代表大会儿童运动决议案　一九三二年一月
8. 各区儿童局二十天冲锋工作的决定　博生县儿童局
9. 宁都县各区儿童局二月工作　竞赛条例
10. 苏联的儿童生活　江西省儿童局印
11. 中华工农红军第三军团总政治部翻印　一九三一年十二月十九日
12. 中共工农红军总政治部训令　关于节省运动以及加紧筹款的问题　一九三三年一月十一日
13. 江西苏区反帝大同盟章程　一九三三年三月二十五日
14. 动员广大群众扩大反帝运动的决议　苏区中共局翻印
15. 拥护国际反帝非战代表大会的宣传要点　工党红校政治部印

16. 反帝拥苏宣传纲要　红军一军团政治部

17. 反帝拥苏粉碎敌人“围剿”庆祝红军胜利的“八一”示威运动宣传大纲　苏区中央局

18. 省委通告第四号　关于反帝国主义

19. 宣传材料：反对帝国主义进攻苏联　中央苏区　反帝总同盟　宣传部印

20. 反法西斯宣传鼓动材料　红军中央军政治部编印

21. 反法西斯运动周宣传要点　红校政治部

22. 反对白色恐怖宣传大纲　共党中央总互济会宣传部

23. 宁都县反帝大同盟通知第一号　关于县反帝大同盟改组事　一九三二年六月二十一日

24. 中共宁都中心县委通知第五号　关于八一反帝示威运动

25. 二七惨案略史　总政治部印

5–1

1. 江西省苏维埃政府通令第三号　限期完成向富农捐款与坚决的斗争　一九三三年四月十七日

2. 万泰县苏为开展节省运动给各级的一封指示信

3. 人民委员会为节省运动的指示信　广昌县苏翻印

4. 中共苏区反帝总同盟机关报　反帝战线　第一期

5. 团中央局关于团对教育部工作协助的通知

6. 兴国县苏府文化部通讯　为不去执行工作指示的严重错误给各级苏维埃政府文化科的信　一九三一年四月二十二日

7. 江西省苏维埃政府文化部通讯第三号　关于识字运动　一九三一年四月五日

8. 南广县各区文化部长联席会议　一九三二年九月十七日

9. 中央局通知第八号　关于发行工作问题　一九三二年六月十五日

10. 少共中央局中央教育人民委员会联席会议　关于目前教育工作的任务与团对教育部工作协助的决议

11. 文化教育工作决议

12. 江西福建两省各县级中心区教育部长联席会议决议案　一九三三年七月二十八日

13. 红五月工会文化教育工作中心给各级工联文化教育部的指示信　全总执行局教育部

14. 省县区市教育部及各级教育委员会的暂行组织纲要　江西省苏维埃政府教

育部翻印　一九三三年

15. 苏维埃建设讲授大纲政治常识第三部分　一九三四年七月十日

16. 国文教学法　宁都县苏府文化部翻译印　一九三三年十月十日

5–2

1. 苏维埃常识讲授大纲　罗欣然编　中央教育人民委员部编审局印　一九三四年四月十六日（第十章共产党共产青年团儿童团）

2. 识字课本　第一册（暂用本）中央合作总社文化部编

3. 识字课本　第一册　公略县苏维埃教育部印

4. 识字课本　第二册　闽西列宁书局出版

5. 识字课本　中央教育部编印　一九三三年十二月

6. 识字课本（成年人用）中央革命军事委员会出版　一九三一年三月

5–3

1. 平民课本

2. 红孩儿读本　第一册（红色初小学校儿童读本之一）永丰县苏维埃政府翻印

3. 工农读本　第二册　兴国县第一区苏维埃政府文化部翻印　一九三〇年十月

4. 共产儿童读本　第三册　教育人民委员部编（列宁小学校用）

5. 共产儿童读本　第五册　教育人民委员部编（列宁小学校用）

6. 共产儿童读本　第六册

7. 共产儿童读本　第一册　中央教育部编　一九三三年十一月再版

8. 共产儿童读本　第一册　福建省苏维埃政府文化部出版　一九三二年七月十五日再版

9. 共产儿童读本　第二册　福建省苏维埃政府文化部　一九三二年五月二十日出版

5–4

1. 国语教科书　第一册　教育人民委员部编审局编印（列宁小学）一九三四年六月初版

2. 国语教科书　第三册　教育人民委员部编审局编印（列宁小学）一九三四年六月初版

3. 初级用课本　兴国县苏维埃政府文化部编

4. 地理常识　中央教育人民委员部编印　一九三三年十一月四日

5. 理化常识　中央教育人民委员部编审局编印　一九三三年十一月七日

6. 算术常识　中央教育人民委员部编印　一九三三年十月三十一日

7. 成人读本　第一册　中央教育部编

8. 成人读本　第二册　中央教育部编

9. 中国共产党的在职干部教育　中央组织部战地处编印

10. 暂行红色教育联合会的组织与任务

11. 建立教育经济的会计制度——江西省苏维埃教育部训令第十三号

12. 为迅速建立各县区乡村的消灭文盲协会——消灭文盲协会江西省临时委员会公函第一号　一九三四年一月二十一日

13. 红五月消灭文盲运动　总检阅政治试验

14. 消灭文盲协会基本组织工作纲要　一九三四年一月六日

15. 中央教育人民委员部等机关有关教育训令

16. 有关教育工作事项——江西省苏维埃教育部训令第一号、第十二号　一九三四年

17. 关于开办蓝衫团各学生经费及选送干部学生问题——广昌县苏教育部通知第二号

18. 小学教员优待条例　一九三二年十二月十九日

19. 各区文化部工作报告大纲——江西省南广县正二月

20. 加紧政府工作人员的文化教育开展识字运动——闽赣省革命会训令第三十三号　一九三三年九月十四日

21. 关于教育工作——中华苏维埃共和国中央人民委员会训令第十七号

22. 江西省教育工作计划大纲

23. 教育表格

24. 苏维埃公民　第一册　中央教育人民委员部编印　一九三四年四月

5–5

1. 各种赤色体育规则：田径赛训练法、柔软体操　一九三三年七月

2. 关于全省少先队参加运动大会加紧准备问题——闽赣省队部训练部通知第一号　九月十五日

3. 谁的世界（独幕剧）一九三四年六月二十日

4. 新十八扯（独幕趣剧）一九三二年四月二日

5. 一起抗日去（戏剧）一九三四年九月六日

6. 残忍（独幕戏）一九三四年九月六日

7. 假充老婆（戏剧）一九三四年六月二十一日
8. 你的那个部队？（活报）一九三四年七月二日
9. 拥护省[①]党代表大会（活报）
10. 反封资本进攻（活报）
11. 庆祝红军胜利[②]（活报）
12. 沈阳号炮（戏剧）一九三四年一月八日
13. 来学习吧（戏剧）一九三四年六月二十八日
14. 大铁锤（戏剧）一九三二年十月二十五日
15. 鞭痕（话剧）

6–1
1. 旧世界（话剧）一九三二年四月
2. 松鼠（滑稽剧）一九三三年十二月
3. 东方战线上（话剧）一九三三年八月
4. 春耕突击队（话剧）一九三三年三月二日
5. 春耕（话剧）
6. 春耕战线（话剧）一九三四年三月二十六日
7. 蠢驴（话剧）一九三四年七月九日
8. 最后胜利归我们（话剧）
9. 战斗的夏天（话剧）一九三三年十二月二十日
10. 咆哮的都会（独幕剧）
11. 阶级（趣剧）一九三二年四月三日

6–2
1. 改选之前　工农剧社总社印发　一九三四年一月六日
2. 封信送到王家寨去
3. 燃萁煮豆（话剧）中国工农红军总政治部
4. 工农剧社章程
5. 儿童唱歌集　中央教育部编　福建省苏劳动感化院代印　一九三三年五月出版
6. 革命歌曲　中国工农红军十四军政治部印

---

① 即江西省苏维埃政府。
② 只有标题，无实际内容。

7. 革命歌曲目录：（一）国际歌；（二）少年先锋队；（三）拥护苏维埃进行曲；（四）拥护苏维埃歌；（五）工农暴动歌；（六）可怜的秋香［工农］；（七）可怜的白军；（八）伏尔加船夫曲；（九）工人歌；（十）农民歌；（十一）士兵歌；（十二）十月革命歌；（十三）工人纠察队歌；（十四）劳动童子团歌；（十五）红军行军歌；（十六）红军进行曲；（十七）工农联合歌；（十八）五一节歌；（十九）五一节劳动歌；（二十）广州暴动纪念歌；（二一）葡萄仙子；（二二）欢送白军弟兄歌；（二三）拥护第三国际；（二四）青年团杜娘歌；（二五）共产儿童团歌；（二六）红军纪律歌；（二七）红军歌；（二八）白军苦；（二九）妇女解放歌；（三十）步哨歌；（三一）第一次革命战争胜利歌；（三二）反对日本进兵中国的麻雀与小孩；（三三）民权革命进行曲；（三四）告白军士兵扬州调；（三五）第二次革命战争胜利歌；（三六）红军希望歌；（三七）十二月革命歌；（三八）一九二九年斗争歌；（三九）五更鼓；（四十）送郎当兵歌；（四一）最好唱；（四二）告白军士兵歌

8. 总政治部通知　不做调查没有发言权　不做正确的调查同样没有发言权　一九三一年四月二日

9. 社会进化简史教授大纲　工农红军学校政治部编印　一九三二年七月十八日

10. 白区社会调查大纲　一九三三年八月十三日

11. 赤白区域社会情况调查报告大纲　中国共产党红军第三军团前委印　一九三一年一月二十七日

12. 社会情形调查大纲　方面军政治部印　一九三三年十一月十日

6–3

1. 社会进化简史

2. 互济会的任务和工作方法

3. 红军中互济会的组织与工作

4. 永丰县革命互济会第八次各乡区主任联系会决议

5. 博生县互济会开第一次主任联席会决案　一九三三年二月二十五日

6. 苏区革命互济会章程草案

7. 革命互济会纲领及十大工作

8. 目前苏区互济会工作大纲　一九三二年五月

9. 惩治反革命条例

10. 婚姻法　一九三一年十二月

11. 五个月工作计划　一九三三年七月三十日

12. 江西省宜黄县苏裁判部法庭判决书　第五号

13. 对裁判机关的工作指示　一九三三年六月
14. 兴国县苏裁判部召集各区裁判部书记训练实习今后的工作计划　一九三三年十二月三十一日
15. 中国歌曲集

6-4

1. 关于保护劳动妇女的特殊利益
2. 关于被灾群众的救济问题
3. 一个半月工作计划　从一月一十五日至二月三十日
4. 革命互济会表格
5. 司法汇刊　第一、二期
6. 江西省裁判部半月刊　第七期
7. 关于建立调查纲的问题与没收犯人的财产和物件的手续
8. 关于剥夺抚恤权的问题
9. 通缉令
10. 判决书
11. 俱乐部的组织
12. 计惜英（英子）给佩英的一封信
13. 红军烈士塔：毛泽东、朱德等的挽辞
14. 扩大红军报告和讨论大纲
15. 为扩大红军分给各区军事部与各突击队及区乡政府的一封信
16. 为扩大红军的十天冲锋运动给各级苏维埃政府的指示信
17. 应当把少先队变为红军的现存的后备军
18. 战争紧急动员令
19. 动员少队开展广泛的游击战争
20. 关于动员少年先锋队上前线去
21. 关于继续动员担架运输队问题
22. 工作通讯　第三期
23. 红色射手　自第十七至四十四期（不全）
24. 挺近　第十五期
25. 捷报　第十一号
26. 省委对新的扩大红军紧急动员与扩大地方武装给各县委区委的指示
27. 党、团省委为扩大红军致各级党团部的信

28. 闽赣省队部训令第二号　关于创造少共国际师的紧急任务
29. 关于创造少共国际师的紧急任务
30. 关于创造红军第七军团的决议
31. 关于创造红军第七军团的问题
32. 扩大红军讲授大纲
33. 扩大红军问题决议案

6–5

1．扩大红军十天冲锋运动报告大纲　中共江西省委宣传部印
2．扩大两个工人师及少共国际师的宣传鼓动工作　中共江西省委宣传部
3．中、少共博生县委紧急通知第四号　猛烈扩大红军　一九三三年三月四日
4．江西省工农共苏维埃第一次代表大会　对扩大红军的决议案
5．新的扩大红军运动宣传大纲　中共江西省委宣传部
6．关于宣传鼓动方法给县区宣传新的指示
7．两个月扩大红军突击运动总结的决定　中共石城县委
8．延长半月突击给各区委及县委突击队长的一封催促信　中共广昌中心县委
9．红五月扩大红军宣传纲要　中共江西省委宣传部印
10．中共宁都中心县委给各县委区委一封关于用冲锋精神去努力扩大红军的紧急信
11．红军　工农红军总政治部编
12．统一编制　独立团游击队问题　一九三二年三月二十三日
13．紧急动员法令　中央出版局印
14．中华苏维埃共和国、中央执行委员会训令第十五号　关于扩大红军问题
15．中（少）共乐安中心县委关于战争的动员给各级党团部的指示信　一九三二年十月三十日
16．中共县委关于动员工人师少共国际师的具体决定　中共博生县委　一九三三年七月十七日
17．军团政治部训令　关于巩固红军争取新战士突击运动指示　“为”政治部印
18．革命竞赛条例
19．宣传材料第一号　从四次“围剿”到五次“围剿”
20．兴国县苏军部印　关于七月份工作视阅与八月份的工作计划　八月十四日
21．发展群众武装游击组的工作计划　广昌中心县委　四月八日
22．为传达五大纲领给各师政治部的信　中国共产党军团政治部

23. 闽赣省队部训令第一号　训练部九月二十日至十月三十日工作计划
24. 关于四次“围剿”的计划材料
25. 关于赣州撤围的训话纲要　中国共产党军团政治部
26. 关于最近材料的短评　苏区中共局翻印　一九三二年九月五日

7-1

1. 中国工农红军　一九三二年七月出版
2. 苏联的红军　一九三三年十一月十日
3. 武库　第七至十期　一九三一年
4. 地方武装问题的决议案　江西省工农兵苏维埃第一次代表大会制
5. 江西全省第一次工农兵大会拥护临时中央政府对日宣战动员的决议草案
6. 地方武装讲授大纲　江西省委
7. 关于游击队工作　中国工农红军总政治部训令第八号
8. 地方武装的策略组织和工作路线　中国苏区中央局通告第十号
9. 少年先锋队江西省队部为扩大红军给各级队部
10. 少共博生县委通知　关于少队少模队野营演习的问题　一九三三年十月二十一日
11. 红军及地方武装的暂行选举细则　一九三一年十二月
12. 第三军团政治部第七、八、十次工作会议决议　一九三二年

7-2

1. 中华苏维埃共和国军事判断所暂行组织条例　中央执行委员会印
2. 红军暂行法规摘要　第二师干部训练队印　一九三二年二月一日
3. 红军中少共工作大纲　少共闽西特委印　一九三一年五月三日
4. 万泰县军事部第一次各区军事部长联席会议决议案　一九三二年十二月十八日
5. 乐安县苏维埃政府第一次军事部长联席会议决议案　一九三二年十一月一日
6. 苏区党第一次代表大会通过红军问题决议案　一九三二年二月二十五日
7. 全省各县分组革命竞赛条例　江西省委
8. 平时及战时政治工作　中国工农红军江西军区政治部翻印　一九三二年九月二十三日
9. 平时及战时政治工作
10. 江西军区政治部训令第十六号　建立报告制度严密党的组织系统和工作　一九三二年十一月八日

11. 政治工作的基本原则 红军总政治部出版 一九三四年五月三十日

12. 红军中的政治工作 捷克加了夫著[①] 红军学校政治部出版

7–3

1. 红军中政治工作会议规则 中国工农红军总政治部印发 一九三二年一月三十一日

2. 政治工作的参考资料 工农红军郝西史大学校政治处

3. 关于五月后政治工作总结及目前工作的方针 红校政治部 九月

4. 中国工农红军各级政治机关组织系统表 一九三二年二月六日

5. 给各级政治部政治工作的指示信 三军团政治部 七月十七日

6. 中央革命军事委员会总政治部通讯第三期 争取三都七保的意义和工作的方法 一九三二年二月二十六日

7. 据滕代远巡视报告给三军团一封指示信 中国工农红军总政治部

8. 军团政治部通令第一号 关于执行定期的政治工作报告——附月终报告大纲 一九三二年一月二十日

9. 关于地方政治工作的指示信

10. 地方武装政治工作问题草案

11. 关于七八两月政治工作的指示 方面军政治部印 一九三三年七月十日

12. 友军政治工作方式介绍 长江师政治部翻印 一九三四年八月八日

13. 方面军政治部训令新编第八号 十二月政治工作中心 一九三三年十一月二十八日

14. 中央革命军事委员会总政治部政治工作决议 一九三一年五月十日

15. 中国工农红军江西军区政治部训令第十五号 怎样努力完成团在十一、十二两个月冲锋季工作计划 一九三二年十一月五日

16. 政治工作会议决议 中国工农红军第三军团政治部印

7–4

1. 战时政治工作 莫克内维基著

2. 总政治部训令第七号 全国政治工作会议的主要议程

3. 中国工农红军总政治部训令新编第一号 关于粉碎地区五次“围剿”的政治工作 一九三三年八月十一日

---

① 即捷克嘉洛夫著的《苏联红军中的政治工作》。

4. 营连政治委员工作纲领　一九三二年一月四日
5. 中国工农红军政治工作暂行条例①
6. 政治工作参考资料　一九三三年五月
7. 白区宣传工作须知
8. 白色区域的群众工作
9. 怎样在群众中做宣传鼓动工作
10. 关于赣州工作的一封指示信
11. 发动群众才能筹款
12. 筹款须知
13. 筹款工作讲授大纲

7–5

1. 火线上的一年——从一九三三年七月三十一日到一九三四年八月二日
2. 少年先锋队编制与组织系统表

7–6

1. 青年队训练材料与方式　一军团政治部　六月二十七日
2. 教导队政治讲义第三集　打倒军阀　红军第四军第三纵队政治部　一九三〇年三月
3. 日本帝国主义进攻中国的新形势　政治课材料　总政治部　一九三四年七月一十八日
4. 防空防毒　政治课材料
5. 坚决与中国的法西斯作战　政治课材料
6. 政治工作检阅纲要
7. 总政治部训令第十一号　关于检举问题　六月十六日
8. 罗田出发以后政治工作检阅
9. 目前部队巡视工作大纲
10. 两个月政治教育计划大纲　一九三一年十二月五日
11. 三月份政治教育计划　一九三二年二月一十八日
12. 拥护五大纲领　准备对日作战　政治课材料　七月十二日
13. 拥护五大纲领　准备对日作战讨论宣传大纲

① 卷21–1包含卷7–4的部分内容。

14. 政治课材料　中国工农红军总政治部编印

15. 政治课材料第一号　土地登记问题　工农红军方面军政治课　一九三三年六月一日

16. 政治课材料　关于苏区民众御侮救国会　一军团政治部　一九三三年六月二日

17. 中央局关于夏耕运动决定

18. 赤卫军的政治课材料　总政治部编印　一九三四年三月八日

8–1

1. 关于保守军事秘密　政治课材料　一九三三年十月三十日

2. 关于开展反惊惶逃跑与悲观失望的斗争的报告大纲　一九三四年

3. 战时政治工作报告大纲[①]

4. 巩固红军中无产阶级领导问题报告大纲　一九三四年一月四日

5. 巩固政治委员制度报告大纲　一九三四年一月四日

6. 关于五次“围剿”与我们的任务报告大纲　一九三三年九月五日

7. 我们的胜利与我们的任务（政治课材料）

8. 关于红军抗日先遣队　八月八日

9. 关于红五月扩大红军伟大胜利的意义　六月十一日

10. 发展群众游击战争　一九三四年九月十一日

11. 新战士政治课本（供补充师团之用）

12. 中国革命问题（政治常识讲义）　一九三四年三月二十八日

13. 政治指导员政治战士是什么　一九三四年五月三十日

14. 政治教育的实施　一九三一年十月四日

15. 七八两月政治教育计划　一九三三年七月六日

16. 党校红军班政治工作讲义

17. 党校红军班及红军政治营政治工作讲义

18. 政治工作讲义续（供红校政治营用）　一九三四年六月六日

8–2

1. 红军中政治工作讲授提纲　中国工农红军第三军团教导队　一九三三年六月十日于太湖坪

---

① 与卷15–4同。

2. 阶级与阶级斗争　中国工农红军第三军团教导营翻印　一九三三年六月九日

3. 红军大学上级政治科政治工作讲授大纲　一九三三年十一月二十五日

4. 军团训令　关于连长指导员关系问题　四月十六日

5. 三个礼拜宣传队训练大纲　第一军团政治部　一九三二年六月十七日

6. 几个政治训练大纲　红军第十五军四十五师政治部

7. 红军在组织上的巩固　一九三三年十二月十五日

8. 士兵政治训练纲要　四十五师政治部

9. 中国工农红军士兵会章程　一九三二年一月三日

10. 加紧政治教育工作　红三军总政治部通告　一九三一年十月二十七日

11. 三四五三个月教育计划　总兵站政治部印　一九三四年二月十七日

12. 干部政治教育计划草案

13. 拥护苏维埃讲授和讨论大纲　一九三二年十二月十九日

14. 目前政治训练材料　一九三二年八月二十七日

15. 目前红色战士训练大纲　一九三二年七月二十二日

16. 野营的政治课讲授提纲

17. 武装保卫苏维埃讲授提纲

18. 红军

19. 义务兵役制

20. 到火线上去配合红军作战

21. 政治工作与政治部　一九三二年二月

22. 关于改善红军中政治教育问题的建议——献给全国政治工作会议　一九三四年一月三日

23. 中国工农红军总政治部关于文化运动工作给各级政委的一封信　中国工农红军总政治部　一九三三年三月三日

24. 列宁室组织法及工作条例　一九三二年一月一日

25. 俱乐部列宁室的工作决议　全军团俱乐部列宁室主任联席会通过　军团政治部核准颁布　一九三二年二月八日

26. 关于争取白区群众发展游击运动扩大苏区问题　一九三二年九月十一日

27. 目前中国士兵状况与我党士兵运动的策略及工作路线　中央通告五十六号　十一月七日

28. 号召群众参战的实际方法　前委通告第二号　一九三〇年十一月二十四日

29. 兵运材料（供政治课用，一九三四年六月二十七日）及第十一、十四、十五、十六期　一九三三年九月十五日至一九三三年十一月十九日

8–3

1. 关于□□□□□□□叛变问题 一九三二年九月二十二日

2. □□□□□□□反革命的事情

3. 关于□□□□□□□叛变问题

4. 关于目前作战任务的鼓动要点 十一月十一日

5. 关于拥护红军抗日先遣队对白军士兵宣传运动的指示

6. “六二三”动员中心工作 一九三三年

7. 关于庆祝与拥护红军胜利粉碎敌人四次“围剿”的运动

8. 手榴弹操〈作〉法

9. 工农兵三字经

10. 识字课本（供红军战斗员用） 第三册 第二册[①] 一九三二年五月

11. 政治测验试题

12. 列宁室负责人登记表

13. 红军中军人履历登记表 一九三三年十月十五日

14. 红军识字课本

15. 红军抚恤条例 一九三二年二月

16. 士兵日课 第一期 一九三四年七月

17. 红军优待条例 一九三一年一月十二日

8–4

1. 红军读本第一册 一九三四年四月五日，第二册 一九三四年三月，第三册 一九三四年二月七日

2. 红军读本第一集 第三军团政治部编印

3. 红军步兵教程

4. 红军问题及各种主义和派别简介

5. 射击原理讲授纲要 一九三三年一月二日

8–5

1. 军事问答第一册 一九三三年五月

2. 士兵识字课本（青年士兵学校用）

3. 赤少队军事训练材料 一九三四年八月二十一日再版

① 按文献书册顺序编排。

4. 士兵识字课本第一册　一九三一年三月出版

5. 战略讲义　一九三四年一月十六日

6. 少队读本第一册

9–1

1. 少先队讲授大纲　一九三三年八月

2. 少先队读本第一册　一九三四年四月出版

3. 中国工农红军总政治部通知——关于对俘虏兵的工作　一九三二年六月二十六日

4. 战斗教练讲述提纲

5. 红军笔记

6. 关于沙基惨案纪念通知

7. 政治课材料——关于扩大红军问题

8. 认字课本——第一课到第六课

9. 为台湾沦亡三十九周年而作

10. 送郎去当兵歌、纪念“八一歌”、欢送歌

11. 为我们无论如何要消灭逃跑给各级干部全体党团员

12. 加强巩固部队的工作　彻底消灭开小差与个别投敌的现象　六月二十日

13. 中国工农红军总兵站训令第八号与新编第二号　消灭护送人员中的逃跑现象　一九三三年十二月十五日

14. 中国工农红军总兵站训令新编第二号　一九三四年二月十六日

15. 优待红军家属条例　中华苏维埃共和国人民委员会印发　一九三四年二月八日

16. 中国工农红军总政治部训令　赣州战争的教训及红军的中心任务　一九三二年三月三十日

17. 强大赤少军突击计划　三月六日

18. 江西省苏维埃政府通令第十二号　为实行持久战略艰苦奋斗战胜敌人的“围剿”　一九三一年五月十日

19. 训令第十二号　加紧与敌人侦探斗争

20. 军团训令　健全侦察工作　一九三三年十月三十日

21. 情报调查　一九三三年十月二十六日

22. 关于对空防御的指示　一九三四年二月二十六日

23. 毒瓦斯防御法　一九三二年六月一日

24. 宁都城市“七廿二赤卫军事变”的原因、处置及其教训
25. 关于城市赤卫军事变的决议　一九三二年七月二十二日

9–2

1. 红色战场汇刊　一九三三年八月
2. 全连军器数目在此　第六连
3. 帝国主义与中国　一九三二年五月
4. 省委政治报告　一九二八年六月十二日
5. 满洲事变——各个反动政治派别怎样拥护国民党的统治　一九三二年五月
6. 动员赤少队加紧赤色戒严与借谷运动　二月二十七日
7. 少年先锋队中央总队部通令　健全区队部与大队部的领导　八月二十三日
8. 闽赣省队部训令第七号　关于动员模范少先队配合地方武装消灭残余地主武装的信
9. 飞机速度的动员武装群众起来为保卫广昌苏区而斗争
10. 中国工农红军总兵站训令第七号　关于押送犯人的指示　一九三三年十一月十三日
11. 为加强护送工作而斗争　二月十九日
12. 一二三月份的工作计划　总兵站政治部印
13. 兴国县苏维埃政府苏字第一号　紧急通知与通告　关于毁灭敌人工事与重新划分区域
14. 为执行总政治部关于筹款工作训令　一九三二年十月十日
15. 为加紧战争的紧急动员举行战备演习　一九三三年十月二十四日
16. 江西军区司令部，战备演习计划　一九三三年十月二十五日

9–3

1. 红军人马武器弹药月终总报告表　一九三四年八月十八日
2. 战后人马武器弹药统计表　一九三三年七月九日
3. 号音通讯　中央革命军事委员会印发

9–4

1. 红色战场第十三期　方面军司令部出版　一九三三年八月
2. 江西俱乐部政治研究第一次讨论大纲　加紧优待红军家属　一九三四年一月二十日、三十日

3. 闽赣省革命会命令第十八号　为坚决执行优待红军条例　切实检查优待红军工作　一九三三年八月二十二日

4. 关于游击战术的指示　一九三三年四月二十二日

5. 训令　为注意警戒严防敌袭与随时准备消灭敌之袭击部队　十一月六日

6. 捷报汇辑

7. 配属炮兵之加强团营防御及接敌兵力配备图解

8. 闽赣省第一次工农兵代表大会特刊第二期　一九三三年十二月十四日

9. 江西省第二次工农兵代表大会特刊第一、三期　一九三三年十二月二十二日、二十四日

10. 选举运动画报第五、七期　第二次全苏大会准备委员会出版

11. 乐安县拥苏同盟第一次代表大会决议　一九三二年十一月一日

12. 政治工作第一、二、三、五期　中国工农红军总政治部出版　一九三二年四月十二日、十九日、二十九日

13. 国民党军队中所谓"政治工作"

14. 俘虏工作大纲

15. 政治简报第十四、十六期　红军总政治部出版　一九三三年一月十三日、二月六日

16. 政治生活第一期　红三军团政治部印　一九三二年七月二十二日

17. 政治消息（小册子）

18. 政治消息第七号　中华工农红军第三集团军总政治部印　一九三一年十二月二十五日

9–5

1. 政治常识提要　红军大学训练部印　一九三三年十二月六日

2. 政治常识讲义第四篇　世界革命

3. 政治常识课本　江西省苏府立列宁师范学校　一九三二年五月

4. 政治问答第二、三部分　红校政治部编印

5. 政治问答第二册　各种红色节日　红校政治部编印　一九三二年五月七日

6. 政治问答第一册　红校政治部编印　一九三二年二月三日

7. 帝国主义与中国　一九三二年三月

8. 继续努力配合红军争取战争的全部胜利

9. 抗日救国纲领草案：建立民族统一战线

10. 中国人民对日作战的基本纲领；中国民族武装自卫委员会为对日作战宣言

一九三四年“九一八”三周年纪念节

11. 中华苏维埃第一次全国代表大会宣言草案　目前的具体政纲

12. 为抗日救国告全国同胞书　一九三五年八月一日

13. 江西省苏府通知　限半月内将各级苏维埃委员调查表填来

10–1

1. 关于阶级与阶级斗争问题的参考材料　一九三四年三月八日

2. 工农专政

3. 苏维埃政权（小册子）一九三二年九月

4. 苏维埃政权（小册子）一九三二年五月四日

5. 苏维埃政权（小册子）一九三二年一月

6. 苏维埃建设问题报告大纲

7. 区乡苏维埃怎样工作　毛泽东、张闻天著　一九三四年四月

8. 关于全国苏维埃代表大会的问答

9. 关于举行反对帝国主义　武装拥护苏联发展民族革命战争运动决议

10. 拥护临时中央政府对日宣战动员的决议案　一九三二年三月四日

11. 博生县扩大红军、地方武装、筹款、肃反等问题决议　一九三三年三月

12. 会昌县苏扩大会议决议　接收中央的战争紧急命令　一九三二年十月二十八日

13. 江西省工农兵苏维埃第一次全省大会对苏维埃工作报告的决议　一九三二年五月六日

14. 关于三十次常务会讨论决议事件

15. 宣布对日战争文告　一九三二年四月十五日

16. 广昌县苏第二次工农兵代表大会决议案　一九三三年十一月二十九日

10–2

1. 冀南第一区第五次全区行政会议决议案　一九三九年九月十六日至二十一日

2. 工农检查部组织会议条例　一九三一年十一月

3. 闽赣两省工人代表大会选举运动工作指南

4. 胜利县十二区订定第一期革命竞赛条约　一九三一年十月二十日

5. 苏维埃暂行选举法　一九三三年八月九日

6. 光与影选举权问题的几个答复　一九三三年十月三十一日

7. 中华苏维埃共和国选举细则　一九三一年十二月

8. 二个月的革命竞赛冲锋工作
9. 为规定特派员权限及工作氛围　一九三二年一月二十九日
10. 财政部暂行组织纲要
11. 中国革命基本问题　一九三四年三月一十八日

10–3
1. 江西省苏维埃政府五至十六个月工作报告纲要　一九三二年十一月二日
2. 政治问答
3. 中华苏维埃共和国十大政纲　一九三一年十一月
4. 闽赣省工农检委会给泉上清流两县检委会的指示信
5. 乡苏工作的模范：才溪乡
6. 闽赣省革命委员会对全省选民的工作报告书　一九三三年十二月一日
7. 乡苏工作的模范：长冈乡

10–4
1. 乡苏工作的模范：长冈乡
2. 广昌县苏八九月的工作报告
3. 工作报告
4. 江西省苏春季工作报告　一至三月份
5. 闽赣省革命委员会训令：召集第二次全省苏维埃大会的具体工作计划
6. 中国共产党非常委员会政治决议案
7. 关于实行报告制度　一九三三年四月十三日
8. 中国工农红军北上抗日宣言　一九三四年七月十五日
9. 闽赣省革命委员会关于召集第一次全省工农兵代表大会决议　一九三三年六月
10. 纯富两区合并工农兵代表大会日刊　第一期至第四期
11. 为加紧对市乡苏维埃的选举工作　一九三三年九月七日
12. 关于此次选举运动的指示
13. 发布户口调查登记须知　一九三二年八月二十七日
14. 选民通知书　一九三三年九月十七日
15. 规定各级政府选举日期的指示信
16. 苏维埃暂行选举法　一九三三年八月九日
17. 选举运动周报　第一、二期
18. 关于广昌县国民经济部长郑会文撤职查办　一九三四年二月二十二日

19. 为红军当前任务　一九三一年
20. 惩治豪绅地主　一九三二年
21. 劝告欺骗压迫误入大刀会的自新来参加土地革命的一封信　一九三三年十月
22. 处罚□□□　一九三三年一月十三日
23. 禁吸鸦片，禁卖鸦片，禁种鸦片　一九三二年
24. 消灭封建势力　一九三四年
25. 粉碎敌人五次“围剿”中江西苏区迫切的工作
26. 关于自首自新份子的登记问题　一九三三年十月一日
27. 关于收集与分配慰劳红军的慰劳品问题　一九三四年五月三十日
28. 关于检查委员会权责范围　一九三四年三月二十八日
29. 有关劳动规程决议案命令、通告及卫生命令与通告案件
30. 闽赣省革命委员会紧急命令第一号　关于重新划分行政区域以便进行选举事　一九三三年八月七日

10–5

1. 中华苏维埃共和国中央人民委员会命令第四十六号　关于执行重新划分行政区域的决议　一九三三年七月二十二日
2. 为发展农业生产与工业生产　一九三三年十一月一日
3. 为发起犁牛合作社　一九三三年四月十三日
4. 向工农群众集股办消费合作社　一九三三年十一月十四日
5. 江西省各县及中心区财长联席会决议　一九三三年十月
6. 为发行三百万经济建设公债　一九三三年八月二十八日
7. 发行经济建设公债条例及其有关文件　一九三三年七月二十二日
8. 审计条例　一九三四年二月二十日
9. 推销经济建设公债
10. 暂行税则　一九三一年十二月一日
11. 中央财政、土地部为筹款问题给乡主席、贫农团的一封信　一九三三年九月十九日
12. 全家纳乾［钱］谷计算表
13. 红军某连购买经济建设公债票名单
14. 有关财政条例　一九三二年六月
15. 有关财政规则　一九三二年十二月
16. 江西省第一次工农兵苏维埃大会财政与经济问题的决议案

11–1

1. 关于动员并领导群众购买革命战争短期公债票事　七月四日

2. 关于粮食合作社问题　一九三二年九月

3. 万泰县苏维埃政府财政部召集各区财政部长联席会议决议案　一九三二年十二月七日

4. 筹款须知　一九三一年十月十五日

5. 为加入红军合作社告同志传单

6. 苏维埃政权的经济政策（共产国际东方部）

7. 中华苏维埃共和国经济政策　一九三一年十二月一日

8. 关于执行省委在二月份经济动员和扩大赤少队的突击月

9. 为加紧冬季经济建设运动给各级国民经济部的一封指示信

10. 要以节省运动回答敌人的经济封锁

11. 论苏维埃经济发展的前途　一九三四年一月十日

12. 援助印度朝鲜革命运动　一九三〇年一月八日

13. 关于青黄不接的斗争问题

14. 贫农团组织与工作大纲　一九三三年七月十五日

15. 踏迳区的转变　一九三三年十一月

16. 关于三春工作的决议　一九三三年二月二十八日

17. 内科看护法　一九三三年六月

18. 关于春耕运动的决定

11–2

1. 夏耕运动大纲　一九三三年四月二十二日

2. 医学常识　一九三二年

3. 保健的具体办法　一九三四年二月二十七日

4. 闽赣战委武装保卫秋收的计划

5. 苏维埃区域暂行防疫条例　一九三三年三月十八日

6. 红色卫生　第三期　一九三三年九月二十四日

7. 红色卫生　第二期

8. 方面军第三次卫生会议决议案　一九三二年十二月二十七日

9. 五个月卫生工作计划——一九三三年八月至十二月

10. 卫生运动纲要　一九三三年三月

11. 苍蝇与疾病

11–3

1. 夏征工作参考文件

2. 广东土地改革法令汇编

3. 中央人民政府政务院关于划分农村阶级成分的决定　一九五〇年八月四日

4. 石城县驿前区第四乡苏维埃政府加入工会分田册及群众册　一九三三年七月

5. 关于残废退伍战士到地方分土地后的粮食问题　一九三四年四月二十一日

6. 没收地主财产　一九三三年一月十二日

7. 关于催促土地登记统计工作报告事　一九三三年十一月五日

8. 关于春耕运动的决定

9. 为发展水利　一九三四年三月十五日

10. 关于春季卫生运动、关于预防传染病问题　一九三四年二月二十一日、一九三三年十一月十七日

11–4

1. 卫生员工作大纲　一九三三年一月

2. 卫生员运动纲要

3. 中华苏维埃邮政第一次苏区中心县邮局各审计员以上联席会议决案　一九三三年十月二十日

4. 中央苏区各省县邮局长联席会议决议案

5. 中心县局长联席会通过　为完成中央邮政总局“六一五”以前工作计划的决议　一九三四年五月三日

6. 关于礼拜日要开平信班问题　一九三三年十一月二十九日

7. 四个月邮务工作竞赛总结　一九三三年十月二十二日

8. 邮政总局通告第二号　一九三二年七月十九日

9. 中华苏维埃共和国邮政暂行章程　一九三二年五月一日

10. 关于征调赤少队担任运输工作的动员决定

11. 关于拥护苏维埃纸币

12. 运输管理局暂行简章　一九三三年十月十一日

13. 土地税征收细则　一九三二年十一月

14. 筹措经费问题　一九三二年六月二十七日

11–5

1. 赤邮通讯　自第二期至第十期（不全）

2. 为严密邮局组织给□□□等的警告
3. 关于邮政函件与邮政总局通知
4. 邮政会议规则　一九三四年九月
5. 关于经济审查委员会的组织问题　一九三四年一月八日
6. 农业税暂行税则及有关问题
7. 土地税征收委员会办事细则　一九三三年十月十三日
8. 实行征收今年土地税累进税
9. 关于市面上纸票问题　一九三三年十一月十三日
10. 土地税征收细则
11. 土地税表格
12. 土地税纳税证
13. 土地税征收细则及土地税征收问题
14. 土豪罚款收据　一九三三年十月二十八日
15. 为统一财政收据防止舞弊　一九三四年一月十三日
16. 为征收土地税问题　一九三三年十月六日

11–6
1. 征收土地税十大报告表　一九三三年
2. 中共税款收据汇辑
3. 关于筹款问题
4. 集体合同与劳动合同　一九三二年一月十八日
5. 为粮食而奋斗
6. 为定期完成粮食给各区委及突击队的信
7. 职工国际中央委员会第八次全体会议对洛佐夫斯基同志的报告所通过的提纲
8. 职工运动讲授大纲　一九三四年六月六日
9. 中央为职工运动致同志的一封信　一九三二年五月十六日
10. 工人调查报告大纲　一九三二年二月二日
11. 工会运动与工作路线　一九三一年三月
12. 为加紧领导发动工人斗争给各级党部的通知
13. 工会章程
14. 江西省邮务工会第三次主任联席会四个月工作决议　九月十三日

12–1

1. 中国店员手艺工人代表大会决议的报告和讨论大纲　江西工联

2. 江西省邮务工会通知第十二号　为召集第二次全省邮务工人代表大会问题

3. 关于“二七”纪念及失业工人运动斗争的工作　一九三三年二月二日

4. 中国店员手艺工人工会第一次全国代表大会决议案　一九三三年六月十日

5. 中共中央关于苏区赤色工会的任务和目前的工作决议　一九三一年十二月二十一日

6. 苏区团在工会运动中的任务决议　一九三二年一月二十五日

7. 关于加强地方工会联合会工作的决定

8. 泰和县赤色总工会各区委员长联席会议决议案　一九三一年四月二十六日

9. 苏区工会运动决议案——苏区党第一次代表大会通过　一九三一年十一月

10. 通告第二号　苏维埃与工会的关系问题

11. 机会主义的职工运动总结　一九三二年六月四日

12. “职工运动指南”文件之一：赤色职工国际对于在中国黄色工会与国民党工会内工作的决议案　一九三二年十月

13. 中国共产党在职工运动中任务——共产国际东方部提纲草案

14. 江西省苏区工人斗争纲领

15. 雇佣辅助劳动暂行条例

16. 江西省邮务工会　通知第十五号

17. 闽赣两省工人代表大会工作指南问答　一九三一年一月十八日

18. 中国的革命的职工运动的任务　一九三一年十二月职工国际执行部第八次会议的决议案

19. 反对职工运动的机会主义（录斗争第六期）

20. 反帝运动与失业工人斗争

21. 在上海事变后我们组织了几个厂的罢工（录斗争第五期）

22. 关于中国雇农工会的决议案

23. 失业工人运动决议

12–2

1. 劳动法的报告　项英

2. 国家企业工人代表大会对工厂矿山等代表谈话大纲

3. 雇工会的工作问题　一九三一年三月三十一日

4. 怎样传达全国店员手艺工人代表大会决议　一九三三年五月二十七日

5. 会昌市赤色总工会第一次代表大会决议案　一九三一年十二月十日
6. 劳动保护法草案　第六十八号　一九三一年九月十二日
7. 簿记表册说明书　一九三三年
8. 赵博生同志传略
9. 国际青年节事略
10. 列宁故事　中央教育部编　一九三三年十月
11. 第一国际到第三国际　一九三二年
12. 论共产国际　列宁著　一九三二年
13. 革命与考茨基　列宁著　一九三二年

12–3
1. 关于我们的组织任务——给一个同志的信　列宁著
2. 关于法西斯问题解答的一封信
3. 纪念列宁
4. 列宁在第一次革命时代怎样为“转变”与反对中间主义而斗争　一九三三年
5. 联共党史于列宁主义　博古　一九三三年七月八日
6. 马克思主义浅说

12–4
1. 无产阶级革命与考茨基　列宁著　一九四九年
2. 劳动表格
3. 马克思、李卜克内西、列宁之像
4. 中国、日本、苏联关系图　一九三三年二月
5. 国民党出卖了的四百余万公里中国领土略图　一九三三年六月十四日
6. 湘赣苏区采购食盐办法
7. 中华苏维埃共和国中央劳动人民委员部与中央劳动保护局等机关　关于劳动问题的规定
8. 中华苏维埃共和国劳动人民委员部秋季冲锋季工作计划
9. 劳动公报　第一期　一九五一年九月
10. 少共广昌县委为粮食突击给各区少共/中共区委并转粮食突击队长的指示

12–5
1. 列宁主义概论　斯大林著

2. 中华苏维埃共和国粮食人民委员部等机关　关于粮食问题的指示和规定

3. 共产国际执行委员会给中国共产党中央委员会的信　一九三〇年十一月十六日收到

4. 共产国际执委致中共中央委员会的信——论国民党改组派和中国共产党的任务　一九二九年十月二十六日

5. 布尔什维克党的三十年（一九零三年——一九三三年）一九三四年三月七日

13–1

1. 目前少共国际之情形及任务——莫达夫同志报告　苏区共产青年团福建省委印　一九三二年十月三十日

2. 少共国际小史

3. 共产主义反对武装干涉苏联斗争的任务：远东战争与共产主义者在反对帝国主义战争反对武装干涉苏联斗争中的任务

4. 论清党　卡冈诺维奇著　一九三四年

5. 革命军队与革命政府　红旗周报第六期

6. 经济罢工与失业工人斗争的教训

7. 关于苏联政治问答

8. 苏联宪法浅说　萨普诺夫著　一九三二年十二月

9. 苏联苏维埃宪法浅说　萨普诺夫著　一九三三年一月

13–2

1. 中国共产党十五周年纪念

2. 为独立自由幸福的中国而奋斗

3. 中国共产党中央致国民党书

4. 中国苏维埃政府主席毛泽东与英国前驱日报记者艾格、斯诺之谈话

5. 斯诺氏关于其苏区旅行记载错误的一封更正信

6. 共产国际执委第十一次全会决议案

7. 共产主义青年国际第六次全世界代表大会决议案

8. 联邦共产党第十六次代表大会中央委员会的政治报告（这是斯大林的政治报告。这本册子《斯大林政治报告》于一九三一年十二月由中国工农红军第十二军军政治部翻印）

13–3

面包略取[①] 克鲁泡特金著

13–4

1. 少共国际纲领

2. 党与反对派 布哈林著

3. 俄国共产党中央委员会政治报告

14–1

1. 殖民地与半殖民地革命运动大纲 一九三二年

2. 中共的策略路线

3. 党的建设（不全）

4. 党小组讨论材料：福建事变问题

5. 团的建设问题决议 一九三二年二月十五日

6. 团的建设 一九三三年八月一日

14–2

1. 国际路线 一九三二年十二月出版

（1）共产国际执委第十一次全会决议案 一九三一年四月

（2）关于国际执委第十一次全会总结的决议

（3）共产国际执行委员会与中国共产党书

（4）政治决议案 一九二八年七月九日

（5）苏维埃政权的组织问题决议案

（6）农民问题决议案

2. 国际路线 第三本

（1）中国问题决议案 一九二六年十一月

（2）共产国际关于中国问题决议案 一九一八年二月二十五日

3. 左派幼稚病 列宁著 一九三二年

14–3

1. 为列宁主义的胜利与党的布尔什维克化而斗争 一九三二年五月二十日

① 现在多翻译为《面包与自由》。

2. 连长、政治指导员以上干部讨论会讨论大纲
3. 东委第一次扩大会议决案　一九三一年四月十六日
4. 关于江西苏区省委扩大会议文件　一九三一年十二月
5. 扩大红军问题决议案　一九三一年十二月
6. 省委接受中央局指示信的决议　一九三二年二月十一日
7. 江西苏区省委扩大会议政治决议案　一九三一年十二月
8. 中路各县区书记联席会议决议案　一九三一年三月二十五日
9. 省委接受中央局对“目前政治形势的分析与苏区党的紧急任务”决议的决议　一九三二年三月十五日
10. 中共宁都临时县委关于反对帝国主义进攻苏联瓜分中国与扩大革命战争的决议　一九三二年五月二十四日
11. 关于苏区肃反工作决议案　一九三二年一月二十九日
12. 加紧肃反工作争取二期革命战争圆满胜利　一九三一年四月二十四日

14–4
1. 中央局关于肃反工作检阅决议　一九三二年十二月十四日
2. 肃反问题提纲　一九三三年八月
3. 肃反问题　一九三一年十二月十二日
4. 为肃清立三路线与调和主义而斗争
5. 对富田事变的决议
6. 关于少共三中全会总结与精神
7. 中央对苏区指示信　一九三一年九月一日
8. 中央通告六十一号、六十二号
9. 目前政治形势与党的策略和工作
10. 反对帝国主义国民党进攻中国共产党的新的阴谋　一九三二年三月四日
11. 中共中央八一反帝战争日决议
12. 怎样准备八一国际反战争斗争日及中国工农红军成立纪念的宣传鼓动工作
13. 关于领导和参加反对帝国主义进攻苏联瓜分中国与扩大革命战争运动周的决议　一九三二年五月十三日
14. 是取消派取消中国革命还是中国革命取消取消派——评中国左派共产主义反对派政纲　一九三一年四月

14–5

1. 反帝国主义斗争与武装保护苏联之指南　一九三二年十月十一日
2. 中国共产青年团章程　一九二八年
3. □□□□□□为富田事变宣言　一九三〇年十二月十七日
4. 拥护临时中央政府对日宣战宣言
5. 为热河事变告全国民众书
6. 中共中央告同志书　一九三〇年十月二十日
7. 中国共产党中央委员会告全体党员和青年团员书
8. 新的领导方式　一九三四年四月

14–6

1. 城市农村工作指南　一九二八年七月二十六日
2. 关于粉碎敌人四次"围剿"的决战前面党的任务
3. 关于党的组织问题决议　一九三二年二月
4. 关于赣西南特区委及各路分区委撤销问题　一九三一年六月
5. 发展苏区团的组织决议　一九三二年三月
6. 关于发展团的组织问题　一九三一年四月十一日
7. 苏区团的组织状况与我们的任务　凯丰著　一九三三年八月十日
8. 目前政治形势与中国共产党的中心任务　一九三一年四月十九日
9. 关于党务委员会建立的一封信　一九三一年十二月十五日
10. 红军团的工作决议　一九三二年一月二十六日
11. 支部工作纲要　一九三二年二月
12. 支部工作　一九二九年七月十三日
13. 群众工作
14. 中共会昌县临时县委对目前会昌工作的决议　一九三一年十二月十日
15. 关于党的发展问题决议案　一九三二年二月十九日
16. 新团员训练大纲　一九三二年二月八日

15–1

1. 党团员须知　工农红军学校政治部汇集翻印　一九三三年一月

（1）中国共产党党章

（2）中国共产青年团团章

（3）中共中央局关于苏区新党员入党手续的决议

（4）少共中央局关于苏区新团员入团手续的决议

（5）支部工作纲要（专供红军中用）

（6）红军中共产青年团员教育纲要

（7）新党员训练大纲（专供红军中用）

2. 县委二次执委会议接受省委一九三二年头三个月工作计划的决议——二三两月工作计划提纲问答 中共安福县委印 一九三二年二月十六日

3. 中央局关于开展反倾向的思想斗争的决议案 一军团三军七师政治部翻印

4. 红色五月宣传大纲 赣西南特区委

5.“纪念巴黎公社”特刊 “每周宣传纲要”第七期 中国工农红军总政治部中共苏区中央局宣传部 一九三二年三八节出版[①]

6. 夺取赣州宣传大纲 红军三军团政治部

7. 苏维埃中央政府成立两周年纪念 中央局宣传部 十月一日

8. 拥护五大纲领准备对日作战 共产党反帝拥苏中央总同盟宣传部

9. 拥护第二次全苏大会宣传大纲 苏区中央局宣传部

10. 每周宣传纲要 第五、六、八、十一期 红军总政治部中共中央宣传部

11. 粉碎敌人四次“围剿”与目前行动任务的宣传纲要 红军总政治部

12. 二苏大会总结讨论提纲 一九三四年三月八日印

15–2

1. 政治决议案——苏区党第一次代表大会通过 一九三一年十一月

2. 中央给苏区中央局第一信 八月四日

3. 中国共产青年团第一次代表大会政治决议案 一九三二年一月

4. 中国共产党中央委员会扩大会第四次全体会议决议案

5. 中共苏区中央局第一次扩大会议决案与报告

6. 新的革命高潮与一省或几省首先胜利 一九三〇年十月十日

7. 青年团工作决议案——苏区党第一次代表大会通过 一九三一年十月

8. 中央关于日本帝国主义强占满洲事变的决议 一九三二年一月

9. 团中央对党四中全会的决议 一九三一年四月二十一日

10. 团中央政治决议案 一九三一年四月二十一日

11. 关于目前形势与苏区团的任务决议案 一九三一年十月三十一日

12. 党的建设问题决议案——苏区党第一次代表大会通过 一九三一年十一月

① 与卷3–3重复。

13. 政治讨论大纲　第二号

14. 中央局关于争取和完成江西及其附近省区革命首先胜利的决议讨论大纲　一九三二年七月二十三日

15. 特区批准的中路各县区代表联席会决议案　一九三一年

（1）争取二期革命战争胜利

（2）苏维埃区域经济政策

16. 中共宁都中心县委第一次扩大会决议　一九三二年七月十日

17. 为帝国主义瓜分中国与国民党的五次“围剿”告全国民众书　一九三三年八月五日

15–3

青年运动的国际路线

1. 目前少共国际的情势及任务

（1）共产国际执委会主席团对于少共国际执委会的报告之决议

（2）目前少共国际情势及任务

2.“立三路线”与青年运动

（1）少共国际来信（一九三〇年十一月收到）

（2）团中央政治决议

3. 中国团的任务

（1）少共国际鉴于农民运动的发展给中国团中央的信

（2）少共国际致中国团关于工会运动中的任务的信

（3）少共国际关于建立青工部与青工全权代表团体的方式的材料

（4）少共国际致中国团中央关于出版书报问题的信

（5）中国共产青年团四中全会决议

（6）中共中央关于青年团工作的决议

（7）团中央接受共产国际主席团对少共国际报告之决议的决议

（8）团中央关于加紧反帝国主义运动的领导的决议

（9）团中央关于儿童运动的决议

4. 苏区团的任务

（1）团在苏区中的任务

（2）少共国际执委关于中国苏区中少年先锋队的信

（3）团中央关于苏区少年先锋队决议

（4）团中央关于红军中青年工作的决议

（5）团中央给苏区中央分局的信
（6）关于争取和完成江西及其邻近省区革命首先胜利中团的任务决议

15–4
1. 红旗周报　中共中央机关报　选录自四十七期（一九三二年十一月）至五十期
2. 红星副刊　第一期（一九三三年十月）、四期、五期、六期

15–5
红色文献　解放出版社　一九三八年二月
1. 第二次全国大会宣言
2. 第一次对于时局的主张
3. 第三次全国大会宣言
4. 第二次对于时局的主张
5. 第三次对于时局的主张
6. 第四次对于时局的主张
7. 第四次全国大会宣言
8. 为反抗帝国主义野蛮残暴的大屠杀告全国民众
9. 告五卅运动中为民族自由奋斗的民众
10. 第五次对于时局的主张
11. 中共八七会议告全党党员书
12. 中共第六次全国代表大会文件
13. 中国共产党中央委员会扩大会第四次全体会议决案
14. 中国问题决议案
15. 共产国际关于中国问题的决议案
16. 共产国际执行委员会与中国共产党书
17. 共产国际执行委员会与中国共产党书——关于农民问题
18. 共产国际执委致中共中央委员会的信
19. 中国问题决议案
20. 共产国际执行委员会给中国共产党中央委员会的信
21. 共产国际执委主席团给中国共产党的信

15–6

布尔什维克（共产党中央理论机关报） 第一期　一九三四年七月

16–1

1. 革命与战争　第一期（一九三二年八月一日）、二期（一九三二年八月十五日）

2. 革命与战争　第一期（一九三三年十一月）、二期（一九三四年四月）、三期（一九三四年四月二十日）、四期（一九三四年五月十八日）

16–2

1. 革命与战争　第七期至九期

2. 共产党党章　一九三八年八月　中国出版社出版

3. 中国共产党党章　一九三一年十二月

4. 苏维埃法典　第二集

（1）中华苏维埃共和国劳动法

（2）中华苏维埃共和国土地法

（3）中华苏维埃共和国婚姻法

（4）中华苏维埃共和国司法程序

（5）中华苏维埃共和国惩治反革命条例

（6）中华苏维埃共和国违反劳动法令惩罚条例

（7）中央执行委员会第二十五号命令

（8）中央执行委员会第二十六号命令

16–3

1. 社会民主派在民主革命中的两个策略　列宁著

2. 红军问题决议案　苏区党第一次代表大会通过　一九三一年十月

3. 中华苏维埃共和国临时中央政府颁布　红军问题决议案、中国工农红军优待条例、中央执行委员会训令、红军抚恤条例

4. 中央指示电

5. 中央局关于争取和完成江西及其邻近省区革命首先胜利的决议案

16–4

1. [①]中华苏维埃共和国第二次全国代表大会文献　一九三四年三月

---

① 这里整册文献内容涵盖于一级标题之下、后20–4、21–1、21–2皆如此。

（1）大会宣言

（2）五中全会给二次全苏大会党团的指令

（3）中华苏维埃共和国中央执行委员会与人民委员会对第二次全国苏维埃代表大会的报告及结论（附决议）

（4）中华苏维埃共和国宪法大纲

（5）中华苏维埃共和国中央苏维埃组织法

（6）关于红军问题的决议

（7）关于苏维埃经济建设的决议

（8）关于苏维埃建设的决议

（9）二苏大会的总结讨论提纲

（10）第二次全苏大会关于国旗、国徽及军旗的决定

16–5

1. 阶级与阶级斗争　一九三三年三月十二日

2. 为领导民众革命建立民众的苏维埃政权而斗争　一九三二年四月

3. 全国苏维埃第一次代表大会草案

4. 中华苏维埃共和国临时中央政府内务部的暂行组织纲要

5. 人民委员会为杭武工作给闽西的一封信　一九三二年三月十日

6. 中国问题决议案——共产国际执委会政治秘书处　一九三〇年七月二十三日通过

7. 中国共产党的最近组织任务——共产国际东方部议决案　一九三〇年八月

8. 国际对于中国苏维埃问题决议案

9. 共产国际执委第十二次全会总结　一九三三年四月

10. 共产国际执委第十一次全会决议案　一九三一年四月

11. 国际形势与共产国际各支部的任务——共产国际执委第十二次全会决议案之一　一九三三年二月

12. 中华苏维埃共和国临时中央政府召集第二次全国苏维埃代表大会宣言　一九三三年八月一日

13. 中华苏维埃共和国地方苏维埃暂行组织法草案　一九三三年十二月十二日

16–6

1. 中国共产党十大政纲　一九二八年七月

2. 中国共产党中央委员会为福建事变第二次宣言　一九三四年一月二十六日

3. 中国共产党中央委员会为福建事变告全国民众　一九三三年十二月

4. 全国总工会为反对日本及一切帝国主义侵略反对国民党卖国宣言　一九三四年七月

5. 中央苏区反帝拥苏总同盟为举行反对帝国主义、武装拥护苏联、发展民主革命战争、粉碎敌人大举进攻运动宣言　一九三二年十二月二十三日

6. 中国共产青年团苏区中央局为第一次全国苏维埃代表大会宣言　一九三一年六月十九日

7. 关于中央粉碎帝国主义国民党五次“围剿”决议案表解　一九三三年九月八日

8. 中共宣传品及士兵抗日大纲领

9. 告中国劳动群众书

10. 为粉碎敌人新的进攻举行全省武装誓师大会告红军战士及群众书　一九三二年六月十日

11. 为反对帝国主义国民党的四次“围剿”告民众书　一九三二年六月十八日

12. 为统一流通苏维埃辅币　一九三四年二月五日

13. 关于一全大会选举中央委员与人民委员　一九三一年十二月一日

14. 关于二全大会选举中央执行委员与人民委员　一九三四年二月五日

15. 宣布第二届执行委员会成立　一九三四年二月十日

16. 阶级成分调查表

17. 红星　第四期至六十六期（不全）

16–7

1. 红色中华　第一集　自创刊号至三十期（不全）缺第五、六、八、九、十一期等

2. 红色中华　第二集　自三十四期至六十期

17–1

红色中华　自第五十期至一二〇期（不全）

17–2

红色中华　自第一二一期至二二〇期（不全）

17–3

1. 红色中华　第八集　自第二二一期至二四三期（缺二四一、二四二期）

2. 党的建设　党内刊物　第一期至第六期
3. 党的建设　一九三八年七月翻印

17–4
1. 毛泽东自传　史诺[①]笔录　汪衡译　文摘出版社　一九三七年十一月
2. 各种工农阶级的解释及其对策　一九三二年一月十八日
3. 土地问题　一九三二年三月
4. 土地问题　一九三二年四月一日
5. 土地问题与反富农策略　一九三一年二月八日
6. 查田运动的概况　一九三三年九月
7. 土地问题决议案
8. 中国共产党苏区中央局关于土地问题的决议案　一九三一年九月七日
9. 中央关于查田运动的第二次决议　一九三三年九月八日
10. 永丰县委通知第二十五号　关于坚持分配土地工作　二月十四日
11. 苏维埃区域土地农民问题决议案草案（共产国际东方部）
12. 富农问题——前委闽西特委联席会议决议　一九三〇年六月

17–5
1. 为反富农斗争致各区的信　一九三二年五月十五日
2. 省委通讯　自三期（一九三三年七月六日）至八十八期（不全）
3. 为解释“反动富农”答复万泰县的一封信
4. 开展查田运动　一九三三年九月一日
5. 查田运动指南　中央政府印发
6. 中央政府关于土地斗争中一些问题的决定　一九三三年十月十日

18–1
1. 中国共产党土地政纲
2. 在深入查田运动彻底举行赤色清乡中须严厉镇压反革命
3. 在五次“围剿”中关于查田运动的工作指示　一九三三年十一月二十一日
4. 中华苏维埃共和国土地法　一九三一年十二月一日
5. 斗争　中国共产党苏区中央局机关报　第一集　自第一期至十五期（不全）

① 即斯诺。

6. 斗争　第二集　自第十六期至二十五期（不全）

18–2

1. 斗争　第三集　自第二十六期至四十期（不全）
2. 斗争　第四集　自第四十一期至五十期
3. 斗争　第五集　自第五十一期至六十期

18–3

1. 斗争　第六集　自第六十一期至七十三期（缺七十一期）
2. 实话　中国共产党苏区中央局机关报　自第一期至十期（不全）
3. 青年实话　少共闽北分区委机关报　第三期　一九三三年五月五日
4. 青年实话　中国共产青年团苏区中央局机关报　自八十九期至一百一十三期（不全）

18–4

青年实话　中国共产青年团苏区中央局机关报　第一卷自十一期至三十期（不全）

18–5

青年实话　中国共产青年团苏区中央局机关报　第二卷第一号至第四号

19–1

青年实话　中国共产青年团苏区中央局机关报　第二卷第五号至第十一号

19–2

青年实话　中国共产青年团苏区中央局机关报　第二卷第十二号至第二十号

19–3

青年实话　中国共产青年团苏区中央局机关报　第二卷第二十一号至第三十一号

19–4

青年实话　中国共产青年团苏区中央局机关报　第三卷第一号至第十六号

19–5

1. 青年实话　中国共产青年团苏区中央局机关报　第三卷第十七号至第二十四号
2. 永丰县委紧急通知
3. 黎川县各机关通知汇集
4. 中国共产党秘密文件：少年通讯，两册；支部训练大纲，三十余册等材料
5. 第三辑　反AB团问题
6. 第四辑　关于土地农民问题的各种决议
7. 第一辑　苏区对于政治事变之报告
8. 第二辑　所谓反“立三路线”与正确路线

20–1

1. 中共机密文件汇编　第一辑　一九三一年六月十五日　中共之作战策略

（1）中共五月十五日会议决案——战斗策略

（2）四月三日上午十一时泰和桃花洞探得之匪情——匪之暴动和离间计划

（3）游击队的任务

（4）游击战术和工作

（5）红军游击战术

（6）红军游击战术工作

（7）赣西南特委通告——民众斗争的运用

（8）中华苏维埃中央革命军事委员会通令——战术的运用

（9）红军之侦探工作

（10）永丰县苏维埃政府第一次乡以上政府主席联席会议之关于参战问题决议案

（11）紧急通告——戒烟清乡

（12）永丰县苏维埃政府紧急通令——乡苏维埃如何运用民众

附录：七十七师分处分队长王鳌关于最近中共情况之报告

2. 中共机密文件汇编　第二辑

（1）中国苏维埃政纲

（2）省苏维埃之组织系统

（3）市苏维埃之组织系统

（4）县苏维埃之组织系统

（5）区苏维埃之组织系统

（6）乡苏维埃之组织系统

（7）村苏维埃之组织系统

（8）中共中央局将全国苏维埃之划分

（9）红色警卫营之组织系统

（10）赤卫军之编制：A. 1930年5月所颁布的赤卫军的组织。B. 1930年十月所颁布的各县赤卫军的组织。C. 1931年2月所颁布的各县赤卫军的组织方法和任务。

（11）少年先锋队之组织

（12）红军预备军组织系统

（13）红军各级部队政治部之组织

（14）红军学校之组织

（15）中华苏维埃革命委员会委员姓名

（16）前敌革命委员会委员姓名

（17）第四军军事委员会委员姓名

（18）江西省苏维埃政府委员姓名

（19）中华工农革命委员会委员姓名

（20）赤色总工会组织法

（21）雇农工会暂行章程

（22）贫农工会组织及任务

（23）学徒联合会的组织系统

（24）劳动童子团的组织及工作大纲

（25）中国共产党青年团团长

（26）中共党政军最近改组各种系统图：A. 中国共产党苏维埃区党的组织系统图；B. 中华苏维埃组织系统图；C. 红军改编后军事组织系统图

3. 中共机密文件汇编　第三辑　一九三一年八月一日

（1）中国共产党中央委员会扩大的第三次全体会议　一九三〇年十月二日

（2）共产国际执行委员会关于中国问题决议案　一九三〇年七月三十日

（3）中共中央局对于政治任务的决议

（4）共产国际东方部对于中国共产党的最近组织任务

（5）共产国际东方部对于中国农民问题决议案

（6）共产国际东方部对于中国苏区土地农民问题决议案

（7）共产国际东方部对于中国职工问题决议案

（8）共产国际对于中国苏区的经济政策

4. 中共机密文件汇编　第四辑（中共民众运动方略）　一九三一年八月十五日

（1）中共东固区委最近关于工农运动决议案

（2）苏区的青年运动

（3）苏区的妇女运动
（4）苏区的儿童运动
（5）红军对于白军进占区域群众运动工作大纲

20–2
1. 中共机密文件汇编　第五辑（中共的土地问题）一九三一年九月一日
（1）中共土地法
（2）中共土地暂行法
（3）中共土地八大政纲
（4）中共土地问题提纲
（5）中共土地问题
（6）江西省政府为督促分配土地及宣布土地所有权之布告
（7）南丰县苏维埃政府为重分土地之布告
（8）中共土地问题与反富农策略
（9）中共反富农的问题之一
（10）中共反富农的问题之二
（11）中共土地商业税则
（12）万载县苏维埃政府征收农业累进税之意义
2. 中共机密文件汇编　第六辑（中共军事方略）一九三一年十月二十日
（1）关于战略方面
（2）红军戒严政策
（3）红军作战命令之一例
（4）红军经济之来源
（5）红军对于地方武装的策略
（6）红军煽惑士兵之鸟瞰
3. 中共文件汇编　第一辑（苏区农村土地问题）
（1）中共土地法
（2）中共土地政纲
（3）湘赣特区土地暂行法
（4）江西省苏维埃对于没收和分配土地的条例
（5）关于土地经济及财政问题决议案
（6）怎样分配土地　附：土地问题解答
（7）关于新县苏土地问题决议案

（8）湘赣省苏颁布之保护森林令　附：保护森林暂行条例
（9）合作社暂行组织条例
（10）矿产开采权出租办法
（11）中共中央执行委员会通令
（12）闽浙赣省苏布告
（13）湘赣省苏通令
（14）江西省苏裁判部通令
（15）新峡县委通告
（16）向富农募集公债与发动群众帮助政府工作人员耕田
（17）怎样引导查田运动?

20–3
1. 中共文件汇编　第二辑（经济政策财政税则等）一九三三年八月
（1）中华苏维埃共和国经济政策
（2）财政部暂行组织纲要
（3）关于统一税收令
（4）修正暂行税则　附：原暂行税则
（5）湘鄂赣边区累进税则
（6）店房没收和租借条例
（7）工商业登记税则
（8）商业所税收细则
（9）土地税征委员会办事细则
（10）土地税征收细则
（11）山林税征收细则
（12）工商业投资暂行条例
（13）借贷暂行条例
（14）鄂东道委财政问题决议
（15）工农银行营业报告
（16）工农银行工作指示
（17）关于银行集股发息分红问题
（18）关于工农银行几项决议
（19）合作社的工作指示
（20）发行革命公债条例

（21）为发行公债给各级政府指示
（22）发行公债训令
（23）取消工农饭店通令
（24）开办训练班通令
（25）簿记说明书
（26）准许一部分谷子出口令
（27）关于征收税收问题的意见
（28）关于发行公债论文四篇
2. 中共文件汇编　第三辑（少共国际文件）一九三三年八月
（1）中共少共国际纲领
（2）中共新的路线
（3）中共少共国际建立青工部与青年全权代表团体的方式的材料
（4）中共少共国际致中国团关于工会运动中团的任务之指示
（5）论反帝运动
（6）中共国际致中国团指示信
（7）中国革命危机与中国共产党员的任务

20–4
1. 中共文件汇编　第七辑（中国共产党之政治主张与决议）　一九三四年二月
（1）一九三〇年六月十一日政治局会议通过目前政治任务决议案
（2）中央反帝国主义运动的策略与路线
（3）中国共产党对政治形势之一般的估量　一九三〇年
（4）鄂豫皖特区第二次代表大会通过政治任务决议案　一九三一年四月十五日
（5）鄂豫皖特委第二次扩大会报告　一九三一年四月
（6）中国共产青年团苏区团第一次代表大会政治决议案　一九三二年一月
（7）湘鄂赣省委第三次扩大会议政治决议案　一九三二年三月二十三日一致通过
（8）中央局斗争汇集
（9）中国共产党反对叛徒斗争的提案　一九三二年六月
（10）中华苏维埃共和国临时中央政府成立两周年纪念对全体选民的工作报告书
（11）中央局关于中俄恢复邦交问题宣传大纲
（12）中国共产党对政治问题讨论大纲　一九三三年四月二十八日
（13）中共中央为上海事变致各地党指示信件
（14）中央关于李顿调查团的报告及加强反帝群众斗争的决议　一九三二年二

月二十三日

21–1

1. 中共文件汇编　第八辑（中国军队政治工作文件）一九三四年四月

（1）中国工农红军政治工作暂行条例　附：1）列宁室组织法及工作条例；2）红军总政治部对士兵会指示信；3）革命军事委员会通令第六号——总政治部的任务及红军中政治部与政治委员的关系

（2）红军为反对匪兵逃跑问题训令　附：1）反逃跑十人团的组织与工作纲要；2）归队运动工作方法

（3）红军政治工作会议的总结与新的两个月的工作计划　附：1）红军对第五次“围剿”的政治工作通令；2）红军第二师五日宣传鼓动训练纲要；3）红军第二师政治部五日计划通告

（4）红军军事委员会俘虏工作大纲

（5）中共中央对第五次“围剿”与我们党的任务决议

（6）中共中央政府反对第五次“围剿”紧急动员令

（7）中央执行委员会命令第十一号——关于战争紧急动员

（8）中国共产党青年团中央紧急通告——反对国民党第四次“围剿”苏区

21–2

1. 中共文件汇编　第十辑（中共军事运动）一九三四年七月

（1）全国苏维埃第一次代表大会红军问题决议案

（2）中共士兵运动决议案　一九三一年二月十一日

（3）湘赣省苏扩大红军问题决议草案

（4）闽浙赣省苏代表大会军事工作决议案

（5）闽北分区军委会第二次扩大会议决议案

（6）赣东北省苏第十二次人委会巩固发展苏区决议

（7）湘鄂赣省委应敌决议案第四号

（8）中共中央军委员会总参谋部通令

（9）湘鄂赣省苏军事部训令第二号　附：警卫团营连编制表

（10）湘鄂赣省委军事问题决议案

（11）湘鄂赣省苏军事部训令第三号　附：赤卫军系统表

（12）中华苏维埃中央执行委员会训令第十四号

（13）湘赣军区总指挥部重要通令训令汇集

（14）一九三一年红军总司令朱德由广昌出发之各项命令

21–3

1. 苏维埃的教育政策——凯丰在一九三三年十月苏区教育大会上的报告 一九三三年十月二十二日

2. 苏区教育大会结论 一九三三年十月二十三日

3. 附录（一）：苏区教育大会决议案：目前教育工作的任务 一九三三年十月二十日全苏区教育大会通过

4. 附录（二）：关于团与教育部协助条约的决定 一九三三年十月二十三日全苏区教育大会通过

5. 省县区市教育部及各级教育委员会的暂行组织纲要 人民委员会批准 一九三三年四月十五日

6. 闽浙赣省苏大会文化工作决议案

7. 闽浙赣省苏关于各县文化部工作检阅——第一次县文化部长联席会议之一 一九三三年

8. 闽浙赣省苏四、五、六、七四个月工作计划——第一次县文化部长联会决议之二（节选） 一九三三年

9. 闽浙赣省苏七、八两月文化教育工作的突击计划——第二次县教育部长及直属区教育部长联会决议（节选） 一九三三年六月二十四日

10. 识字班工作 一九三三年六月十七日

11. 湘赣省苏文化委员会小学教学法

后记

《石叟文库》中关于中国共产党思想政治教育的史料，主要从六个方面加以整理：（一）学校思想政治教育；（二）白区思想政治教育工作；（三）思想政治教育的内容、方法、载体、艺术；（四）群众团体的思想政治教育；（五）人民军队的思想政治工作；（六）党自我革命的先进性教育。本书对前两个部分的史料进行了汇编。

尽管作者已经尽力把所有相关资料整理出来了，也尽量做到完整准确，但文献资料存在缺失、难以辨识等客观问题，这就使得目前整理的史料还不够完备，部分文献资料模糊不能整理，而有些已整理出来的文献又缺失部分内容。这就需要在进一步的研究中，继续收集更清晰完整的资料以补充完整。

文献史料的真伪、可靠性需要进一步辨析。文献中有些资料，可以看出不是完全的油印复制，这从很多资料的目录都冠以"匪党""共匪""伪中央""伪政治局"等可以看出——不过文章内容是几乎没有这些称谓的。这些称谓足以引起我们对文献资料真实性的注意。针对这一问题，需要从全国各地的史料收集整理中来进行事实的分析、辩驳，尤其需要去史料保存处加以田野调查，通过各种史料来作比较认识。

目前我们整理的史料主要是就党的思想政治教育内容的整理汇编，但事实上我们应将《石叟文库》的全部内容当作一个又一个的思想政治教育的活的案例。因此，我们要更充分认识和反映党早期思想政治教育历史，还需要多查阅《石叟文库》整套资料，尤其是其中描述党领导人民群众所开展的社会生活实践，其充分展现了群众热爱、创造新生活的共产主义追求。

由于编者水平有限，书中还有许多不妥之处，尚祈各方专家学者和读者批评指正。

本书是2021年度国家社会科学基金一般项目“《石叟文库》关于党的建设文献史料的整理与研究”（21BDJ095）的阶段性成果。本书出版也受到福建省以马克思主义为指导的哲学社会科学学科基础理论研究基地——中央苏区研究中心的资助。

黄宏伟

2023年11月22日